"Este gran libro será de interés y ayuda para todos los que quieran facilitar el crecimiento de los cristianos – no sólo el crecimiento intelectual, sino el verdadero crecimiento en la piedad. El enfoque bíblico, original, práctico y bien ilustrado de Christopher Cone para el aprendizaje transformador proporciona instrucciones paso a paso para estudiar y comunicar las Escrituras."

-Thomas L. Constable, Th.D
Profesor Emérito de Exposición Bíblica
Seminario Teológico de Dallas

"Del ejemplo de Jesús mismo así como de los escritores de las Escrituras, la enseñanza auténtica de la Palabra de Dios apunta simultáneamente al corazón y a la mente del oyente. El libro del Dr. Cone es un recordatorio necesario para aquellos que están detrás del púlpito o atril, y un estímulo para los que están sentados en el banco de que la enseñanza de la Palabra es un gran privilegio y un mandamiento para todos los creyentes. Para el creyente, este libro puede ser de gran valor en el desarrollo de habilidades para ser un comunicador capaz de la Palabra de Dios."

-Paul Benware, Th.D, *Profesor de Biblia, Teólogo, Autor*

"En este libro, Cone proporciona un camino bien concebido y altamente organizado por el cual los estudiantes de la Biblia, los maestros de la Biblia y los pastores pueden mejorar su capacidad de comunicar eficazmente la Palabra de Dios, sin importar su nivel de experiencia o entendimiento. Aquí hay algo para todos."

-Patrick Belvill, Th.D
Presidente, Tyndale Theological Seminary
Pastor, Tyndale Bible Church

"Hay libros sobre exégesis. Y hay libros sobre exposición. Pero rara vez se ve un libro que unifique los dos. El Dr. Cone ha hecho exactamente eso con incisión y exhaustividad. Lo mejor de todo, ilustra cada principio con casos prácticos para mostrar al estudiante exactamente cómo practicar sus principios. Su trabajo es una herramienta valiosa para cualquier persona que quiera extraer las verdades eternas de la Palabra de Dios a una generación que clama por sentido y dirección en un mundo que parece estar saliéndose de control."

-Dave Anderson, Ph.D.
Presidente de la Escuela de Teología Grace

"El Dr. Cone, a lo largo de su ministerio, ha defendido la necesidad vital de dividir y exponer correctamente las Escrituras. Él desafía a todos los creyentes como portavoces de la verdad para mantener los procesos de transmisión que comienzan con una preparación cuidadosa en la vida y el estudio, y esto pasa por una exposición apropiada a la audiencia de la elección de Dios – ya sea una congregación, un aula, o en un encuentro individual."

-Henry A. Vosburgh
Director Ejecutivo, Midwest Church Extension

"El Dr. Cone aborda uno de los problemas más importantes que enfrenta la iglesia hoy en día: la necesidad de la predicación expositiva y la enseñanza. Integrando Exégesis y Exposición establece pasos claros para llegar a conclusiones exegéticas y luego sigue con cómo estas conclusiones pueden ser efectivamente comunicadas a las audiencias de hoy. Este libro es una lectura obligada para todos los pastores y otros comunicadores de la Biblia."

-George Gunn, M.Div, D.D
Shasta Bible College and Graduate School

"Integrando Exégesis y Exposición refleja el corazón de un pastor que se preocupa profundamente por el crecimiento de las ovejas de Dios y la mente de un académico de primera clase exponiendo los fatales defectos del patrón mediocre predominante de la exposición bíblica moderna. Sin embargo, el valor de este trabajo no está simplemente en señalar el problema, sino en el proceso que el Dr. Cone presenta para corregir nuestros errores. Este trabajo es de lectura obligada para los estudiantes de pastoral y para cada persona en nuestras bancas."

-Steve Spurlin, Ph.D, *Pastor, Cornerstone Bible Church*

"El fantástico libro del Dr. Cone está firmemente arraigado en la verdad de que la Biblia transforma a aquellos que están equipados por ella. La sabiduría aquí esbozada ayudará al lector a convertirse en un comunicador eficaz, que permite a la Palabra de Dios equipar a los santos, para que puedan enseñar a otros también. Este libro no sólo bendecirá a sus lectores, sino que también bendecirá a aquellos que serán enseñados por ellos."

-Grant Hawley, *Director, Bold Grace Ministries*

"La Palabra viva de Dios es transformadora y cambia la vida. Cualquier creyente que enseña o predica la Biblia necesita darse cuenta tanto de los privilegios como de las responsabilidades de trazar esa Palabra. Como Cone escribe, "la comunicación bíblica no debe ser emprendida a la ligera o sin propósito". Con la obra Integrando Exégesis y Exposición, Cone logra demostrar cómo la exégesis gobernada por la hermenéutica es la base verdadera de la exposición bíblica apasionada, amorosa y eficiente."

-Gilles Despins, Th.D, Profesor de Biblia y Exégesis, *École Théologique ProFAC*

"Cuando nuestra comprensión de la Biblia nos ha sido dada con cuchara, atada a presupuestos y comercializada a nuestras preferencias defectuosas, ¿por qué nos preocupamos cuando tenemos una visión mediocre, si no confundida, de la Escritura? Aquí, Christopher Cone afirma que comenzamos de nuevo – no con un nuevo y novedoso método de interpretación, sino con una hermenéutica atemporal que funciona de acuerdo con patrones demostrados en la Biblia misma. La Biblia contiene su propia hermenéutica incorporada y gobierna sus propias presuposiciones y cosmovisión. Es un faro que se mantiene por sí solo. Los que buscan la verdad – sin importar lo desagradable o doloroso – se beneficiarán mucho de los pasos descritos. Integrando Exégesis y Exposición es una gran herramienta que nos ayudará a lograr eso."

-Arnfield Cudal, MBA, Ph.D., *Editor, HARK Publicaciones*

Título del original: *Integrating Exegesis and Exposition: Biblical Communication for Transformative Learning,* ©2015 por Christopher Cone y publicado por Exegetica Publishing, Ft. Worth, TX.

Edición en Castellano: *Integrando Exégesis y Exposición: Comunicación Bíblica Para un Aprendizaje Transformador,* ©2017 por Exegetica Publishing, Ft. Worth, TX.

Traducido por: Rubén de Rus Martínez, M.A.

ISBN13 – 978-0-9982805-1-6

Este volumen está dedicado a aquellos que han alentado la renovación de mi mente, quienes han servido como ejemplo en palabras y acciones de una perseverante fidelidad en el estudio, la práctica y el compartir de la Palabra de Dios.

CONTENIDO

SECCIÓN I

UN
PLANTEAMIENTO
INTEGRATIVO

1
El Objetivo Transformador
de la Comunicación Bíblica

Después de explorar las profundidades de las notables misericordias de Dios, Pablo exhorta a los creyentes al decir, "transformaos por medio de la renovación de vuestro entendimiento" (Rom 12:2). Romanos 1-11 enseña a los lectores acerca de las misericordias de Dios, como un testamento a Su gloria y como una motivación para una respuesta apropiada. Parte de la respuesta esperada al contenido enseñado sobre las misericordias de Dios (junto con la presentación del cuerpo de uno como sacrificio vivo y santo) es ser *transformados* (presente pasivo imperativo, *metamorphousthe*). Dios no nos dice que hagamos lo que Él ya ha hecho o lo que Él hará por nosotros, lo que hace muy significativo el hecho de que *ser transformados* sea un imperativo. Al mismo tiempo, el imperativo es pasivo – no es nuestro trabajo realizar la transformación, sino que nuestra responsabilidad es permitir que este proceso tenga lugar. A fin de que podamos someternos a ese proceso, necesitamos entender qué significa.

Existen dos definiciones léxicas contemporáneas y que estimulan el pensamiento para la palabra *transformador*:[1] (1)

---

[1] El término *transformador* en esta obra no se refiere a la pedagogía de aprendizaje transformador de Jack Mezirow, si bien el interlocutor encontrará algunas similitudes (y disimilitudes marcadas) entre el uso que yo hago y que hace él. Más bien, el término es simplemente empleado aquí en su sentido léxico con el fin de cualificar los resultados

cambiar a otra substancia, y (2) cambiar en condición, naturaleza o carácter.[2] En primer lugar, cuando un inconverso se convierte en un creyente podemos decir que tal persona ha cambiado a otra substancia, habiendo hecho la transición de muerte a vida (Ef 2:1-5). Por la virtud de las misericordias de Dios, las cosas viejas pasaron, y lo que queda es una nueva criatura (2 Cor 5:17), incluso si la persona está temporalmente alojada en una tienda terrenal y corruptible (1 Cor 15:42-49). El cambio de inconverso a creyente viene por el oír, y el oír por la palabra de Cristo (Rom 10:17). Esto encaja muy bien con la primera definición de *transformador*. En segundo lugar, observamos que a medida que el creyente progresa de la infancia espiritual a la madurez espiritual, dicho creyente está ciertamente experimentando un cambio en su condición y carácter (tal vez sea muy presuntuoso sugerir un cambio *en la naturaleza* durante este proceso, ya que el cambio en la naturaleza de la persona tiene lugar en el momento de la conversión). Esto encaja perfectamente con la segunda definición provista para el término *transformador*. Por lo cual, tanto para el inconverso como para el creyente, el proceso de recepción de la comunicación bíblica resulta realmente transformador.

Porque es la Palabra de Dios la que equipa (2 Tim 3:16-17), porque nuestra única arma ofensiva contra las fuerzas del mundo (consecuentemente, en contra de ser transformados al mundo) es la espada del Espíritu (Ef 6:12, 17), y porque ser

---

esperados del estudio bíblico, la práctica, y la comunicación. Para una consideración de algunas de las implicaciones teológicas de la pedagogía transformativa de Mezirow, véase Gino Pasquariello, "The Way In and the Way On: A Qualitative Study of the Catalysts and Outcomes of Transformative Learning," Ed.D Diss., Asuza Pacific University, 2009.
[2] "Transformative" en Dictionary.com, visto en http://dictionary.reference.com/browse/transformative.

llenos de Su Espíritu implica ser llenos con y controlados por Su Palabra (Ef 5:17, 18), es evidente que la renovación de la mente prescrita por Pablo en Romanos 12:2 es sinónimo de permitir a la palabra de Dios que more abundantemente dentro de nosotros (Col 3:16). El evangelio (concretamente, la Palabra revelada por Dios con respecto a la salvación) es la habilidad de Dios de transformar al inconverso en un creyente (Rom 1:16), y por la Palabra de Dios el creyente es equipado para toda buena obra (2 Tim 3:17). Aún más, la Palabra de Dios provee la certeza de la semejanza de Cristo y glorificación (Rom 8:28-30). Así, de principio a fin, el proceso de aprendizaje transformador está centrado en la Palabra de Dios, exclusivamente y compresivamente.

Dada la centralidad de la Palabra de Dios para ambos, el inconverso y el creyente, la comunicación bíblica no debe de ser tomada a la ligera o carente de propósito. Debemos de mirar a la Palabra de Dios para descubrir los métodos prescritos, su contenido, y los resultados esperados, a fin de ser fieles mayordomos de lo que Dios gratuitamente ha dado (1 Cor 2:12), y trabajadores diligentes que trazan bien la Palabra de verdad (2 Tim 2:15).

Objetivos Bíblicos de la Enseñanza: Equipamiento y Reproducción

La palabra de Cristo more en abundancia en vosotros, enseñándoos y exhortándoos unos a otros en toda sabiduría, cantando con gracia en vuestros corazones al Señor con salmos e himnos y cánticos espirituales. Y todo lo que hacéis, sea de palabra o de hecho, hacedlo todo en el nombre del Señor Jesús, dando gracias a Dios Padre por medio de él (Col 3:16-17).[3]

Estos versículos animan a los creyentes, exhortándoles a instruirse y exhortarse los unos a los otros. Ahora bien, hay una metodología específica considerada en este contexto (salmos, cantando, acciones de gracia, etc.), pero nótese el principio general de que los creyentes deben de enseñar los unos a los otros. La enseñanza no es exclusivamente una responsabilidad pastoral. En Romanos 12:6-7 encontramos que el don de la enseñanza no está específicamente vinculado al ministerio pastoral. En Tito 2:3 descubrimos que las mujeres mayores deben de enseñar a las mujeres jóvenes. *Los creyentes deben de enseñar los unos a los otros.* La exégesis no es propiedad exclusiva del pastor, como tampoco lo es la exposición. El ministerio pastoral demanda enseñanza, pero la enseñanza no es simplemente propiedad de los pastores. Aquí hay algo para considerar: no sólo aquellos que pastorean necesitan emplear tiempo en los idiomas bíblicos y en la Palabra de Dios. Todos nosotros tenemos estas responsabilidades. Si queremos conocer a Dios, necesitamos estar en Su Palabra.

Consideremos Efesios 4:11-13. En este pasaje aprendemos de los apóstoles y profetas. Aprendemos de los evangelistas, pastores y maestros. Efesios 2:20 se refiere a la iglesia como "edificados sobre el fundamento de los apóstoles y profetas, siendo la principal piedra del ángulo Jesucristo mismo". Cristo es la piedra angular. Los apóstoles y profetas son el fundamento y en Efesios 4:11 entonces tenemos apóstoles,

---

[3] Todas las citas bíblicas, además de aquellas traducidas por este escritor, y a menos que se indique lo contrario han sido tomadas de la *Nueva Versión Internacional: 1999.* Todas las citas bíblicas en griego han sido tomadas de Barbara Aland, Kurt Alandm Matthew Black et al., *The Greek New Testament*, 4th ed., 50 (República Federal de Alemania: Sociedades Bíblicas Unidas, 1993)

profetas, evangelistas, y después los pastores y maestros.

En el versículo 11, *kai* conecta con *poimenas* y *didaskalous*, leyéndose "pastores y maestros". La idea es que dichos pastores son también maestros. No todos los maestros son pastores pero sí todos los pastores son maestros – por el papel que desempeñan, por definición. El verso 12 nos dice que el propósito es *pros* – *hasta* la capacitación de los santos para la obra del servicio. El fin, estrictamente en este contexto, es la capacitación de los santos. Pero nótese que los pastores y los maestros no llevan a cabo la capacitación, tampoco los profetas ni los apóstoles o los evangelistas. La capacitación es llevada a cabo por la Palabra de Dios, como se pone de manifiesto en varios contextos (e.g., Rom 12:1-2, Col 3:16, 2 Tim 3:16-17).

Para aquellos de nosotros que somos pastores, y para aquellos de nosotros que tal vez se encuentran entrando en el ministerio pastoral, debemos de considerar la insistencia en el concepto de que de alguna manera nosotros somos los que equipamos. Si tenemos la gran arrogancia de pensar que somos nosotros los que llevamos a cabo la capacitación, entonces esta presuposición arrogante afectará cada aspecto de nuestro ministerio. Pero si entendemos que es la Palabra de Dios la que prepara, y entendemos que los pastores y los maestros han sido dados a la Iglesia con el propósito de *facilitar* esta preparación, podemos ser conscientes de la gran responsabilidad que tenemos en este papel de hacer lo que nos corresponde para asegurarnos de que la capacitación realmente se lleva a cabo. Se ha dicho que podemos llevar a un caballo hasta el agua pero no le podemos obligar a beber. Un hombre sabio añadió que si bien es cierto que no le podemos obligar a beber, sí podemos echarle sal en la avena. Nuestro trabajo no es equipar, pero tenemos la responsabilidad de facilitar aspectos importantes del proceso de capacitación. Y si es la Palabra de Dios la que capacita, entonces tenemos una seria responsabilidad de asegurarnos de que Su Palabra es tratada con fidelidad.

El objetivo básico de la exposición bíblica es la capacitación de los creyentes para la obra del servicio. De acuerdo a Efesios 2:10, estas obras son aquellas que Dios preparó de antemano para que andemos en ellas. Lo que quiera que estas obras sean, nosotros debemos de ser capacitados por Su Palabra para llevarlas a cabo. Efesios 4:12 añade, "para edificar el cuerpo de Cristo" o "hasta la edificación del cuerpo de Cristo". La consecuencia aquí es que debe de haber madurez espiritual no sólo por parte del individuo, sino de todo el cuerpo. Los individuos no son considerados aisladamente sino que son vistos como miembros del cuerpo de Cristo.

Para ayudar a facilitar este amplio crecimiento del cuerpo, los pastores y maestros tiene un papel doble – pero también, de paso, un papel plural. Aquí está otro reto para las ideas populares. Este pasaje usa el plural para pastores y maestros, y en cada caso en el Nuevo Testamento donde los pastores, ancianos y obispos son citados en la práctica, las referencias son plurales. (1 Timoteo 3:1 parece ser una excepción, pero describe a un individuo que desea ser un obispo. No está determinado o recomendado que deba de haber solamente uno). En cada caso donde se encuentra el pastorado en la práctica, el obispado en la práctica, ancianos en la práctica, siempre hay una pluralidad. Vemos esto ejemplificado en Hechos 20:17-28. Consecuentemente, no sólo tenemos un problema cuando pensamos que los pastores y maestros son los únicos que equipan a los santos, sino que también descuidamos la importancia de la pluralidad, y en la práctica el pastor/maestro viene a ser una persona sola "capacitando" a la

Iglesia.

Este modelo de gurú espiritual es sorprendentemente prominente, y sin embargo, a menudo parece crear el ambiente menos alentador para la formación real de la gente para la madurez espiritual. Ya que consideramos el proceso de exégesis y exposición, necesitamos considerar que la metodología prescrita bíblicamente es una necesidad si esperamos ver cumplidos los resultados deseados.

Pablo describe con todo detalle a Timoteo que el resultado del entrenamiento bíblico es "el amor nacido de corazón limpio, y de buena conciencia, y de fe no fingida" (1 Tim 1:5). Esto parece bastante simple. *Meta* es *telos*, y puede también ser interpretado como *fin* o *terminación*. Las tres características de ese amor es que deriva de un corazón puro, una buena conciencia, y una fe sincera. En otras palabras, la instrucción es un medio para un fin, el cual es la clase perfecta de amor. La Palabra de Dios no es el fin en sí mismo, sino que más bien es un medio para un fin. Debemos de recordar, especialmente como estudiantes en un contexto académico, que existe una tendencia a enamorarse de una meta o estudio. Es muy fácil mirar a la Biblia y decir, "Esta es mi meta en la vida. Soy un estudiante de Biblia". Esto es bueno hasta cierto punto, pero si estudiamos la Biblia como una meta en sí, hemos perdido el propósito divino de la comunicación. Pablo explica que hay un propósito en la instrucción y la comunicación. Dicho propósito está designado para tener un resultado y un impacto. No sólo tratamos de comunicar a las personas estas verdades para que ellos tengan más conocimiento. Necesitamos entender estas verdades primero, para que tengamos el amor que procede de un corazón sincero, una buena conciencia y una fe sincera. En otras palabras, si la sana doctrina no va acompañada de amor, entonces no está completa. Si la doctrina no va acompañada de amor, entonces no es *sana* doctrina. Si no demostramos amor, entonces nuestra exposición no está completa.

Consideremos 2 Timoteo 2:2: "Lo que has oído de mí ante muchos testigos, esto encarga a hombres fieles que sean idóneos para enseñar también a otros". ¿Qué fue lo que oyó Timoteo de parte de Pablo? Fue la Palabra de Dios, las enseñanzas y tradiciones que Pablo había dictado las cuales él había recibido de Cristo. Pablo dice, "Lo que has oído de mí ante muchos testigos". Esto no fue algo que fue dicho en privado o en secreto. Él exhorta, "Esto encarga a creyentes u hombres fieles, hombres confiables". Notablemente, si Pablo propone *creyentes* o *fieles* en el sentido de confiables, de todas formas Pablo le está diciendo a Timoteo que distinga con respecto a quién está enseñando. La razón queda patente en la última frase: "que sean idóneos para enseñar también a otros". La meta es que estas personas se conviertan en la siguiente generación de aquellos que encarguen la Palabra de Dios a otros. Este es un proceso importante de reproducción.

La palabra *discípulo (mathetes)* no se encuentra en ningún lugar en el Nuevo Testamento aparte de en los Evangelios y en Hechos. De manera que alguien podría cuestionar el significado del discipulado en la Iglesia hoy, El término *discípulo* significa simplemente *seguidor*. En 2 Timoteo 2:2, ¿qué le dice Pablo a Timoteo que haga? Haz seguidores – y no sólo seguidores, sino seguidores que sean capaces de hacer más seguidores. No seguidores de Timoteo o Pablo, sino seguidores de lo que es enseñado – seguidores del mensaje que sean capaces de enseñar el mensaje. Pablo hace una distinción importante aquí: que no se trata del *mensajero* sino del *mensaje* que se comunica y que es reproducido en los corazones de las personas. Este es un concepto vital.

Si estamos enseñando y no tenemos presente estos objetivos bíblicos, entonces ¿qué es lo que estamos haciendo? ¿Estamos enseñando porque es una carrera, o un trabajo, o algo que simplemente disfrutamos hacer? ¿Estamos enseñando por orgullo – porque nos hace sentir importantes el hecho de que otros nos escuchen y que se queden impresionados con nuestro conocimiento? Hay muchas razones problemáticas por las cuales nos podemos sentir atraídos a enseñar, pero las razones bíblicas son simples: para la capacitación de los santos, y para la reproducción – todo para Su gloria.

Consideremos 2 Timoteo 3:14-17, "Pero persiste tú en lo que has aprendido y te persuadiste, sabiendo de quién has aprendido; y que desde la niñez has sabido las Sagradas Escrituras, las cuales te pueden hacer sabio para la salvación por la fe que es en Cristo Jesús. Toda la Escritura es inspirada por Dios, y útil para enseñar, para redargüir, para corregir, para instruir en justicia, a fin de que el hombre de Dios sea perfecto, enteramente preparado para toda buena obra". Una de las palabras que realmente aprecio en este contexto es traducida aquí como *persiste*. Persiste en las cosas que has aprendido. La palabra griega es *mene*, que quiere decir *permanecer* o *morar, quedarse*.

Timoteo tenía una cantidad tremenda de conocimiento. En 2 Timoteo 2:15 se le dice que sea diligente en trazar la Palabra con precisión a pesar de que él tenía todo ese conocimiento, pero ahora en el capítulo 3 se le está diciendo que *persista*, que *permanezca*. Esta es la misma palabra que Jesús utilizó cuando exhortó a Sus discípulos en Juan 15 "permaneced en mí y yo en vosotros". Hay una familiaridad que tiene que ver con permanecer. Por ejemplo, si estamos casados, viviendo con una esposa o un esposo, llegamos a familiarizarnos con ellos. Los conocemos. Los comprendemos y vivimos con ellos en consideración. Estamos *con* ellos. Esta es la idea que Pablo le está comunicando a Timoteo – persiste, habita con. Lo mismo es comunicado en Juan 15: *permaneced con Cristo*. Si no halamos con Él, ¿cómo podemos pretender honrarle? ¿Cómo podemos esperar llevar fruto como él describe en Juan 15? Se trata de perseverar. Necesitamos perseverar personalmente, y no sólo enseñar el tema y después hacerlo a un lado.

Estos escritos sagrados, descritos en el versículo 15, pueden dar sabiduría que lleva a la salvación por medio de la fe. La idea es que si son poderosos para llevar a la salvación por la fe en Cristo Jesús, entonces son suficientes para nuestra preparación, como el versículo 17 describe. En el versículo 17, se nos dice cuál es el propósito de la Escritura. El versículo 16 afirma que la Escritura es inspirada por Dios, útil y aprovechable para enseñar, y después el versículo 17 explica el propósito: *a fin de que* el hombre de Dios sea perfecto, enteramente preparado para toda buena obra. Recordemos Efesios 2:10 – estas obras han sido creadas para que anduviésemos en ellas. Recordemos Efesios 4:11-12, el cual describe a los santos como siendo equipados para la obra del servicio. Notemos la centralidad de la Palabra de Dios como el objeto de la enseñanza, y la suficiencia de la misma Palabra para la capacitación y preparación. Consecuentemente, si somos maestros de Biblia, y no estamos enseñando a la gente con la vista puesta en su capacitación, entonces estamos fallando en el objetivo.

Consideremos un ejemplo más. Usted va a un restaurante que le gusta de verdad. Usted va a ese restaurante tal vez porque allí hacen algo que es simplemente fantástico y usted no lo puede duplicar en ningún otro restaurante o en casa. Así que cada vez que quiere esa cosa, ¿qué es lo que tiene que hacer? Tiene que ir a ese lugar en particular y comprar esa comida. En otras palabras, usted depende totalmente de ese restaurante para esa comida en particular porque usted no la puede duplicar. Ese restaurante no está en el mercado para tratar de enseñarle a usted cómo cocinar, porque ¿qué sucede si ellos le enseñan a usted a preparar ese plato, o si ellos publican la receta? Bien, usted la podría duplicar. Usted no regresará al restaurante, y el restaurante pierde su dinero. Tristemente, vemos que lo mismo sucede en las iglesias, a veces inintencionadamente, pero no obstante el resultado es el mismo. Guardamos nuestros secretos comerciales. Si le enseño a usted cómo hacer lo que yo hago, entonces usted no me necesitará más. Tal vez incluso ya no regresará más. Crecerá en independencia, y en lugar de eso tal vez yo prefiero que usted sea un cliente que pague. Es una horrible adicción la que hemos adquirido. Esto es lo que se desarrolla cuando el liderazgo eclesial refrena el crecimiento de la gente a la que ellos están comisionados a ayudar. Así que, yo sugeriría, que en lugar de presentarnos a nosotros mismos como chefs que preparamos comidas excelentes para que la gente las consuma, necesitamos vernos a nosotros mismos como si estuviésemos enseñando a la gente a cocinar. Enseñamos a la gente cómo sostenerse por sí mismos. Necesitamos hacer discípulos en lugar de hacer dependientes. El antiguo dicho de no dar a la gente el pez sino enseñarles a pescar, es un énfasis apropiado aquí.

Podríamos pensar en muchos otros ejemplos. Cuántas veces hemos visto a alguien que ha estado en la iglesia por treinta, cuarenta, o cincuenta años y todavía no pueden explicar o enseñar un pasaje aun si su vida dependiera de ello. Tenemos una gran responsabilidad, y no es demasiado tarde para que nos encontremos con esa responsabilidad. Dios nos ha dejado aquí por un espacio de tiempo. Mientras que Él nos dé aliento, usémoslo para lo que Él lo ha diseñado. Y mientras estemos en ello, debemos de entender que vamos contracorriente, y que habrá obstáculos.

2
Integrando Exégesis y Exposición: Comunicación Bíblica Para el Crecimiento e Independencia Espiritual[4]

Introducción

Para evaluar las implicaciones de la hermenéutica literal gramático-histórica para el uso de la Biblia es útil considerar tres etapas de aplicación relacionadas. La primera etapa establece un orden de preferencia de la hermenéutica literal gramático-histórica sobre otros métodos interpretativos contemporáneos. Esta etapa considera las bases epistemológicas para dicha preferencia, y llega a una conclusión prescriptiva si/luego entonces a partir de premisas descriptivas. La segunda etapa expone un método particular para la aplicación de los principios de la hermenéutica literal gramático-histórica en el proceso exegético. Esta etapa cuantifica hermenéutica literal gramático-histórica, analizando gramaticalmente los pasos exegéticos para asegurar la adherencia a la hermenéutica literal gramático-histórica.

---

[4] Presentado al Concilio Sobre Hermenéutica Dispensacionalista (Council on Dispensational Hermeneutics), el 3 de octubre del 2012 como "Integrando Exégesis y Exposición: Predicando y Enseñando Para la Independencia Espiritual".

Mientras que la primera etapa justifica la hermenéutica literal gramático-histórica, y la segunda etapa aplica la hermenéutica literal gramático-histórica en la exégesis, la tercera etapa proporciona ciertas reglas básicas para la *praxis* y un *enfoque expositivo* que son igualmente regidas por la hermenéutica gramático-histórica como lo son también las etapas de justificación y exégesis. En otras palabras, si entendemos la hermenéutica literal gramático-histórica como método de preferencia en incluso determinado, entonces hacemos bien en considerar las implicaciones de esta preferencia y elección para *todas las consideraciones textuales*, no sólo las interpretativas. Si la hermenéutica literal gramático-histórica va a gobernar nuestra exégesis, entonces somos inconsistentes si no permitimos a la misma gobernar nuestra praxis y exposición. La presente discusión considera las primeras dos etapas (justificación epistemológica y método exegético) con el objetivo de entender sus implicaciones para la tercera etapa (praxis[5] y exposición), y para llegar a un modelo que integre la segunda y la tercera etapa.

Primera Etapa Lógica de la Hermenéutica Literal Gramático-Histórica : Justificación

La preferencia de la hermenéutica literal gramático-histórica por encima de otros métodos interpretativos históricos y contemporáneos descansa en un flujo simple y lógico de ideas que pueden ser estipuladas de la siguiente manera:

P1: Existe un Dios no creado que creó.[6]

---

[5] El término es usado aquí para describir teoría y práctica, significando el fundamento o la base de la práctica.
[6] Gen 1:1, Jn 1:3, Rom 1:20, Col 1:16.

P2: Tanto el lenguaje[7] como la humanidad[8] tienen su origen en Dios.

P3: Dios se comunicó[9] con la humanidad usando el lenguaje.[10]

P4: El uso que Dios hace del lenguaje confirma al lenguaje como un medio apropiado para la revelación de Dios. [11]

P5: Los primeros receptores de la comunicación de parte de Dios entendieron que ésta tenía un significado y sentido, y determinaron ese significado basado un uso normativo del lenguaje.[12]

P6: El modelo de interpretación más antiguo y definitivo fue uno en que las palabras de Dios fueron tomadas en un sentido nominal, fueron entendidas para seguir reglas básicas de la gramática, y fueron entendidas dentro de un marco de referencia histórico y contextual.[13]

P7: De los métodos hermenéuticos históricos y contemporáneos, la hermenéutica literal gramático-histórica representa de manera exclusiva este modelo primario y definitivo.[14]

C: Si los intérpretes bíblicos deben de entender el significado pretendido de la comunicación de Dios de la manera que lo hicieron los recipientes primarios, entonces la hermenéutica literal gramático-histórica debe de ser empleada.[15]

---

[7] Gen 1:3.

[8] Gen 1:26-27.

[9] Gen 2:16-17.

[10] Por lenguaje se entiende el método de la comunicación hablada envolviendo el uso estructurado de palabras.

[11] Ex 3:14, 17:14, 34:1.

[12] Gen 3:1-5, 9-13.

[13] Ex 19:8, 24:3-7.

[14] Gen 6:13-22.

[15] Prov 30:5, Deut 8:3, Mt 4:4.

Este argumento, con sus apuntalamientos bíblicos, muestra nuestra hermenéutica literal gramático-histórica como multidisciplinaria en sus implicaciones. Por ejemplo, desde una perspectiva bíblica la epistemología no es ni racionalista ni empírica. En su lugar, la certeza está basada en una perspectiva específica de Dios a través de la revelación.[16] A pesar de la eficacia de la revelación natural para dejarnos a todos sin excusa,[17] un conocimiento necesario de lo Divino es exclusivamente identificable a través de la revelación especial.[18]

Igualmente, la lingüística histórica no es meramente un estudio de la evolución del lenguaje como si no tuviese un punto trazable de origen. Más bien, desde una perspectiva bíblica hay un punto de partida[19] seguido poco después por un evento transicional,[20] los cuales juntos sirven como elementos explicativos que gobiernan las disciplinas lingüísticas. La antropología, comprendida bíblicamente, considera a la humanidad como algo a romperse sin la habilidad intrínseca de reparación.[21]

En contraste, la antropología no bíblica generalmente ve a la humanidad como si estuviese en una trayectoria ascendente, independiente de la ayuda divina. Una psicología bíblica considera que debe de haber un aspecto incorpóreo de la humanidad, y enfatiza la responsabilidad humana con respecto a los pensamientos y acciones de cada uno.[22] Esto no sucede con la psicología secular, la cual considera que el alma no es nada

---

[16] Job 28:28, Prov 1:7, 9:10.
[17] Rom 1:20.
[18] Sal 34:11, cf. Prov 1:2 y 1:7.
[19] Gen 1:3, 2:16.
[20] Gen 11:1, 7-9.
[21] Gen 6:5, 8:21, Rom 3:10-20, Ef 2:1-10.
[22] Gen 2:15-17, 3:17, Sal 139:23-24, Rom 1:20.

más que la mente, y el pensamiento y la acción humana nada más que una serie de causas y efectos psicológicos. Estos son sólo algunos ejemplos la amplia influencia de la hermenéutica bíblica. Además, estos ejemplos muestran la hermenéutica literal gramático-histórica como un dispositivo que lleva a cabo mucho más que unos cuantos pasajes proféticos estratégicos. Más bien, es una herramienta comprensiva para entender la humanidad, la historia, el mundo, y a Dios mismo. Si tomamos el registro bíblico seriamente como el producto de un Dios creador el cual se comunicó con su creación a través del uso del lenguaje, entonces no tenemos más alternativa que hermenéutica literal gramático-histórica la hermenéutica literal gramático-histórica como *el* instrumento interpretativo, para que no sacrifiquemos el significado en sí mismo en favor del sinsentido y la arbitrariedad.

Segunda Etapa Lógica de la Hermenéutica Literal Gramático-Histórica: Exégesis

Un método exegético que esté gobernado por una hermenéutica literal gramático-histórica incluye una serie de pasos, todos ellos necesarios para determinar el significado de un pasaje dado. Estos pasos representan una especie de *sine qua non* para la exégesis.

Paso 1: Verifique el texto y la traducción.
Paso 2: Entienda el trasfondo y el contexto.
Paso 3: Identifique la estructura.
Paso 4: Identifique las claves gramaticales y sintácticas.
Paso 5: Identifique las calves léxicas.
Paso 6: Identifique el contexto bíblico.

Paso 7: Identifique el contexto teológico.

Paso 1: Verifque el Texto y la Traducción

Si reconocemos que Dios se comunicó en determinados momentos utilizando lenguajes particulares, entonces debemos de comprender (1) las implicaciones de las generaciones eliminadas de los manuscritos originales (2) qué tanto se pierde cuando traducimos de esos lenguajes. Este primer paso exegético considera especialmente la baja crítica, examinando el texto en el idioma original para determinar el alcance y los límites del pasaje, y para verificar el texto en sí.

Por ejemplo, P66 registra Juan 3:13 como si concluyese con la frase, ὁ υἱὸς τοῦ ἀνθρώπου,[23] mientras que el mismo pasaje en el TR de Stephen, termina con ο υιος του ανθρωπου ο ων εν τω ουρανω.[24] A pesar de que esta variante aparentemente carece de significado doctrinal, el último texto puede representar como mínimo una representación confusa de Cristo (como si estuviese en el cielo al mismo tiempo que en la tierra). Sin esta etapa de verificación del texto mismo junto con la corroboración de la traducción, *ni siquiera podríamos comenzar* el proceso exegético, siendo incapaces de determinar algo tan básico como *qué dice el texto realmente.* La exégesis bíblica demanda al menos un conocimiento básico de la baja crítica y los idiomas bíblicos.

Paso 2: Entienda el Trasfondo y el Contexto

El uso normativo del lenguaje requiere una consideración del texto *en contexto,* y a la luz de información clave del trasfondo.

---

[23] Consistente con Sinaiticus y Vaticanus, ninguno de los cuales incluye la frase *que está en el cielo.* .

[24] Consistente con la Vulgata de Jerónimo, la cual incluye la frase *qui est in caelo.*

Las consideraciones claves en este paso incluyen la alta crítica, autoría, época, audiencia y cultura, género literario, y la ocasión, por mencionar algunos aspectos. Por ejemplo, cada vez es más popular reconocer los Evangelios como biografías greco-romanas, una forma de literatura que permite significados no literales de otro tipo de lenguaje literario. Michael Licona ilustra esto en su explicación sobre Mateo 27:52-53:

> Dada la presencia de lenguaje fenomenológico usado en una manera simbólica tanto en la literatura judía como en la romana relacionado a un acontecimiento significativo como la muerte de un emperador o el final del reinado de un rey o incluso de un renio, la presencia de ambigüedades en el texto relevante de Ignacio, y que también muy poco se conoce del comentario de Talo sobre las tinieblas…me parece que una interpretación del lenguaje en Mateo 27:52–53 como 'efectos especiales' con textos escatológicos judíos en mente es más plausible.[25]

Si concluimos que las resurrecciones descritas en Mateo 27:52-53 son efectos especiales, entonces ¿sobre qué base textual podemos argumentar que la resurrección de Cristo no fue también un efecto especial? ¿Fueron los Evangelios relatos históricos divinamente inspirados, o fueron los escritores simplemente competentes en el paradigma de la ficción de la época? Lo que se entiende por trasfondo y contexto influye profundamente en los pasos exegéticos restantes.

---

[25] Michael Licona, *The Resurrection of Jesus: A New Historiographical Approach* (Downers Grove, IL: IVP, 2010), 552.

Paso 3: Identifique la Estructura

Las pistas internas para llegar a la estructura de los libros bíblicos son fácilmente accesibles y necesariamente discernibles para la comprensión de las tesis y el material de apoyo de cada libro. Génesis utiliza la palabra תּוֹלְדוֹת (*toledoth*, que significa generaciones) para dividir el libro.[26]

Juan 20:30-31 describe σημεῖα como los bloques para la edificación de su Evangelio. Hechos 1:8 provee el bosquejo geográfico y cronológico del libro. Apocalipsis 1:19 introduce las tres secciones de esa profecía. Como se pone de manifiesto en estos tres ejemplos, el uso normativo del lenguaje pone una carga enorme en la estructura retórica para determinar el significado.

Paso 4: Identifique las Claves Gramaticales y Sintácticas

La gramática y la sintaxis consideran principios normativos para la relación entre las palabras. La gramática es el marco de reglas, mientras que la sintaxis es la descripción del uso. Ambas son importantes, en el contexto histórico, para discernir el significado. Hechos 2:38 provee un ejemplo importante de la importancia de entender la relación entre palabras: "Pedro les dijo: Arrepentíos, y bautícese cada uno de vosotros en el nombre de Jesucristo para perdón de los pecados; y recibiréis el don del Espíritu Santo".

El imperativo de Pedro parece, en español, requerir el bautismo en agua a fin de recibir perdón y el don del Espíritu Santo. Sin embargo, el imperativo μετανοήσατε, el segundo pronombre ὑμῶν (los pecados de vosotros), y el verbo λήμψεσθε están todos en segunda persona del plural, mientras que el

---

[26] Gén 2:4, 5:1, 6:9, 10:1, 11:10, 11:27, 25:12, 25:19, 36:1, 36:9, 37:1.

imperativo βαπτισθήτω es la tercera persona del singular. A la luz de la relación sintáctica de las palabras y frases, el pasaje podría leerse, "Arrepentíos para el perdón de vuestros pecados y recibiréis el don del Espíritu Santo, y bautícese cada uno de vosotros en el nombre de Jesucristo". Las conexiones entre palabras, y las reglas que rigen esas conexiones son frecuentemente dispositivos para comprender el significado de frases y pasajes.

Paso 5: Identifique las Claves Léxicas

Las palabras son los bloques de construcción fundamentales del lenguaje. Consecuentemente, para precisar el significado, el uso normativo del lenguaje demanda que las palabras sean entendidas. Antes de examinar una palabra en su contexto bíblico o teológico, el intérprete debe primero entender el significado léxico y etimológico de la palabra. La importancia de este principio es evidente en Daniel 9:24, ya que las versiones RVR-60, LBLA, BTX traducen la primera frase del versículo como *setenta semanas.*

Si el hebreo שָׁבֻעִים (shabe'yim) tiene un significado léxico que es mejor traducido como *semanas,* entonces concluir que la palabra *semanas* se está refiriendo a un periodo de siete años requiere una interpretación no literal y un abandono la hermenéutica literal gramático-histórica. Llegar a esa conclusión requiere de un distanciamiento del uso normativo del lenguaje. Sin embargo, שָׁבֻעִים se traduce literalmente como *sietes,*[27] ya que es la traducción correspondiente para ἑβδομάδες (*hebdomades*) en la LXX. En este caso, las traducciones son

---

[27] E.g., Gén 5:7.

engañosas en cuanto a una definición simple y el uso bíblico más temprano de esta palabra.

Paso 6: Identifique el Contexto Bíblico

Identificar el contexto bíblico es uno de los pasos más críticos en el proceso exegético, y es correctamente entendido como un aspecto elemental del uso normativo de la lengua. Ya sea que el contexto aplicable sea inmediato (adyacente al pasaje), cercano (dentro del libro), o amplio (contexto relacionado pero a partir de un libro bíblico diferente), el significado de un pasaje dado no es perceptible con certeza hasta que los contextos relacionados son reconocidos y entendidos. Por ejemplo, 2 Crónicas 7:14 registra la promesa de Dios de sanar la tierra de su pueblo. Si se considera separado de su contexto inmediato, este llega a parecer un principio universal. Sin embargo, 7:15 cualifica esa promesa como una respuesta a las oraciones ofrecidas desde el templo de Salomón.

En Job 34:35-37, parece que Eliú incorrectamente acusa a Job de pecado. Sin embargo, 34:34 aclara que Eliú está representando el punto de vista de los otros amigos de Job. El contexto es la diferencia entre que Eliú esté completamente equivocado, o que esté totalmente en lo cierto.

Paso 7: Identifique el Contexto Teológico

A pesar de que el contexto bíblico es más predominante a la hora de discernir los significados, el contexto teológico también es importante. Por ejemplo, en Juan 14:1-3, la doctrina del arrebatamiento parece léxica e incluso tal vez sintácticamente ausente. Sin embargo, cuando se lee conjuntamente con otros pasajes[28] es evidente que el arrebatamiento está teológicamente en vista. Además, comprender la conexión teológica de las obras, la fe, y la justificación en Romanos 4 ayuda a resolver una discusión potencialmente adherida sobre la misma relación en Santiago 2.

La comprensión teológica del texto también es importante para discernir el significado. Sin embargo, leer conclusiones teológicas dentro del texto como instrumento hermenéutico es incompatible con la hermenéutica literal gramático-histórica. Si una interpretación está derivada de una conclusión teológica, en lugar de un análisis textual que considera el contexto teológico, dicha interpretación es inválida en el sentido de haber sido obtenida impropiamente.

Verificación e Implicaciones

Después de las siete etapas, la verificación secundaria es un ejercicio muy útil para corroborar la adherencia a la hermenéutica literal gramático-histórica a través del proceso exegético, y envuelve la consideración de información extra bíblica y secundaria (comentarios, profesores, y otros recursos). La consulta de fuentes secundarias no puede ser considerada como parte del proceso exegético, por sí, pero la utilización de dichas fuentes puede ayudar al intérprete a asegurarse que ninguna de las etapas ha sido obviada. Tal humildad interpretativa es importante.

Aun así, el intérprete debe ser lo suficientemente valiente como para permitir que el texto bíblico hable por sí mismo, incluso si las fuentes secundarias no están de acuerdo con los resultados exegéticos. En resumen, la verificación secundaria no es un

---

[28] Especialmente 1 Tes 4, 2 Tes 2, y 1 Cor 15.

ejercicio de prueba de textos extra bíblicos. Más bien es un proceso para el control de la adhesión a la hermenéutica y el proceso en sí mismo.

Cada uno de estos siete pasos en conjunto (junto con la verificación secundaria) y en sucesión, representan una aplicación razonable de la hermenéutica literal gramático-histórica que es consistente con las siete premisas mencionadas anteriormente para justificar la preferencia de la hermenéutica literal gramático-histórica. Si la trayectoria del argumento nos ha guiado satisfactoriamente del punto A (justificación) al punto B (aplicación en exégesis), entonces debemos de abrirnos a las implicaciones de esa trayectoria para llegar al punto C (praxis y exposición).

Tercera Etapa Lógica de la Hermenéutica Literal Gramático-Histórica: Praxis y Exposición

Más allá de la justificación de una hermenéutica literal gramático-histórica y su aplicación en el proceso exegético, la hermenéutica literal gramático-histórica también rige la praxis y la exposición. La Biblia tiene mucho que decir con respecto a los creyentes y la *práctica* la Palabra. La Escritura es unánime en la afirmación de su suficiencia no sólo para el aprendizaje y/o enseñanza, sino también para la apropiación personal en pensamiento, palabra y acción. Una praxis realmente bíblica demanda una aplicación apropiada de la hermenéutica literal gramático-histórica en el proceso exegético y, de hecho, no se puede sostener sin esta. Del mismo modo, la correcta aplicación de la hermenéutica literal gramático-histórica en el proceso exegético deja el intérprete sin salida ante los muchos principios bíblicos – para el no creyente, para responder con fe, y para el creyente, para caminar en la fe.

¿Cómo puede uno cumplir el mandamiento de Santiago a los creyentes de Γίνεσθε δὲ ποιηταὶ λόγου (sed hacedores de la palabra) si *la palabra* no ha sido comprendida correctamente?[29] Pablo exhorta a los creyentes a ocuparse en pensamientos y actos correctos sobre la base de las misericordias de Dios.[30] Tal conducta es el sacrificio racional (λογικὴν) de los creyentes. Los comentarios de Pablo aquí son notables, ya que ánima a los creyentes a usar la *lógica* o *razón* en el entendimiento de las bases para su motivación. Para que Pablo exhortase de esta manera, sería extraño, como mínimo, descartar la expectativa de que sus lectores realmente entendían lo que fue revelado acerca de las misericordias de Dios en Romanos 1-11. Es evidente que los mismos principios requeridos para comprender la misericordia de Dios son también requeridos para caminar en ella. Para poder caminar en una manera digna del llamado del creyente, el creyente debe descubrir el significado correcto de ese llamado.[31]

Una exégesis correcta es un prerrequisito para una praxis apropiada. Además, una praxis correcta sin una exposición correcta es incongruente. La hermenéutica literal gramático-histórica es necesaria para la exégesis, para la praxis, y consecuentemente para la exposición. Mientras que la praxis depende ineludiblemente de la hermenéutica literal gramático-histórica, es evidente que la exposición es simplemente una de las muchas facetas de la práctica. Los creyentes son exhortados universalmente a enseñar a otros,[32] incluso cuando no se dice que todos los creyentes tienen el don

---

[29] Stg 1:22.
[30] Rom 12:1.
[31] Ef 4:1.
[32] Col 3:16.

de la enseñanza,[33] y cuando no todos los creyentes ministran como pastores-maestros.[34]

Independientemente del papel de cada uno en el cuerpo de Cristo, todos compartimos la responsabilidad de conocer la Palabra de Dios.[35] Con respecto a la responsabilidad del conocimiento bíblico y la tarea de compartir dicho conocimiento con otros, la Escritura no hace distinción clero/laicos. Todos los creyentes deben de permitir que la palabra de Cristo more abundantemente en ellos.[36] Todos los creyentes deben de prepararse para toda buena obra.[37] Podría decirse que todos los creyentes deben seguir a los apóstoles en su responsabilidad de hacer discípulos - un proceso que incluye la enseñanza.[38]

Propósito, Contenido, y Mecanismo de la Enseñanza Bíblica

El propósito de la enseñanza bíblica está descrito sucintamente en dos contextos particulares. Efesios 4:11-12 describe la enseñanza pastoral como algo que es propuesto para (πρὸς) la capacitación o la adecuación (τὸν καταρτισμὸν) de los santos. Algo importante que debemos de tener en cuenta es que *la enseñanza pastoral no capacita a los santos*. Tampoco lo hace ningún otro ministerio humano. Más bien, estos ministerios tienen el propósito *de* equipar a los santos. Segunda a Timoteo 3:16-17 describe el contenido de la enseñanza bíblica como *toda la escritura* (πᾶσα γραφὴ), y la caracteriza como algo que es beneficioso (ὠφέλιμος) para la cualificación (ἄρτιος) y la adecuación o capacitación (ἐξηρτισμένος, la misma raíz es

---

[33] Rom 12:7.
[34] Ef 4:11-12, 1 Tim 3:1-7, Stg 3:1.
[35] Heb 5:12.
[36] Col 3:16.
[37] 2 Tim 3:17.
[38] Mt 28:19-20.

usada en Efesios 4:12) de el hombre de Dios. Consecuentemente, si el propósito de la enseñanza bíblica es la
capacitación de los santos *por la Palabra de Dios* (antes que por
el maestro), entonces le corresponde a los maestros bíblicos
garantizar que están usando la Palabra de Dios de la manera
más responsable posible, con el objetivo final siempre a la vista.

La mecánica de la enseñanza bíblica no es un asunto de
preferencia. Esto también, al igual que la exégesis y otros
aspectos prácticos, está sujeto a la hermenéutica histórica-
gramatical literal. En 2 Timoteo 2:2 Pablo ilustra la mecánica
de la enseñanza bíblica cuando dice, "esto encarga a hombres
fieles que sean idóneos para enseñar también a otros". El
proceso consiste en *encargar estas cosas* (ταῦτα παράθου) – *la
Palabra de Dios.* La meta de la enseñanza está definida en
otras partes como la adecuación o equipamiento de los santos,
pero en este pasaje, Pablo ofrece un método tangible para
medir la efectividad de la enseñanza bíblica. ¿Están esos
aprendices que fueron confiados a nuestro cargo desarrollando
la capacidad de enseñar a otros? ¿Estamos proveyéndoles de las
herramientas para poder hacerlo, o estamos simplemente
diciéndoles qué acciones evitar y cuáles preferir? ¿Estamos
tratando de simplificar las cosas porque ellos posiblemente no
podrían entender si simplemente les enseñamos *el Texto*?
¿Estamos enseñándoles que cuando necesiten respuestas deben
de abrir sus Biblias...y llamarnos a nosotros? Estas escenas no
tienen cabida en el modelo de enseñanza bíblica de Pablo.

Dios se reveló a sí mismo por medio del uso del lenguaje.
Que Él se haya revelado a Sí mismo de esa forma tiene unas
implicaciones considerables para la enseñanza. Dios esperaba
que Su audiencia fuese lo suficientemente hábil en los
principios del lenguaje que Él usó para que ellos pudieran

entender Su significado. Todos necesitamos saber *cómo entender la Palabra de Dios.* Todos necesitamos saber cómo manejar las variantes, traducciones, trasfondos, la estructura retórica, gramática, sintaxis, vocabulario, y el contexto. Si nosotros como pastores u otros maestros de Biblia estamos simplemente salpicando información bíblica enseñar a los aprendices *cómo descubrir y entender esa información por ellos mismos,* entonces estamos fallando en nuestra mayordomía. Estaríamos haciendo dependientes en lugar de discípulos, oidores en lugar de hacedores, y soldados que no tienen ni idea de cómo empuñar una espada.

Conclusión

Los estudiantes de Biblia, bien en los tiempos de Esdras[39] o en los de Pablo, entendieron las bases de la hermenéutica histórica-gramatical literal y el proceso exegético, incluso, si no siempre, intencionalmente. Porque esos principios envolvían el simple y natural uso cotidiano de los lenguajes que Dios empleó. Incluso aquellos que eran demasiado jóvenes para entender, fueron instruidos en casa por sus padres para que así pudieran entender.[40]

Ya que en nuestros tiempos la mayoría de aquellos a los que enseñamos no están familiarizados con los idiomas bíblicos, enfrentamos el dilema que, aparentemente, ni Esdras ni Pablo enfrentaron. Pero la manera en que respondamos a este desafío nos llevará un largo camino para determinar la calidad de nuestro ministerio de enseñanza. Podemos quedarnos con el proceso exegético para nosotros mismos. Al hacer eso, somos inconsistentes en la medida en que argumentamos que la

---

[39] Esd 8.
[40] Deut 6:6-9.

hermenéutica histórica-gramática literal está garantizada, que debemos usarla para derivar nuestras interpretaciones bíblicas, y que ésta gobierna nuestra praxis, pero que no tiene lugar en la exposición.

Si queremos ser consistentes, debemos de reconocer que nuestra exposición está también gobernada por la hermenéutica histórica-gramática literal. Al hacer esto, deberíamos de integrar nuestra exégesis con nuestra exposición – entendiéndose que *deberíamos simplemente enseñar el texto en la manera en que está escrito y mostrar nuestro trabajo.* Deberíamos ser honestos sobre cómo llegamos a las conclusiones. Deberíamos ser trasparentes con respecto al por qué interpretamos pasajes como lo hacemos. Debemos sumergir a nuestros estudiantes en los principios de los idiomas bíblicos, enseñarles gramática, sintaxis, y vocabulario en la medida de lo posible. Deberíamos de desarrollar el texto palabra por palabra, frase por frase, línea por línea, libro por libro – a la vez mostrar el proceso exegético. *Hacer, mientras se es observado* es un elemento crítico del proceso de enseñanza. Este principio fue modelado por Dios cuando encomendó a Israel que los padres deben de comportarse de tal manera que sus hijos y sus nietos teman al Señor y sean obedientes.[41]

¿Pueden nuestros hijos y nuestros nietos en la fe observar cómo trazamos Su Palabra, seguir nuestro ejemplo, crecer hacia la madurez, y así enseñar a otros? Si es así, entonces hemos integrado la exégesis y la exposición y llevado la hermenéutica histórica-gramática literal a su conclusión lógica.

---

[41] Deut 6:1-2.

3
Hermanos, no Somos Chefs: Acerca del Papel de los Idiomas Bíblicos Para Entender, Aplicar, y Enseñar la Biblia[42]

La idea principal de la sección anterior es que si los idiomas bíblicos son necesarios para la exégesis, entonces son también necesarios para la aplicación y la enseñanza. Esta premisa tiene unas implicaciones profundas, e invita a ciertos planteamientos, tratados aquí.

Pregunta

¿Implica la afirmación de la necesidad de los idiomas bíblicos que las únicas personas verdaderamente cualificadas para interpretar la Biblia son aquellos preparados en la exégesis del griego y el hebreo?

Respuesta

Sí y no. Por un lado, no podemos realmente hacer exégesis de la Biblia sin tener en cuenta el texto en su idioma original. Por

---

[42] Adaptado de Christopher Cone, "Brothers We Are Not Chefs," Presentado al Concilio Sobre Hermenéutica Dispensacionalista (Council on Dispensational Hermeneutics), el 7 de octubre del 2012.

otro lado, no estoy argumentando a favor de una *capacidad a nivel técnico* sino a favor de una *conciencia técnica*. No se necesita ser un experto para adquirir las habilidades básicas necesarias para interpretar la Biblia. Uno necesita estar consciente que detrás del texto en nuestro idioma moderno están los textos en hebreo, arameo, y griego que a menudo son más precisos que las traducciones en los idiomas modernos. Es muy importante estar conscientes de esto, y considerarlo a lo largo del proceso exegético. Con la variedad de herramientas disponibles hoy (electrónicas y otras) los idiomas bíblicos no son inaccesibles.

Pregunta

¿No es este argumento una defensa del elitismo – que sólo aquellos con habilidades elitistas pueden trazar bien la Palabra?

Respuesta

No. De hecho, estoy argumentando en contra del elitismo. Aquellos que tienen en cuenta los idiomas bíblicos y que saben cómo encontrar la información que se necesita pueden trazar bien la Palabra. Estoy argumentando que los maestros de Biblia deben de hacer un esfuerzo concienzudo, como parte intrínseca y necesaria de su enseñanza, para proveer esas herramientas a sus estudiantes.

Pregunta

El problema con esto es que no todo maestro o pastor tiene el tiempo, recursos, o la aptitud para el griego y el hebreo, a un nivel que sea realmente competente.

Respuesta

Un nivel competente a veces puede llegar a ser el enemigo de la conciencia, de la misma manera que estupendo puede a veces ser enemigo de bueno. Como educadores bíblicos cometemos el error clave cuando le decimos a la gente que si no se pueden comprometer completamente con los idiomas, entonces no deberían ni si quiera empezar a tratar con ellos. Un hombre sabio me dijo en una ocasión, "si vale la pena hacerlo, vale la pena hacerlo...mal". Es mejor intentarlo a un nivel básico que no intentarlo ni si quiera. Incluso alguien con capacidades básicas en los idiomas bíblicos tiene una ventaja considerable para entender la Biblia que alguien que no tiene esa base (en la medida en que no use los idiomas bíblicos en una manera irresponsable). Y después de todo, establecer un nivel competente en cualquier área en particular requiere toda una vida de estudio.

Pregunta

¿Puede alguien ser un buen maestro o pastor sin ser un experto en los idiomas griego y hebreo?

Respuesta

¿Sin ser un experto? Sí. ¿Sin tener cierto conocimiento? No. Mientras que el intérprete sea consciente de los idiomas y tenga la habilidad de encontrar la información (ya sea por el propio uso de las herramientas básicas o consultando la investigación de otros), ese intérprete tiene la oportunidad de trazar bien la Biblia.

Pregunta
¿Puede uno dominar los idiomas griego y hebreo y no ser un buen maestro o pastor?

Respuesta
Absolutamente. Dominar los idiomas no es una garantía para una buena interpretación bíblica. Uno pude abusar del uso de los idiomas y puede también tener un método hermenéutico inconsistente. Así como un buen lector no siempre será un buen estudiante o maestro, hay muchos factores que influyen en la enseñanza y aprendizaje de calidad.

Pregunta
Sólo el 25% de las personas llega a tener aptitud para los idiomas. Entonces, ¿cómo podemos poner ese peso sobre el 75% restante?

Respuesta
Creo que la premisa aquí es destructiva: *'la mayoría de las personas no pueden aprender idiomas'*. Esta premisa es simple y completamente falsa. Todos tienen la capacidad para los idiomas – casi todos conocen al menos las bases de como mínimo un idioma. Si estamos dispuestos a ser diligentes y pacientes, y ayudar a las personas a entender los componentes de los idiomas bíblicos de la misma manera en que aprendieron sus idiomas nativos, entonces hay una buena oportunidad para que ellos adquieran las bases que necesitan para interpretar la Biblia.

De nuevo, la perfección no es necesariamente el propósito, más bien el conocimiento y la habilidad para que las personas encuentren la información por ellas mismas. Por ejemplo, cuando nuestros niños nos hacen una pregunta, ¿le damos siempre una respuesta directa, a los mandamos a que busquen en internet, diccionarios, concordancias, u otras herramientas? ¿Por qué lo hacemos? Porque queremos guiarlos hacia el desarrollo de sus propias habilidades. La paternidad espiritual no es diferente.

Pregunta

¿No pone esto en desventaja a personas que viven en otras culturas donde el analfabetismo es mayor, dado que los idiomas bíblicos no están al alcance de ellos?

Respuesta

De ninguna manera, porque, de nuevo, la premisa no es acertada. Incluso entre las personas más analfabetas en cualquier cultura, todavía existe la habilidad de adquirir las bases de cualquier idioma. Casi todo el mundo tiene la suficiente capacidad para los idiomas como para hablar y entender su idioma materno. En cuanto a mí, yo no aprendí los elementos básicos del inglés hasta que comencé a estudiar griego. En ese momento, comencé a valorar la estructura y componentes del lenguaje, porque me di cuenta que Dios ha escogido comunicarse por medio el lenguaje. Si quería entender lo Él que había dicho, tenía que apreciar y comprender algunos elementos básicos del lenguaje. Esto sucede en cualquier cultura. Como maestros de Biblia nuestra meta es facilitar el equipamiento de creyentes para su madurez – para la independencia espiritual, para que puedan entender, obedecer, y enseñar las Escrituras por ellos mismos. A veces esto supone que en el proceso vamos a tener que enseñar a alguno a leer, a escuchar, a preguntar, a analizar, etc.

Pregunta
¿No es esta afirmación de la necesidad de los idiomas bíblicos idealista e imposible de llevar a cabo?

Respuesta
Antes que nada, eso no importa. Nosotros no somos responsables de los resultados, sino más bien de la obediencia y el esfuerzo. Nuestra responsabilidad no disminuye sólo porque algo es difícil. El pragmatismo es a veces enemigo de la obediencia. En segundo lugar, no, la necesidad de los idiomas bíblicos no es ni puramente idealista ni imposible de llevar a cabo. Si tomamos las cosas como padres que enseñan su hijo, entenderemos que hay una progresión que va de la inmadurez a la madurez, y de la dependencia a la independencia. Como padres no miramos el camino que le queda por recorrer a nuestro hijo para llegar a ser una persona adulta y madura, ni nos encojemos de hombros y renegamos del proceso debido a que el camino parece muy largo y arduo. No, en su lugar, lo afrontamos día a día. Momento a momento, trabajando diligentemente, y le agradecemos al Señor en el camino por tan preciosa oportunidad.

Pregunta
Un chef no trae a la gente a su sucia cocina y les hace comer en medio de las ollas y sartenes grasientas. En su lugar, prepara una excelente comida que es a la vez sana y estéticamente agradable, ¿verdad?

Respuesta

Una vez más, la premisa es problemática. Tan problemática, de hecho, que es el meollo de asunto: ¡No somos chefs! Nuestra tarea no es alimentar con cuchara a la gente más allá de la infancia (sí, hay un tiempo en el cual debemos alimentarlos con cuchara). Más bien, nuestra tarea es ayudarles a ellos a desarrollar las habilidades para llegar a ser adultos maduros en Cristo – para que sean capaces de alimentarse a sí mismos y a otros. *Nuestro trabajo es llevar a la gente a la cocina y mostrarles cómo utilizar las ollas y las sartenes para preparar su propia comida.*

Notemos la progresión en el crecimiento de los creyentes, de la infancia a la expectativa de la madurez: Infancia: "Os di a beber leche, y no vianda; porque aún no erais capaces, ni sois capaces todavía" (1 Cor 3:2). "Desead, como niños recién nacidos, la leche espiritual no adulterada, para que por ella crezcáis para salvación" (1 Ped 2:2). Expectativa de madurez: "Porque debiendo ser ya maestros, después de tanto tiempo, tenéis necesidad de que se os vuelva a enseñar cuáles son los primeros rudimentos de las palabras de Dios; y habéis llegado a ser tales que tenéis necesidad de leche, y no de alimento sólido. Y todo aquel que participa de la leche es inexperto en la palabra de justicia, porque es niño" (Heb 5:12-13).

Por tanto, dejando ya los rudimentos de la doctrina de Cristo, vamos adelante a la perfección...(Heb 6:1)

Los creyentes no deben de permanecer en la infancia, sino que se espera que crezcan en madurez. Como maestros de la Biblia no podemos enseñar de tal manera que nuestros estudiantes no se desarrollen su espiritualidad. Y ellos no podrán desarrollar su espiritualidad sin un aumento en su habilidad de alimentarse a sí mismos. Así como un niño comienza su vida con total dependencia de los padres, y gradualmente destetado y enseñado a cuidar de sí mismo, así también sucede con los niños espirituales. *Hermanos, no somos chefs. Somos discipuladores, mentores y padres.*

4
Distintivas de Este Planteamiento

Esta obra asume que el lector tiene alguna experiencia previa en los idiomas bíblicos, y presenta una evaluación de los principios exegéticos e introduce un proceso por medio del cual uno puede progresar de los aspectos técnicos necesarios para el estudio y la aplicación de un pasaje, hacia los elementos críticos del planeamiento, preparación y presentación del pasaje en el marco de la predicación y la enseñanza.

Hay dos aspectos distintivos de este método. Lo primero de todo, (1) este se enfoca no sólo en la responsabilidad del maestro para enseñar el contenido del pasaje, sino también en la responsabilidad de enseñar *cómo* estudiar el contenido, con el fin de que los oyentes puedan aprender a alimentarse a sí mismos, de acuerdo con el principio de desarrollar discípulos y no dependientes; consecuentemente, el proceso expositivo se caracteriza por la presencia de y la transparencia en el uso de elementos exegéticos, y (2) esta aproximación enfatiza la responsabilidad del comunicador de mantener el enfoque en Dios y Su mensaje en lugar de en la personalidad y los méritos del mensajero. Consecuentemente, los aspectos retóricos reciben una consideración secundaria.

Ahora bien, ambos aspectos son asuntos controversiales. Primero, hay un modelo con cierto atractivo y típico de liderazgo eclesial que establece al pastor como un director ejecutivo, y es percibido como el gurú espiritual que supervisa al rebaño. Cuando la congregación tiene inquietudes y necesita consejos, acuden a él. Cuando necesitan alimento espiritual, acuden a él. Él es quien se supone que tiene el conocimiento, y nadie más realmente lo tiene o lo necesita. Este no el modelo bíblico, y no es particularmente saludable, pero es muy común en las iglesias. Dado que muchos de los lectores de este libro serán pastores o pastores en proceso de preparación, es mi esperanza que el libro encuentre una lectura más amplia *entre todos aquellos que simplemente quieren conocerle a Él mejor y aquellos que reconocen el rol principal de la Biblia en ese propósito.* Consecuentemente, este trabajo no está diseñado para promover el modelo de gurú espiritual, sino que está diseñado para desafiar a cada creyente a profundizar más cuidadosamente en el estudio de Su Palabra.

De acuerdo con esto, el enfoque que tendremos será el de entrenar a las personas a ser independientes espiritualmente, al igual que la paternidad. No entrenamos a nuestros hijos para que cuando crezcan no puedan funcionar sin nosotros – *estamos tratando de hacer discípulos, no dependientes.* A pesar de este enfoque, es notable lo poco común que es entrenar a las personas para que crezcan hasta la independencia espiritual y la madurez. Enseñar para que se alcance madurez espiritual no es tan frecuente en nuestras iglesias como esperaríamos, en parte debido a la prevalencia de la cultura de seminario que a veces parece fomentar el modelo del gurú espiritual. Este libro representa un intento de contrarrestar esa cultura.

Hay un segundo aspecto controversial en esta aproximación. La homilética, los aspectos retóricos, y las habilidades básicas de oratoria son importantes para la comunicación en general. Nadie quiere escuchar a alguien que está haciendo ruido con las llaves en los bolsillos como resultado de los nervios, o constantemente diciendo "umm" o "ya saben", o tocándose la nariz mientras están enseñando. Hay algunas cosas que son de sentido común que debemos aprender a evitar a través de la responsabilidad, a medida que ganamos un poco de experiencia para hablar en público y aprendemos a comunicar de una manera considerada. Sin embargo, la comunicación de la Biblia se trata menos sobre el asunto de hablar en público que sobre la comunicación de la Biblia en realidad. Este trabajo se ocupa de cuestiones homiléticas pero pone mucho más énfasis en la reproducción – la enseñanza de la independencia espiritual y la reproducción espiritual, y al hacerlo, centraliza el mensaje y no el mensajero.

Cuatro Objetivos Fundamentales

Hay cuatro objetivos que son fundamentales aquí. En primer lugar, necesitamos adquirir una mayor destreza en el uso con precisión de la Palabra respecto al estudio personal, con el fin de caminar más cerca, más obedientes al Señor. Esto es vital. Les pregunto a los estudiantes por qué vienen al seminario y a menudo escucho respuestas como, "quiero ser pastor", "voy a estudiar para pastor", o "quiero enseñar". Necesitamos ser prudentes en no alterar el orden de prioridades. Necesitamos entender la Palabra para que podamos crecer *individualmente.* Necesitamos tener el objetivo del crecimiento personal a través de nuestro estudio y a través de nuestra exégesis y exposición en lugar de simplemente tener en cuenta cómo podemos enseñar a otra persona para su crecimiento y beneficio.

En segundo lugar, necesitamos tener un método para seleccionar el contenido de lo que vamos a enseñar y usar ese contenido, desde el primer punto de la observación hasta el último punto de exposición del mensaje. En otras palabras, vamos a trabajar desde el mismo inicio del proceso de abrir la Biblia y tratar entonces de determinar qué y cómo enseñarla a otros. ¿Cómo seleccionamos un pasaje? ¿Cómo estudiamos el pasaje? ¿Cómo vivimos ese pasaje? ¿Cómo trasmitimos el pasaje realmente a alguien más? Tenemos que ser bastante compresivos y técnicos al mismo tiempo. Necesitamos tener más ambición que simplemente confiar en los enfoques de una gran idea; y sermonear con tres puntos principales no nos va a llegar a donde tenemos que ir. Es necesario un método más comprensivo de lo que esos dos modelos proveen, porque aunque ambos son excelentes métodos para enseñar *acerca* del texto, simplemente no están diseñados como métodos para enseñar *el texto.*

En tercer lugar, debemos de tener un conocimiento de la dependencia de la exposición en el proceso exegético y de cómo emplear los principios exegéticos en la exposición. No podemos tener el uno sin el otro. Tratar de comunicar la verdad sin habernos ganado el derecho por medio de hacer una exégesis de las Escrituras es altamente problemático. Tenemos que entender la relación de los dos procesos, cómo se conectan, en qué punto se cruzan, así como las diferencias entre los dos.

Por último, tenemos que tener una conciencia más precisa de la urgencia, la administración y las responsabilidades envueltas en la enseñanza de la Palabra de Dios, con miras a satisfacer las normas de Dios para la enseñanza bíblica. Consideremos 2 Timoteo 2:15 – la exhortación de Pablo a Timoteo a que estudie para presentarse a sí mismo aprobado, como un obrero que traza con precisión la Palabra de verdad.

Al pensar en ese pasaje, me llama la atención el hecho de que Timoteo estaba, en ese momento de su vida, muy bien entrenado en la Escritura. Había crecido conociendo la Escritura desde su infancia. Tenía enormes ventajas sobre sus compañeros en ese sentido. Aun así, que Pablo le diga que sea diligente es un testimonio de la importancia de este tipo de estudio. Como Timoteo, nosotros también necesitamos comprender el peso de estas cosas. Debemos procurar cumplir con lo que es el diseño de Dios para entender la Palabra, para usarla cuidadosamente, y en última instancia, para enseñarla a otros. Así que, mientras que estamos atentos al proceso de enseñanza y presentación a otra persona, no debemos de perder de vista el aspecto de nuestra propia responsabilidad y nuestro propio crecimiento personal en ese proceso.

5
Enseñando a ser Independientes

En América cada semana, decenas de miles de pastores dan mensajes a millones de personas. A la semana siguiente lo vuelven a hacer. Y la siguiente. Y la siguiente. El ciclo se repite como lo ha estado haciendo año tras año. ¿Por qué? ¿Cuántos de estos pastores son realmente conscientes de lo que se supone que tendrían que estar logrando? ¿Cuál es, de hecho, el objetivo de la enseñanza pastoral en la iglesia?

Efesios 4:11-12 describe varios oficios y dones dados a la iglesia, incluyendo el de pastor (*poimen,* pastor) y el maestro (*didaskalos*). Notemos en el pasaje que el pastor y maestro no son dos oficios separados – el pastor es un maestro también. Mientras que hay maestros en la iglesia que no son pastores (e.g., cada creyente, ver Col 3:16), no hay un modelo bíblico de pastores que no sean maestros.

Entonces, se supone que los pastores deben de enseñar. ¿Pero *qué* y *por qué*? Para poder entender el *qué,* debemos de considerar primero el *por qué*. Efesios 4:12 deja muy claro el *por qué:* para perfeccionar a los santos, para la edificación del cuerpo de Cristo. Notemos que la enseñanza en sí misma no equipa a los santos, sino que está diseñada *para* (o *a*) el perfeccionamiento de los santos. La enseñanza pastoral es para el   perfeccionamiento   de   los   santos,   pero   no   es   el perfeccionamiento de los santos. En otras palabras, el objetivo de la enseñanza pastoral es que los santos sean perfeccionados, pero los santos son realmente equipados por algo distinto a la enseñanza pastoral (Heb 13:20-21).

Pablo explica en 2 Timoteo 3:16-17 que *toda la palabra de Dios* es el medio para el perfeccionamiento de los santos (misma raíz, *artizo*, es usada en Ef 4:12, 2 Tim 3:17, y también en Heb 13:21). La Palabra de Dios es útil para enseñar, para redargüir, para corregir, para instruir en justicia con el propósito de que cada seguidor de Cristo sea preparado o hecho adecuado para toda buena obra.

Si la razón de la enseñanza pastoral es la preparación de los santos, y el medio que Dios proveyó para la adecuación de los santos es Su Palabra, entonces ¿*qué* deberían de enseñar los pastores? Muy simple, los pastores deberían de estar enseñando Su Palabra. Cualquier otra cosa es una pérdida de tiempo y de recursos.

Nunca olvidaré una ocasión en la que entré a una "iglesia bíblica" en el área de Chicago. El pastor había sido formado en un instituto bíblico local de alto reconocimiento, y esperábamos que enseñase la Palabra. La introducción de su mensaje fue más o menos así (literalmente, según lo recuerdo): "La próxima semana regresaremos a la Palabra de Dios, pero esta semana, quise compartir algo de mis mismos pensamientos que tuve esta semana". Durante su oración de apertura, desaparecimos y nunca regresamos. ¿Es malo compartir los pensamientos personales? Por supuesto que no, pero hay un tiempo para cada cosa. Los pastores no tienen la libertad de escoger el material que van a enseñar. Es la Palabra de Dios, y nada más que la Palabra de Dios. Si un pastor no está atento al *por qué* y al *qué*, está en gran peligro de caer en la trampa que es, creo yo, la gran aflicción de las iglesias: *enseñar para la dependencia*. O, expresado de otra manera, si los pastores no están enfocados en enseñar bíblicamente, entonces lo más seguro es que estén desarrollando un culto a la personalidad que está esclavizando a sus oyentes en lugar de liberarlos para que crezcan y maduren.

En 2 Timoteo 2:2 Pablo le dice a Timoteo, "esto [las palabras de Pablo] encarga a hombres fieles que sean idóneos para enseñar también a otros". El objetivo en este contexto es duplicación – que aquellos que son enseñados sean capaces de enseñar a otros. Si sólo sermoneamos estamos ocultando el proceso exegético a nuestros oyentes. No les estamos enseñando cómo estudiar y aprender la Biblia por ellos mismos. Les estamos diciendo cómo pensar, hablar, y actuar, *sin enseñarles cómo descubrir aquellas cosas por sí mismos*. Estamos alimentando a la gente para pasar el día y enseñándoles que no pueden pescar – que ellos tienen que venir a nosotros cada semana cuando les dé hambre. Esto es lo equivalente a unos padres que tratan que sus hijos sean dependientes de ellos por toda su vida. Eso podría considerarse como abuso infantil. Entonces, ¿qué podríamos pensar cuando hacemos lo mismo pero en un sentido espiritual?

En lugar de eso, pastores, cuando estemos en frente de las personas que Él nos ha confiado, enseñemos la Palabra. Enseñemos de manera que nuestros oyentes desarrollen un entendimiento de cómo trazar la Palabra – para que puedan crecer y ser independientes de nosotros, y para que desarrollen la habilidad de enseñar a otros la Palabra de Dios. Dejemos a un lado la retórica y hagamos simplemente lo que estamos llamados a hacer – enseñar Su Palabra. *Enseñemos para independencia, no para dependencia*.

6
Un Ingrediente Necesario Para el Conocimiento Bíblico

Conocer la Palabra de Dios es una responsabilidad primordial y un privilegio para los cristianos. Es a través de Su Palabra que llegamos a conocerle a Él, y es Su Palabra la que nos prepara (2 Tim 3:16-17; Ef 4:12). Su Palabra nos protege (Ef 6:11-17), nos guía (Sal 119:11, 105), nos sostiene (Mt 4:4), y nos transforma y nos renueva (Rom 12:2; Ef 4:23). Debemos permitir que Su Palabra more abundantemente en nuestros corazones (Col 3:16).

Si bien es cierto que estos requisitos requieren que aprendamos Su Palabra, no basta sólo con oírla o incluso ser capaz de recitarla. Adicionalmente, necesitamos ser hacedores de Su Palabra. Si sólo la estamos recibiendo sin *practicarla,* entonces nos estamos engañando a nosotros mismos al pensar que estamos bíblicamente instruidos cuando realmente no lo estamos (St 1:22-23).

El conocimiento bíblico no es simplemente un conocimiento intelectual de lo que dice la Biblia. Notemos la palabra que falta en los siguientes pasajes:

La meta de nuestra instrucción es_____ (1 Tim 1:5).

Y si tuviese profecía...todo el conocimiento...y no tengo_____...nada soy (1 Cor 13:2).

El conocimiento envanece, pero el _____ edifica (1 Cor 8:1).

Todo aquel que _____, es nacido de Dios, y conoce a Dios (1 Jn 4:7).

Si el propósito de nuestra instrucción es el *amor,* entonces no estaremos llevado esa instrucción apropiadamente a la práctica hasta que demostremos amor. Si tenemos conocimiento sin amor, seremos más propensos a la arrogancia que a edificar a otros. Y como Juan explica, no tiene sentido que manifestemos conocer a Dios y no manifestemos amor hacia aquellos que Él ha creado.

Hace poco estaba en una asignación de enseñanza, sentado en el hotel disfrutando de un desayuno continental. En la mesa contigua había siete pastores (asumo, basado en su conversación) que estaban en la ciudad con motivo de unas conferencias. Discutían, entre otras cosas, cómo hacer que los domingos en la mañana fuesen lo más efectivos posible. Discutieron varias estrategias, algunas de la cuales tenían cierto sentido, pero tristemente la conversación nunca llegó al punto de la importancia de la enseñanza de la Palabra de Dios, y la simple exhortación de que *hagamos lo que ésta dice.* Esto es representativo de un problema permanente no sólo en nuestras iglesias sino también en nuestras vidas: *queremos los resultados, pero no usamos la fórmula correcta.*

La madurez espiritual requiere un alto grado de

conocimiento bíblico. Y el conocimiento bíblico requiere que el *conocimiento lleve fruto*. No hay trucos que puedan facilitar esto. No hay atajos. La fórmula está dada en dos contextos: "el que permanece en mí, y yo en él, éste lleva mucho fruto; porque separados de mí nada podéis hacer" (Jn 15:5), y "Andad en el Espíritu, y no satisfagáis los deseos de la carne" (Gál 5:16). Caminar con Él nos asegura que estaremos en el lugar adecuado, haciendo lo adecuado, con la capacitación adecuada. Si nuestro estudio bíblico no resulta en un caminar más cercano a Él, entonces lo estamos haciendo mal.

7
El Desafío del Expositor

Uno de los obstáculos más frecuentes y sustanciales en el crecimiento espiritual de la iglesia es la falta de liderazgo para enseñar a la gente para la independencia espiritual o madurez espiritual. Es muy frecuente entre los pastores también el crear dependientes en lugar de discípulos. Los líderes más carismáticos y atractivos pueden tener éxito en el desarrollo de un seguimiento que imite el crecimiento (y de hecho crea un crecimiento numérico), pero los discípulos realizados por medio de este modelo son discípulos del líder dominante, no discípulos de Cristo a través de Su Palabra. Consideremos la siguiente exhortación a los "predicadores":

Un propósito característico distintivo de la predicación expositiva... [es] su función de

instrucción. Una explicación de los detalles en un texto dado imparte la información que *no estaría de otro modo disponible para el feligrés promedio inexperto* y le proporciona una base para el crecimiento y el servicio cristiano.[43] (énfasis mío)

---

[43] John F. MacArthur Jr., *MacArthur Pastor's Library on Preaching* (Nashville, TN: Thomas Nelson Publishers, 2005), 107.

Lo que se está diciendo aquí es muy significativo: en la práctica a menudo hay otro mediador entre Dios y el hombre, y no es solamente Jesucristo hombre – es el expositor. En este modelo, el expositor está entrenado en una forma única, y lo que el expositor está exponiendo "no estaría de otro modo disponible para el feligrés promedio inexperto". Ciertamente esas cosas pueden ser verdad, pero la pregunta es cómo solucionar el problema del "feligrés inexperto". La solución más simple es *entrenar* al feligrés. Desafortunadamente, el modelo predominante de exposición es tratar de simplificar las cosas hasta el punto en que el oyente no *necesite* ser entrenado. En su lugar, él o ella, pude simplemente descansar en la experiencia y el conocimiento del expositor, sin poner ninguna atención al desarrollo de las destrezas personales para trazar la Palabra de Dios. Además, la descripción de este estilo de exposición, de proveer al feligrés las bases para el crecimiento y el servicio cristiano, es una admisión de que las cosas que son fundamentales para el crecimiento y servicio cristiano son importantes, pero que sólo pueden ser proporcionados por el expositor, e incluso entonces sólo mediante un proceso de simplificación. Es mucho mejor entrenar a los oyentes a ser capaces de discernir estas cuestiones fundamentales por ellos mismos.

Obviamente, necesitamos comenzar por lo simple – así como en la educación de los hijos, no le exigiríamos a un bebé saber algebra – pero debemos de fomentar el crecimiento mediante los métodos prescritos en la Biblia: creyentes que permitan que la Palabra de Dios more abundantemente en ellos (Col 3:16). La meta más importante del expositor debe de ser que las personas beban la leche de la Palabra (1 Cor 3:2;

Heb 5:12-13; 1 Ped 2:2), para que después digieran el alimento sólido de la Palabra (1 Cor 3:2), y finalmente ser lo suficientemente expertos como para ser hacedores de la Palabra. (St 1:22), y ser capaces de enseñar la Palabra cuando se nos otorgue la oportunidad (2 Tim 2:2). Este proceso requiere de mucha más profundidad que la simplificación necesaria para proveer las verdades fundamentales al feligrés inexperto. Por cierto, Pablo refuta el modelo de simplificación como el patrón de crecimiento continuo. Reprende a los corintios por su carnalidad que se asemejaba a la infancia (1 Cor 3:1-3), lamentando el fracaso de ellos en el crecimiento, e indicando que su necesidad de leche era un problema que necesitaba ser remediado por medio de su transformación a personas espirituales (1 Cor 2:14-16). El modelo de simplificación era para niños y para los carnales. No era la norma para la iglesia en su conjunto más amplio. El escritor a los Hebreos añade una severa exhortación a que sus lectores dejasen las enseñanzas rudimentarias (básicas) de Cristo y fueran adelante hacia la madurez. Eso no significa que debían de olvidar o rechazar las enseñanzas básicas, sino que debían dominarlas y después seguir creciendo en madurez espiritual. Ahora, esto no es fácil para nadie, por supuesto, y este es el principal reto que enfrentan los expositores. Consideremos esta exhortación:

> Vale la pena repetir un aviso previamente dado: Una transición de la exégesis a la exposición de la Biblia es requerida. Los predicadores que son lo suficientemente capaces para exponer los datos técnicos de la exégesis y aun así mantener la atención de una congregación

promedio son extremadamente raros.[44]

Muy cierto – triste, pero cierto. Pero otra vez, ¿cómo abordamos el problema? ¿Sucumbiendo a esto? ¿No aspirando a ser expositores excepcionales, y en su lugar aceptar la típica mediocridad? La solución recomendada en el modelo popular es la siguiente, "La información obtenida de la exégesis se debe presentar en un formato que se ajuste a la comprensión de la persona en el banco y sea aplicable a su situación".[45]

Claramente, cuando estamos enseñando tenemos que entender algo sobre la enseñanza. Enseñar no se trata de una persona que da información a alguien más. Eso es hablar. Enseñar incluye aprender. Si hay un proceso de enseñanza debe de haber un proceso de aprendizaje, lo que significa que si alguien está simplemente comunicando su información y la otra persona no la está recibiendo, entonces no existe comunicación, sólo hay una conversación. De manera que esta recomendación en particular es correcta al respecto. La exposición bíblica no consiste sólo en hablar. Si comenzamos a discutir principios de trigonometría con un niño de cinco años, lo más probable es que un niño promedio a esa edad no pueda entender los conceptos más avanzados. Pero el problema de la analogía matemática es que no estamos enseñando trigonometría a niños de cinco años. Estamos enseñando la Palabra de Dios a personas que se supone que son nuevas criaturas en Cristo que tienen el mandamiento de permitir que la Palabra de Dios more abundantemente en sus corazones. Irónicamente, Colosenses 3:16 exhorta a los creyentes a enseñar a otros. ¿Cómo pueden ellos hacer esto si siguen siendo

---

[44] Ibid., 113.
[45] Ibid.

"feligreses inexpertos"?

De manera que la pregunta es cómo ayudar al feligrés inexperto para que llegue a ser un feligrés experto. Pablo nos lo dice en pasajes como Romanos 12:1-2 (la transformación mediante la renovación del entendimiento) y Efesios 4:11-12 (la enseñanza de la Palabra de Dios para la edificación de los santos). El trabajo del pastor es enseñar la Palabra para que los santos lleguen a estar preparados. Es la Palabra la que prepara (2 Tim 3:16-17), y el significado de la Palabra no debe de perderse en la transición del proceso exegético al de exposición.

SECCIÓN II

PANORAMA DEL PROCESO EXEGÉTICO

8
Nueve Pasos Para la Exégesis Bíblica y la Exposición: Consideraciones Preliminares

El estudio bíblico no está en posesión exclusiva de pastores y teólogos. Todos los creyentes están llamados a conocer a Dios – de hecho, Jesús explica que conocer a Dios es la parte esencial de la vida eterna (Jn 17:3). Consecuentemente, si queremos vivir bien, debemos de permitir que Su Palabra more abundantemente en nosotros (Col 3:16) y usarla con precisión (2 Tim 2:15). Todos somos responsables de lo que hacemos con la Palabra de Dios, y todos debemos de ser diligentes en entenderla. Además de ayudarnos a conocer mejor a Dios, esta nos equipa con todo lo que necesitamos para cumplir todo lo que Él espera de nosotros (2 Tim 3:16-17).

El método descrito aquí es introducido en *Prolegomena on Biblical Hermeneutics and Method* [Prolegómenos de la Hermenéutica Bíblica y Método] (Tyndale Seminary Press, 2012). Lo cierto es que esta no es la única manera de hacer exégesis bíblica; algunos pondrían los pasos en un orden diferente o combinar alguno de ellos, pero los elementos básicos son generalmente considerados como componentes importantes del proceso exegético. Esta aproximación en particular es un método sencillo y organizado que ayudará a los estudiantes de la Biblia a asegurarse de que no falten aspectos importantes de la investigación.

Antes de ahondar en el método, necesitamos considerar tres conceptos introductorios que son vitales. Primero: la oración. Notemos que la oración no está mencionada como un paso del proceso. Esto es por la sencilla razón de que debemos de orar sin cesar (1 Tes 5:17). Está muy bien si hacemos una oración antes de nuestro estudio bíblico, pero debemos de recordar que el proceso del estudio va a parte de nuestra comunión con Dios. Para los creyentes no debe de existir diferencia alguna entre el estudio bíblico académico y el devocional. Debemos de estar permanentemente en la Palabra con el propósito de conocerle a Él mejor y pasar tiempo con Él. De manera que debemos de estar en oración a lo largo de todo el proceso de exégesis y exposición – no sólo cuando comenzamos y terminamos.

En segundo lugar, necesitamos recordar que no estamos estudiando para enseñar a alguien más. Estudiamos para nuestro propio crecimiento en Él, y a profundizar en nuestra relación con Él. Muy frecuentemente tomamos información con el propósito de dársela a otros, y nos olvidamos de aplicárnosla a nosotros primero. Esdras nos da un bonito ejemplo: él se había propuesto aprender la ley del Señor, practicarla, y enseñarla (Esdras 7:10). Había puesto el orden correcto: aprender, hacer, y después si Dios provee la oportunidad – enseñar.

Finalmente, necesitamos entender que la Biblia misma nos da el método de interpretar la Biblia, de manera que no tenemos que desconcertarnos sobre cómo interpretar el texto. Por ejemplo, cuando Dios le dice a Adán acerca del fruto del árbol del conocimiento del bien y del mal (Gen 2:15), a Satanás le costó un engaño enturbiar el significado (Gen 3:1ss). Más tarde, Dios responsabilizó a Adán y Eva por violar concretamente Su mandamiento literal (Gen 3:11ss). Cuando Dios le dijo a Noé que construyese el arca (Gen 6:14) Noé no considero que ahí hubiese algún significado espiritual profundo – ¡él construyó el arca! (Gen 6:22). Cuando Dios le dijo a Abraham que se saliera de su tierra (Gen 12:1), Abraham se fue (Gen 12:4). Como Adán, Noé y Abraham, necesitamos tomar la Palabra de Dios en sentido literal. De esto es de lo que se trata el método de interpretación literal histórico-gramático: *literal,* en que el texto es tomado naturalmente; *gramático,* en el sentido de que éste reconoce la importancia de seguir las reglas gramaticales del lenguaje original; e *histórico,* en que se reconoce la importancia de los tiempos y de los contextos históricos en los cuales esas palabras fueron escritas.

Una vez que comprendemos la importancia del estudio de la Biblia, el papel de la oración y la aplicación personal, y la centralidad del método interpretativo, estamos listos para embarcarnos en el camino exegético. Los nueve pasos para la exégesis bíblica y la exposición son:

(1) Verificar el Texto y la Traducción

(2) Entender el Trasfondo y el Contexto

(3) Identificar la estructura

(4) Identificar las Claves Gramáticas y Sintácticas

(5) Identificar las Claves Léxicas

(6) Identificar el Contexto Bíblico

(7) Identificar el Contexto Teológico

(8) Verificación Secundaria

(9) Desarrollo de la Exposición

Notemos que los siete primeros pasos son en realidad exégesis (dibujados desde el texto en sí). Debemos de asegurarnos evitar hace eiségesis (leer ideas dentro del texto) por medio de estos pasos. El octavo paso es una evaluación de nuestro trabajo exegético, y el noveno paso coloca al pasaje para un uso posterior (esperando que ya estemos colocando el pasaje para un uso apropiado por medio del proceso completo del estudio del mismo).

9
Nueve Pasos Para la Exégesis Bíblica y la Exposición: (1) Verificar el Texto y la Traducción

Hay tres componentes para este paso: verificar los límites del texto, verificar la mejor lectura del texto, y escribir un breve resumen del pasaje. Tengamos en mente que en cada uno de los pasos es necesario tener nociones de los idiomas originales, ya que la Biblia fue originalmente escrita en hebreo, arameo, y griego. El exégeta no tiene que ser un experto en los idiomas bíblicos, pero uno debe de ser capaz como mínimo de leer un poco y de tener un conocimiento activo de las herramientas disponibles y de cómo usarlas, porque una exégesis verdadera no puede ser hecha en un lenguaje secundario. Hay muchos programas electrónicos de Biblia baratos (e incluso gratis) que pueden ayudar a hacer el estudio y la aplicación de los idiomas bíblicos accesibles. De manera que hay pocas excusas para no trabajar en algún grado en los idiomas bíblicos.

En primer lugar, verifique los límites del texto. Reconozca que el pasaje es una unidad preposicional y un pensamiento completo. Comprenda dónde comienza y dónde termina ese pensamiento. Dividir un pasaje en una manera no natural puede causar grandes malentendidos. Por ejemplo, compare el final de Mateo 16 con Marcos 9:1-2. Tenga en mente que las divisiones por capítulos y versículos no eran parte del texto original sino que fueron añadidos mucho tiempo después. A veces ayudan, otras no.

Siguiente, verifique la mejor lectura del texto. Hay muchos manuscritos en los idiomas originales, y consecuentemente hay frecuentes variaciones en el texto. Usualmente las variaciones no son de gran importancia, pero a veces pueden serlo. Una serie de evidencias externas e internas pueden resultar útiles para reconocer la mejor lectura del texto. Las consideraciones externas incluyen la edad de los manuscritos y la distancia geográfica entre manuscritos concordantes. Las consideraciones internas incluyen la consistencia en el estilo, la extensión del texto (preferiblemente cortos) y la dificultad de la lectura (preferiblemente difícil).

El Texto Mayoritario del Nuevo Testamento (o Bizantino), es una comparación de textos existentes, derivando de ellos las lecturas más prominentes numéricamente hablando. Consecuentemente, el Texto Mayoritario favorece a los manuscritos más recientes, ya que estos son más numerosos. El Nuevo Testamento Griego de Hodges y Farstad[46] está basado en el Texto Mayoritario.

El Textus Receptus, o Texto Recibido (sobre el cual está basado la RVR60) se deriva principalmente de las ediciones relacionadas con la edición del 1516 de Nuevo Testamento Griego de Erasmo. Debido a que está basado en unos pocos manuscritos tardíos, el Textus Receptus recuerda mucho al Texto Mayoritario, si bien hay cientos de diferencias entre el Textus Receptus y el Texto Mayoritario.

---

[46] Zane Hodges and Arthur Farstad, *The Greek New Testament According to the Majority Text*, *2nd Edition* (Nashville, TN: Thomas Nelson, 1985).

El Texto Crítico se refiere al método empleado en ediciones tales como las de Westcott-Hort[47] y Nestle-Aland,[48] el cual prefiere manuscritos más tempranos en lugar de los posteriores y más numerosos. El Texto Crítico de Westcott-Hort difiere del Texto Recivido en unos tres mil seiscientos casos, mientras que el de Nestle-Aland difiere en unos tres mil trescientos casos.

Los siguientes son ejemplos de similitudes entre el Texto Mayoritario y el Recibido que difieren del Texto Crítico:

> Mateo 5:44, 6:13, 17:21, 18:11, 20:16, 20:22,23, 23:14, 24:36
>
> Marcos 6:11, 7:8,16, 9:43-46, 9:49, 10:24, 11:26, 14:19, 15:28, 16:9-20
>
> Lucas 1:28, 9:55-56, 11:2-4, 11:11, 22:43-44, 23:17, 23:34
>
> Juan 1:18, 5:3-4, 6:69, 7:53-8:11, 59
>
> Hechos 2:30, 13:42, 15:42, 18:21, 23:9, 24:6-8, 28:29
>
> Romanos 8:1, 10:15, 11:6, 14:6, 16:24
>
> 1 Corintios 6:20, 9:20, 14:38
>
> Gálatas 3:1
>
> Efesios 5:30
>
> Filipenses 3:16
>
> 1 Timoteo 6:5
>
> Hebreos 10:34
>
> 1 Pedro 2:2
>
> 1 Pedro 4:14
>
> 2 Pedro 1:21
>
> 1 Juan 3:1

---

[47] B.F Westcott and F.J.A Hort, *Westcott–Hort Greek New Testament With Dictionary* (Peabody, MA: Hendrickson, 2007).
[48] Institute for New Testament Textual Research, *Novum Testamentum Graece: Nestle–Aland* (Stuttgart: German Bible Society, 2012).

1 Juan 4:3
1 Juan 5:13
Judas 22-23, 25
Apocalipsis 22:14

En muchos de estos casos,   Texto Mayoritario y el Texto Recibido tienen palabras, frases, versículos, o en algunos casos secciones considerables que no se encuentran en el Texto Crítico.

La Biblia hebrea se basa principalmente en el texto masorético, del cual el más antiguo data de alrededor del siglo diez. Los masoretas demostraron unas habilidades y cuidado notables en la reproducción del texto, y si bien hay algunas variantes, son relativamente pocas e insignificantes. Variantes críticas de la Biblia hebrea, tales como la *Biblia Hebraica Stuttgartensia*[49] incluyen aparatos críticos que también tienen en cuenta traducciones y versiones antiguas, incluyendo los manuscritos del Mar Muerto, el Pentateuco Samaritano, el Targum Arameo, la Septuaginta, la Peshita Aramea, y la Vulgata.

El exégeta debe comparar los diferentes manuscritos para determinar la mejor lectura, y al hacerlo, descubrirá rápidamente las premisas que subyacen detrás de las dos tradiciones comparadas. Las evidencias externas e internas son interpretadas de manera diferente por la mayoría de escuelas críticas. Este autor prefiere el método crítico y la interpretación de evidencias, no por las notables personalidades envueltas, sino simplemente porque el método crítico permite al interlocutor examinar todas las variantes. Ni el Texto

---

[49] Karl Elliger and Wilhelm Rudolph, *Biblia Hebraica Stuttgartensia* (Stuttgart: German Bible Society, 1997).

Mayoritario ni el Texto Recibido ofrecen tal trasparencia (si bien Hodges-Farstad es un intento crítico a la tradición del Texto Mayoritario).

En el método crítico, las evidencias externas incluyen:

(1) Lo que es respaldado por las fuentes más tempranas es generalmente más auténtico.

(2) La fecha, el lugar, y el personaje, en lugar del número de manuscritos son más determinantes para la autenticidad.

(3) Cuando se evidencia un conflicto evidente, se debe poner especial atención a las similitudes entre manuscritos originalmente separados por las distancias más grandes.

(4) Se debe de poner especial cuidado y atención en los detalles al seguir estas evidencias.

De la misma manera, las evidencias internas consideradas en el método crítico incluyen:

(1) La lectura que es congruente con el estilo, naturaleza, y contexto del escritor, es preferible a la que carece de dichas evidencias.

(2) La lectura más corta es preferible a la lectura más extensa.

(3) La lectura más compleja es preferible a la lectura más simple.

(4) La lectura sobre la cual probablemente se desarrollaron otros textos debe de prevalecer (e.g., 1

Tes 2:7 *nepioi* vs. *epioi*).[50]

Después de completar estos dos pasos, escriba un breve resumen del pasaje incluyendo estos cuatro componentes:

(1) Identifique y resuma las variantes descubiertas en el texto,

(2) Resuma brevemente el pasaje,

(3) Resuma su entendimiento actual de la repercusión teológica del pasaje, e

(4) Identifique sus propias presuposiciones doctrinales en su acercamiento al pasaje.

Pensar a través de cada uno de estos aspectos ayudará al lector a estudiar el pasaje con precisión y una mente abierta.

---

[50] Adapted from Milton Terry, *Biblical Hermeneutics* (Eugene, OR: Wipf and Stock, 1997), 132-133.

10
Nueve Pasos Para la Exégesis Bíblica y la Exposición: (2) Entender el Trasfondo y el Contexto

Una vez que hemos establecido los límites del pasaje que estamos estudiando, y estamos seguros de que tenemos la mejor lectura, podemos continuar adelante con nuestra exégesis. En el segundo paso, buscamos entender el trasfondo y el contexto del pasaje.

En primer lugar, debemos de identificar y explicar el significado de la forma y el género literario. No debemos aplicar diferentes métodos hermenéuticos para géneros distintos – debemos ser consistentes en nuestra metodología, pero reconocer el tipo de literatura nos ayudará en muchos de estos pasos.

Hay cuatro formas básicas literarias usadas en la Biblia: narrativa, poesía, profecía, y epistolar. La narrativa en la Biblia tiene dos funciones: primaria y complementaria. La *narrativa histórica primaria* avanza la cronología de la historia bíblica, incluyendo Génesis, Éxodo, Números, Josué, Jueces, 1 y 2 Samuel, 1 y 2 Reyes, Esdras, Nehemías, los Evangelios, y Hechos. La *narrativa histórica complementaria* es un complemento de las narrativas históricas primarias. Esta categoría incluye Job, Levítico, Deuteronomio, Rut, 1 y 2 Crónicas, y Ester. La *poesía y alabanza* incluye Salmos, Proverbios, Eclesiastés, Cantar de los Cantares, y Lamentaciones. La profecía es frecuentemente entremezclada con la narrativa histórica y la poesía. Esta forma presenta, usualmente, la revelación de Dios con respecto a juicio y restauración. Los libros proféticos incluyen Isaías, Jeremías, Ezequiel, Daniel (si bien ni está incluido en el la sección del Nebi'im en el Antiguo Testamento hebreo, su forma es profética e histórica complementaria), los doce profetas menores, y el libro de Apocalipsis en el Nuevo Testamento. Las *epístolas,* o cartas, incluyen las epístola paulinas y las generales (Hebreos, Santiago, 1 y 2 Pedro, 1, 2, y 3 de Juan, y Judas).

Géneros como la mitología del oriente próximo, biografías greco-romanas, y apocalíptico no son empleados en la literatura Bíblica. Si bien algunos argumentan que Génesis es mitología de oriente próximo, Génesis dice y atestigua ser narrativa histórica. Algunos perciben los evangelios como biografías greco-romanas, si bien los evangelios evidencian ser narrativas históricas que representan eventos reales. Si bien es cierto que algunos catalogan a Daniel y Apocalipsis dentro del género literario apocalíptico, ambos libros contienen evidencias internas y externas de la narrativa histórica y la profecía. Una vez que entendemos el género literario, podemos tener una idea de las piezas de construcción del libro y del pasaje que estamos estudiando.

El siguiente paso que debemos dar en la búsqueda del trasfondo y el contexto es la investigación de preguntas relacionadas con el trasfondo del libro. Preguntas como (1) ¿Quién escribió el libro? (2) ¿A quién va dirigido el libro? (3) ¿Dónde fue escrito? (4) ¿Cuándo fue escrito? (5) ¿Cuál fue la ocasión para su escritura? (6) ¿Cuál fue el propósito para escribir? (7) ¿Cuáles eran las circunstancias del autor cuando escribió? (8) ¿Cuáles eran las circunstancias de aquellos a quienes se escribió? (9) ¿Qué destellos da el libro sobre la vida del autor y su carácter? (10) ¿Cuáles son las ideas que gobiernan el libro? (11) ¿Cuál es la verdad central del libro? (12) ¿Cuáles son las características del libro? Estas son unas cuantas preguntas importantes que debemos tratar de contestar desde el texto en sí. Si no podemos encontrar las respuestas en el texto mismo (o cerca del texto), entonces por ahora debemos de aceptar nuestras limitaciones y continuar adelante a la siguiente pregunta.

Para nuestra búsqueda del trasfondo y del contexto, debemos de resumir nuestros descubrimientos, resaltando los siguientes elementos: histórico, social, geográfico, autoría, fecha, y forma literaria. Finalmente debemos de explicar por qué lo que hemos descubierto es importante para la interpretación del pasaje.

Caso Para Estudio: ¿Qué Tipo de Literatura es Génesis 1?
La Biblia contiene cuatro géneros básicos de literatura: narrativa histórica, poética, profética, y epistolar. La clasificación del género de Génesis 1 es muy importante para nuestro entendimiento general del resto de la Escritura, porque el capítulo trata con algunos detalles fundamentales, incluyendo el carácter de Dios, la naturaleza de la creación, y el fondo para cómo entendemos el pecado y la redención.

Por ejemplo, en Génesis 1:26-28 se registra a Dios como si estuviese teniendo una conversación muy importante Consigo mismo. Si esta conversación literalmente tuvo lugar, entonces el pasaje es una evidencia temprana y potente para el concepto de la triunidad de la Deidad. Por otro lado, si la conversación puede ser interpretada como lenguaje figurativo – como un antropomorfismo, por ejemplo – entonces tal vez no concluiríamos que esta conversación realmente sucedió, sino que simplemente fue una expresión poética.

Es evidente que Génesis 1 no es ni profético ni epistolar, ya que no hay afirmaciones concernientes al futuro más allá del contexto inmediato, ni está dirigida a ningún receptor en particular. Entonces, el género en cuestión con respecto a Génesis 1 está entre narrativa histórica y poesía hebrea. Que Génesis 1 es poesía hebrea es un punto de vista bastante común, pero no necesariamente por las características literarias del capítulo, sino más bien por las cualidades de las proposiciones hechas – enormes declaraciones, por cierto. ¿Pero contiene este capítulo suficientes características poéticas actuales como para ser considerado poesía, o es más obvio considerarlo como narrativa histórica?

La literatura hebrea es discernible por un número de recursos literarios – especialmente el paralelismo (la repetición de una misma idea en dos o más maneras diferentes). El paralelismo es evidente en pasajes como el Salmo 119:105: "Lámpara es a mis pies tu palabra, Y lumbrera a mi camino." Lo que es particularmente sorprendente del paralelismo poético hebreo es que por lo general se produce dentro de proximidades estrechas – en otras palabras, dentro de contextos cercanos, en lugar de contextos lejanos.

Génesis 1 carece de estos paralelismos. Hay ciertas proposiciones conectadas por el hebreo *vav*, las cuales a menudo funcionan como la conjunción en español *y*. Pero en cada uno de estos casos en Génesis 1, las proposiciones que siguen a las conjunciones no son repeticiones poéticas de proposiciones anteriores, sino que más bien comunican condiciones resultantes de las preposiciones precedentes. Para ilustrarlo, examinemos cada conjunción *vav* en los cinco primeros versículos, representados por el español y en la lista abajo.

1:1 los cielos *y* la tierra – dos entidades diferentes, no repetición.

1:2 y la tierra estaba – prefijos del nombre, seguidos de un verbo, no repetición.

1:2 desordenada *y* vacía – sin forma y vacía, dos características diferentes, no repetición.

1:2 y las tinieblas estaban sobre la faz del abismo – no es una repetición, ya que no tiene nada que ver con la descripción anterior, sino que añade detalles.

1:2 y el Espíritu de Dios se movía sobre la faz de las aguas. – a menos que hayamos de entender que las tinieblas y el espíritu de Dios son sinónimos, no hay paralelismo aquí tampoco.

1:3 y dijo Dios – de nuevo, seguido de un nuevo verbo, no repetición.

1:3 y fue la luz – seguido de un verbo distintivo, un resultado de la afirmación anterior, no una repetición de esta.

1:4 y vio Dios – un nuevo verbo que describe la acción de Dios.

1:4 y separó Dios – un verbo distinto del verbo de la preposición anterior (separar no es una repetición de ver).

1:5 Y llamó Dios a la luz Día
1:5 y a las tinieblas llamó Noche
1:5 Y fue la tarde
1:5 y la mañana – en ninguno los cuatro casos en los que aparece *vav* en el versículo 5 hay una repetición de una proposición anterior.

Estos ejemplos no muestran en absoluto ninguna correspondencia particular con la poesía hebrea.

También es útil notar un importante principio gramatical del hebreo bíblico: un recurso literario llamado *vav* consecutivo: cuando el primer verbo están en tiempo perfecto y los verbos subsecuentes están en imperfecto, los *vavs* son consecutivos, y denotan una narrativa continua en el pasado. Incidentalmente, en la literatura profética, hay continuas narrativas referentes al futuro, lo cual es indicado por el primer verbo en el imperfecto, y subsecuentes verbos en la narrativa en el tiempo imperfecto.

Echemos un vistazo a los verbos en los mismos cinco versículos:

1:1 (bara, creado) – perfecto

1:2 (hayetah, fue) – perfecto
1:2 (merakepet, se movía) –intensivo piel

1:3 (wayyomer, Y dijo Dios) – imperfecto
1:3 (yehiy, Sea) – imperfecto
1:3 (yehiy, y fue) – imperfecto

1:4 (yereh, Y vio) – imperfecto
1:4 (wayabedel, y separó) – imperfecto hiphil

1:5 (wayiqerah, y llamó) – imperfecto
1:5 (qarah, llamó) – perfecto
1:5 (wayehiy, y fue) – imperfecto
1:5 (wayehiy, y fue) – imperfect

El versículo 1 hace una afirmación: que Dios creó los cielos y la tierra. El versículo 2 introduce una narrativa explicativa, con *vav* consecutivos hasta la mitad del versículo 5. El verbo en perfecto en el versículo 5 está seguido por varios *vav* consecutivos con la distintiva del tiempo (Y fue la tarde y la mañana un día). Sencillamente hablando, la serie y colocación consecutiva de las conjunciones *vav* y la marca del tiempo hace de esta serie una narrativa histórica. En resumen, hay varias evidencias abrumadoras de que Génesis 1 es narrativa histórica, no poética:

- Génesis 1 no contiene el paralelismo que es característico de la poesía hebrea.
- Génesis 1 contiene los casos repetidos de *vav* consecutivos, lo que indica narrativa
  continua del pasado.
- Además, Génesis 1 también contiene marcas de tiempo secuenciales (tarde y mañana, un
  día segundo, etc.)

El contexto en Génesis 1, tomado en sentido literal, debe de ser reconocido como narrativa histórica y no poética. Esto es muy significativo para nuestro entendimiento de las cosas tratadas en Génesis 1. El carácter de Dios es descrito. Los cielos y la tierra fueron creados como se describe. Lo que sigue en Génesis se basa en el fundamento de la historicidad, de manera que lo que entendemos desde el registro bíblico acerca de la humanidad, el pecado y la salvación es fiable y basado en la verdad histórica

Caso Para Estudio: ¿Es el Libro de Apocalipsis de Género Apocalíptico?

Pudiera parecer extraño sugerir que el libro titulado *Apocalupsis* no pertenezca al género de literatura comúnmente llamado apocalíptica, sin embargo esta es mi sugerencia aquí. El término empleado en el título del libro denota una revelación o develación.[51] Si bien esta *revelación* o *develación* particular describe un amplio espectro de eventos escatológicos, no es su propio género literario.

Apocalíptico como género es descrito como "característicamente seudónimo; toma la forma narrativa, emplea lenguaje esotérico, expresa una visión pesimista del presente, y trata los eventos finales como inminentes".[52] Henry Barclay Swete (Cambridge), incluso admitiendo que Apocalipsis es literatura apocalíptica, admite que el libro difiere de ese género, en que el libro de Apocalipsis (1) no es pseudoepígrafo, (2) va dirigido a una audiencia específica [i.e., las siete iglesias], (3) tiene un enfoque considerable en la iglesia, en lugar de un enfoque puro enfocado en la nación de

---

[51] Walter Bauer, William Arndt, and F. Wilbur Gingrich, *A Greek English Lexicon of the New Testament and Other Early Christian Literature* (Chicago, IL: University of Chicago Press, 1957), 114.

[52] Robert Lerner, "apocalyptic language" at Brittanica.com, viewed at http://www.britannica.com/EBchecked/topic/29733/apocalyptic-literature.

Israel, y (4) incluye notas de visión y previsión que son más indicativos de inspiración que se encuentra en los principios de la literatura apocalíptica extra bíblica.[53]

A pesar de estas diferencias entre Apocalipsis y la literatura apocalíptica extra bíblica, Swete considera que el don de la revelación no es del todo el mismo que el don de profecía, y por lo tanto la revelación se mantiene distinta como una manifestación particular del espíritu,[54] "en la cual el espíritu del profeta parece ser llevado a una esfera superior, dotado por el momento con nuevos poderes de visión, y capacitado para escuchar palabras que no podrían ser reproducidas en los términos del pensamiento humano, o pueden ser reproducidas sólo a través del medio de imágenes simbólicas".[55]

Lo irónico del comentario de Swete aquí es que en la nota a pie de página apela a 2 Corintios 12:4, un pasaje en el cual Pablo describe palabras que él escuchó en el tercer cielo las cuales el hombre no tiene permitido escuchar. Sin embargo, en Apocalipsis, a Juan se le da una comisión directa de escribir todo lo que él ve. Además, en 1:3 y 22:18 hay bendiciones y advertencias para aquellos que oyen las palabras escritas en la profecía, y encontramos siete veces en los capítulo 2-3 y otra vez en 13:7 el refrán repetido, "el que tiene oído, oiga..." En los siete primeros casos, el contenido es expresamente, "lo que el Espíritu dice a las iglesias".

Con respecto al don de la revelación como manifestación única del Espíritu, tal don no es evidente en Apocalipsis (o en cualquier otro lugar en el NT, para el caso). Swete apela a

---

[53] Henry Barclay Swete, *The Apocalypse of John, Third Edition* (London: MacMillan and Co., 1911), xxviii-xxx.
[54] Ibid., xxiii.
[55] Ibid.

Efesios 1:17 como un caso del "don de visión espiritual," [56] y mientras que el pasaje de echo usa el nombre (ἀποκαλύψεως), está en el contexto de una petición hecha en favor de todos los creyentes (o al menos todos los creyentes de Éfeso en ese tiempo). En pocas palabras, Pablo no está requiriendo a los creyentes les sea otorgado un don místico (en el sentido en el que Swete emplea el término – como una habilidad), sino que a los creyentes les sea concedido un espíritu de sabiduría y revelación en el conocimiento de Cristo. Este conocimiento más profundo y maduro de Cristo parecer ser una expectativa común de Pablo para todos los creyentes, no algún tipo de iluminación mística reservada para unos cuantos que sean la élite.

Mientras que las nada sorprendentes diferencias entre Apocalipsis y la literatura apocalíptica extra bíblica son suficientemente convincentes para este autor en que Apocalipsis no debería ser considerada como parte de la literatura apocalíptica, la identificación interna del género es determinante. Apocalipsis 1:3 y 22:7, 10, 18 y 19 se refieren a la escritura como profética. La referencia final en 22:19 es al *libro de esta profecía* (τοῦ βιβλίου τῆς προφητείας ταύτης). Es evidente que el uso del término revelación o develación (Ἀποκάλυψις) en 1:1 no es un término técnico de género, sino más bien una explicación del contenido de la profecía: la revelación de Jesucristo.

La clasificación del libro según su género tiene implicaciones hermenéuticas significativas – de hecho, la interpretación del libro está predeterminada por la clasificación según su género. Si el libro entra en el género apocalíptico,

---

[56] Ibid., xxii.

entonces no debemos esperar que sea entendido literalmente. Clasificarlo dentro de la literatura apocalíptica daría apoyo a la interpretación preterista (un punto de vista que defiende que los eventos se cumplieron en el primer siglo), la interpretación histórica o continuista (una aproximación no literal que ve el libro como si describiese eventos en la Iglesia entre la era apostólica y la segunda venida de Cristo), la interpretación idealista (un punto de vista de que el libro no predice en absoluto eventos reales, sino que más bien simboliza la lucha épica entre el bien y el mal), y la interpretación ecléctica (una aproximación híbrida, popularizada por George Ladd, que combina las interpretaciones preteristas y futuristas).

Por otro lado, sólo el modelo futurista (una interpretación literal en la cual los eventos descritos en el libro, más allá de los capítulo 2-3, esperan aún su futuro cumplimiento) está apoyado por la clasificación según el género simple del libro como profecía. El modelo interpretativo futurista es el único de los cinco modelos que aboga por una hermenéutica histórica-gramática literal, y está inicialmente derivado de la comisión simple pasado-presente-futuro dada a Juan en Apocalipsis 1:19: "Escribe las cosas que has visto, y las que son, y las que han de ser después de estas".

No debería de sorprendernos que aquellos que prefieren una traducción no literal del libro graviten hacia la clasificación apocalíptica, pero es sorprendente cómo muchos intérpretes futuristas de la misma manera siguen a sus colegas de la escuela no literal en la clasificación apocalíptica. La aproximación más simple y obvia es llamar al libro como él mismo se llama: *profecía* – una profecía con respecto al Cristo revelador, y la cual trata ampliamente acerca de "las que han de ser después de estas".

11
Nueve Pasos Para la Exégesis Bíblica y la Exposición: (3) Identificar las Claves Estructurales

Después de haber verificado el texto y la traducción del pasaje bajo consideración, y después de examinar el trasfondo y el contexto, necesitamos identificar las claves estructurales – o bloques de construcción – del libro para que podamos reconocer cambios en el pensamiento o argumento, y desarrollos en la narración. En algunos libros, las claves estructurales son fáciles de identificar, mientras que en otros las claves estructurales requieren de un poco más de esfuerzo para descubrirlas. Comenzamos leyendo el libro en su totalidad unas cuantas veces:

(1) La primera lectura es para obtener la idea general del mensaje. En esta lectura introductoria observaremos algunas palabras y temas claves. Sin ignorar los detalles, esta lectura es un vistazo al libro para obtener una perspectiva del panorama completo.

(2) La segunda vez que leemos el libro, lo haremos para discernir los pensamientos principales y las divisiones,

para así percibir los temas más específicos y las divisiones dialógicas del texto.

(3) En la tercera lectura comenzamos a poner mayor atención a los contextos individuales y a identificar pasajes complicados o desafiantes.

(4) Después de haber leído el libro unas cuantas veces, estamos listos para bosquejarlo basados en las divisiones internas previamente identificadas.

(5) Al continuar leyendo, podemos desarrollar una comprensión del material introductorio y la escena, a este punto sólo desde las evidencias internas (en lugar de utilizar datos de fuentes secundarias), y mientras continuamos leyendo para verificar lo que hemos identificado hasta ahora, y entonces ya tenemos algunos fundamentos del trasfondo para comenzar el trabajo formal de bosquejar y analizar el texto.

Incidentalmente, se ha dicho que antes de que uno enseñe un pasaje, primero debe de haberlo leído unas veinticinco veces, y mientras que la afirmación puede sonar hiperbólica, no está muy lejos de la realidad. La idea es simplemente que necesitamos invertir tiempo leyendo la Palabra de Dios, si es que pretendemos entenderla.

Para ilustrar el uso de las claves estructurales, podemos considerar algunos libros de la Biblia. Génesis está dividido de dos maneras diferentes. Primero, por el hebreo *toledoth* (traducido como "las generaciones de" o "el registro" como en Génesis 5:1, 6:9, 10:1, etc.):

Bosquejo de Génesis Basado en el *toledoth*

1:1-2:3 Introducción: Creación (no *toledoth*)
2:4-4:26 *toledoth* de los cielos y la tierra
5:1-6:8 *toledoth* de Adán
6:9-9:29 *toledoth* de Noé
10:1-11:9 *toledoth* de Sem, Cam, Jafet
11:10-26 *toledoth* de Sem
11:27-25:11 *toledoth* de Taré
25:12-18 *toledoth* de Ismael
25:19-35:29 *toledoth* de Isaac
36:1-37:1 *toledoth* de Esaú[57]
37:2-50:26 *toledoth* de Jacob

Una segunda aproximación para bosquejar Génesis es por medio de eventos y personas denominados. Génesis desarrolla la obra de Dios en la historia a través de un linaje particular, como se refleja en el bosquejo abajo (el cual sigue los cambios narrativos de una persona clave a la otra, en lugar de las divisiones del *toledoth*).

Bosquejo de Génesis Basado en Eventos y Personas Clave:

1-2 La creación
3 La Caída
4 Abel, Caín, and Set
5-10 Noé, el Diluvio, el Pacto Nético

---

[57] El término *toledoth* es también empleado en 36:9, como una continuación de 36:1. El término no es empleado en la primera división (1:1-2:3), de manera que hay once secciones distintas, y diez instancias de *toledoth*, a pesar de que el término no se usa en cada sección.

11 La Torre de Babel
12-25:11 Abraham
25:12-27:46 Isaac
28-36 Jacob
37-50 Dios preserva a Israel por medio de José

En Habacuc, las claves estructurales son los cambios en el diálogo, como se evidencia por los pronombres utilizados. Habacuc le hace dos preguntas a Dios, Dios las contesta, y después Habacuc ofrece una oración de alabanza y confianza. Los pronombres utilizados en 1:1-4 son *yo*, haciendo referencia a Habacuc, y *tú*, haciendo referencia al Señor. Los pronombre cambian en 1:5-11, como en el verso 5, donde el *yo* se refiere a uno que va a hacer algo increíble (incluyendo el levantamiento de los caldeos, algo en lo que Habacuc no tenía parte), y el *tú* se dirige al incrédulo observador – Habacuc, en este caso.

Observamos otro cambio en 1:12, ya que el *tú* habla de Dios, mientras que el *mío* indica un individuo que se está dirigiendo a Dios, y representa al *nosotros* [sujeto omitido de *moriremos*], aquellos que no morirán por la actividad de Dios. La siguiente transición no se encuentra en 2:1, sino en 2:2b, ya que el *yo* en 2:1 es el mismo que en 1:12. En 2:2b, el Señor (identificado en tercera persona) se dirige a sus oyentes (*me*, 2:2a), y el pronombre permanece consistente hasta la siguiente transición en 3:1, la cual introduce un nuevo componente literario (una oración), y la cual es seguida por un cambio en los pronombres (Habacuc se refiere a él mismo en tercera persona y al Señor en segunda persona). Nótese especialmente cómo la división del capítulo y el versículo extrañamente desplaza la transición en 2:2, ilustrando un grado de limitación en el sistema de capítulo y verso que empleamos.

Bosquejo de Habacuc Basado en las Claves Estructurales Dialógicas

1:1-4 Primera Pregunta de Habacuc:
   ¿Por qué no es Juzgada la Maldad?
1:5-11 Respuesta de Dios:
   El Juicio Viene de Camino (Los Caldeos)
1:12-2:1 Segunda Pregunta de Habacuc:
   ¿Por qué Utilizar al Malvado Para Juzgar?
2:2-20 Respuesta de Dios:
   Los Cinco Ayes
3 Oración de Habacuc:
   Regocijo en la Soberanía de Dios

Un quiasmo es una estructura literaria en la cual el patrón se asemeja a la mitad de la letra del alfabeto griego *chi* (*x*), y en la cual el centro del quiasmo es el punto enfático en lugar del asunto introductorio o conclusivo, como en otras estructuras literarias. En las Lamentaciones de Jeremías, por ejemplo, los capítulos 1 y 5 son similares el uno al otro, y los capítulos 2 y 4 se asemejan entre ellos, pero el capítulo 3 permanece solo como el foco principal del libro, revelando una estructura quiásmica. Nótese el marcado énfasis en 3:18-26.

Lamentaciones tiene otro conjunto de claves estructurales a parte del quiasmo: los capítulos 1-4 están escritos en estructura acróstica, y el capítulo 5 no. De esa manera, el capítulo 5 queda puesto a parte. Lamentaciones tiene dos capas de énfasis (no dos capas de significado): (1) el clímax narrativo del capítulo 5, el cual es la oración de Jeremías pidiendo misericordia, como puesto a parte por la estructura no acróstica, y (2) el énfasis quiásmico en 3:18-26.

Bosquejo quiásmico de Lamentaciones

A. Capítulo 1– Lamentación por el juicio sobre Israel
B. Capítulo 2 – Juicio: Minucioso, merecido
   C. Capítulo 3 – Esperanza en Dios
B2. Capítulo 4 – Juicio: Detallado
A2. Capítulo 5 – Oración por misericordia sobre Israel

El Evangelio de Juan también posee claves estructurales aparentemente fáciles de identificar. Juan identifica el propósito de su escritura en Juan 20:30-31 – para que sus lectores crean en Cristo, y tengan vida. El elemento principal al que apela Juan es recoger las *señales* (*semaion*, término usado diecisiete veces en Juan) que apuntan a la Persona y obra de Cristo, y al hacer eso da forma al esqueleto del evangelio de Juan. Nótese, por ejemplo, la conexión entre Juan 20:30, Juan 2:11, y cada una de las veces en las que *semaion* tiene lugar en el Evangelio de Juan:

2:11 Este principio de **señales** hizo Jesús en Caná de Galilea, y manifestó su gloria; y sus discípulos creyeron en él.	Ταύτην ἐποίησεν ἀρχὴν τῶν **σημείων** ὁ Ἰησοῦς ἐν Κανὰ τῆς Γαλιλαίας καὶ ἐφανέρωσεν τὴν δόξαν αὐτοῦ, καὶ ἐπίστευσαν εἰς αὐτὸν οἱ μαθηταὶ αὐτοῦ.

2:18 Y los judíos respondieron y le dijeron: ¿Qué **señal** nos muestras, ya que haces esto?

Ἀπεκρίθησαν οὖν οἱ Ἰουδαῖοι καὶ εἶπαν αὐτῷ τί **σημεῖον** δεικνύεις ἡμῖν ὅτι ταῦτα ποιεῖς;

2:23 Estando en Jerusalén en la fiesta de la pascua, muchos creyeron en su nombre, viendo las **señales** que hacía.

Ὡς δὲ ἦν ἐν τοῖς Ἱεροσολύμοις ἐν τῷ πάσχα ἐν τῇ ἑορτῇ, πολλοὶ ἐπίστευσαν εἰς τὸ ὄνομα αὐτοῦ θεωροῦντες αὐτοῦ τὰ **σημεῖα** ἃ ἐποίει∑

3:2 Este vino a Jesús de noche, y le dijo: Rabí, sabemos que has venido de Dios como maestro; porque nadie puede hacer estas **señales** que tú haces, si no está Dios con él.

οὗτος ἦλθεν πρὸς αὐτὸν νυκτὸς καὶ εἶπεν αὐτῷ ῥαββί, οἴδαμεν ὅτι ἀπὸ θεοῦ ἐλήλυθας διδάσκαλος οὐδεὶς γὰρ δύναται ταῦτα τὰ **σημεῖα** ποιεῖν ἃ σὺ ποιεῖς, ἐὰν μὴ ᾖ ὁ θεὸς μετ' αὐτοῦ.

4:48 Entonces Jesús le dijo: Si no viereis **señales** y prodigios, no creeréis.

εἶπεν οὖν ὁ Ἰησοῦς πρὸς αὐτόν ἐὰν μὴ **σημεῖα** καὶ τέρατα ἴδητε, οὐ μὴ πιστεύσητε.

4:54   Esta segunda **señal** hizo Jesús, cuando fue de Judea a Galilea.

Τοῦτο [δὲ] πάλιν δεύτερον **σημεῖον** ἐποίησεν ὁ Ἰησοῦς ἐλθὼν ἐκ τῆς Ἰουδαίας εἰς τὴν Γαλιλαίαν.

6:2   Y le seguía gran multitud, porque veían las **señales** que hacía en los enfermos.

ἠκολούθει δὲ αὐτῷ ὄχλος πολύς, ὅτι ἐθεώρουν τὰ **σημεῖα** ἃ ἐποίει ἐπὶ τῶν ἀσθενούντων.

6:14   Aquellos hombres entonces, viendo la **señal** que Jesús había hecho, dijeron: Este verdaderamente es el profeta que había de venir al mundo.

Οἱ οὖν ἄνθρωποι ἰδόντες ὃ ἐποίησεν **σημεῖον** ἔλεγον ὅτι οὗτός ἐστιν ἀληθῶς ὁ προφήτης ὁ ἐρχόμενος εἰς τὸν κόσμον.

6:26   Respondió Jesús y les dijo: De cierto, de cierto os digo que me buscáis, no porque habéis visto las **señales**, sino porque comisteis el pan y os saciasteis.

Ἀπεκρίθη αὐτοῖς ὁ Ἰησοῦς καὶ εἶπεν ἀμὴν ἀμὴν λέγω ὑμῖν, ζητεῖτέ με οὐχ ὅτι εἴδετε **σημεῖα**, ἀλλ' ὅτι ἐφάγετε ἐκ τῶν ἄρτων καὶ ἐχορτάσθητε.

6:30   Le dijeron entonces: ¿Qué **señal**, pues, haces tú, para que veamos, y te creamos? ¿Qué obra haces?

Εἶπον οὖν αὐτῷ τί οὖν ποιεῖς σὺ **σημεῖον**, ἵνα ἴδωμεν καὶ πιστεύσωμέν σοι; τί ἐργάζῃ;

7:31 Y muchos de la multitud creyeron en él, y decían: El Cristo, cuando venga, ¿hará más **señales** que las que éste hace?

Ἐκ τοῦ ὄχλου δὲ πολλοὶ ἐπίστευσαν εἰς αὐτὸν καὶ ἔλεγον ὁ χριστὸς ὅταν ἔλθῃ μὴ πλείονα **σημεῖα** ποιήσει ὧν οὗτος ἐποίησεν;

9:16 Entonces algunos de los fariseos decían: Ese hombre no procede de Dios, porque no guarda el día de reposo. Otros decían: ¿Cómo puede un hombre pecador hacer estas **señales**? Y había disensión entre ellos.

ἔλεγον οὖν ἐκ τῶν Φαρισαίων τινές οὐκ ἔστιν οὗτος παρὰ θεοῦ ὁ ἄνθρωπος, ὅτι τὸ σάββατον οὐ τηρεῖ. ἄλλοι [δὲ] ἔλεγον∑ πῶς δύναται ἄνθρωπος ἁμαρτωλὸς τοιαῦτα **σημεῖα** ποιεῖν; καὶ σχίσμα ἦν ἐν αὐτοῖς.

10:41 Y muchos venían a él, y decían: Juan, a la verdad, ninguna **señal** hizo; pero todo lo que Juan dijo de éste, era verdad.

καὶ πολλοὶ ἦλθον πρὸς αὐτὸν καὶ ἔλεγον ὅτι Ἰωάννης μὲν **σημεῖον** ἐποίησεν οὐδέν, πάντα δὲ ὅσα εἶπεν Ἰωάννης περὶ τούτου ἀληθῆ ἦν.

11:47Entonces los principales sacerdotes y los fariseos reunieron el concilio, y dijeron: ¿Qué haremos? Porque este hombre hace muchas **señales**.

Συνήγαγον οὖν οἱ ἀρχιερεῖς καὶ οἱ Φαρισαῖοι συνέδριον καὶ ἔλεγον τί ποιοῦμεν ὅτι οὗτος ὁ ἄνθρωπος πολλὰ ποιεῖ **σημεῖα**;

12:18Por lo cual también había venido la gente a recibirle, porque había oído que él había hecho esta **señal**.

διὰ τοῦτο [καὶ] ὑπήντησεν αὐτῷ ὁ ὄχλος, ὅτι ἤκουσαν τοῦτο αὐτὸν πεποιηκέναι τὸ **σημεῖον**.

12:37Pero a pesar de que había hecho tantas **señales** delante de ellos, no creían en él;

Τοσαῦτα δὲ αὐτοῦ σημεῖα πεποιηκότος ἔμπροσθεν αὐτῶν οὐκ ἐπίστευον εἰς αὐτόν,

20:30Hizo además Jesús muchas otras **señales** en presencia de sus discípulos, las cuales no están escritas en este libro.

Πολλὰ μὲν οὖν καὶ ἄλλα **σημεῖα** ἐποίησεν ὁ Ἰησοῦς ἐνώπιον τῶν μαθητῶν [αὐτοῦ], ἃ οὐκ ἔστιν γεγραμμένα ἐν τῷ βιβλίῳ τούτῳ

Bosquejo del Evangelio de Juan basado en las *semaion* cronológicas:

1–12: Presentación del Dios-hombre
    1:1-34 El Verbo y Su testigo

1:35-51 Sus discípulos

2:1-12 Sus primeras señales: Convierte el agua en vino

2:13-25 Su celo: Limpieza del templo

3:1-21 Sus enseñanzas: Nacer de nuevo, Nicodemo

3:22-36 Su testigo: Las enseñanzas de Juan

4:1-45 Su compasión: La mujer en el pozo

4:46-54 Su segunda señal: Sana al hijo de un oficial

5 Su tercer señal: Sana en sábado, explicación

6 Su cuarta y quinta señal: Alimentación de los cinco mil, camina en el agua, y explicación (el pan de vida).

7:1-52 Su autoridad: Enseñanza en la fiesta de los tabernáculos

7:53-8:11 Su misericordia: La mujer sorprendida en adulterio

8:12-8:59 Su presentación y rechazo

9-10 Su sexta señal: Sana a un hombre ciego de nacimiento, y su explicación

11:1-46 Su séptima señal: Lázaro resucita, y su explicación

11:47-57 Sus oponentes: Principales sacerdotes y fariseos

12 Su hora ha llegado: Ungimiento, entrada triunfal, y anuncio de su muerte

13–17 Explicación por el Dios-Hombre

13-14 Prepara a Sus discípulos: Su ejemplo, anuncia su traición, la promesa del Espíritu Santo.

15 Su instrucción: Parábola de la vid, mandamiento del amor, aborrecidos por el mundo

16 Sus advertencias: Aborrecidos por el mundo, la

promesa del Espíritu Santo, Su

programa.

17 Su oración

18-21 Verificación del Dios-Hombre

18 Su traición, arresto, y juicio

19 Su crucifixión y sepultura

20-21 Su resurrección y apariciones

La narrativa y las divisiones geográficas en Hechos 1:8 proveen un bosquejo del libro. Hechos puede también bosquejarse basado en los personajes principales (i.e., Pedro y Pablo):

El libro de los Hechos bosquejado basado en la geografía y personajes prominentes:

1:1–8:3

1:1–12:23 Ministerio de Pedro

1 Comisión y preparación de los discípulos

2 Pentecostés: La venida del Espíritu Santo, la explicación de Pedro, nacimiento de la

Iglesia

3 Milagro de Pedro (paralítico sanado) y su explicación.

4:1-31 Pedro y Juan arrestados y liberados

4:32–5:11 Purificación de la Iglesia: Ananías y Safira

5:12-42 Pedro y los apóstoles arrestados y liberados

6:1-7 Liderazgo en la Iglesia: Siete hombres escogidos

6:8–8:3 Ministerio, arresto, defensa, y muerte de

Esteban

8:4–9:43 Judea y Samaria
8:4-25 Felipe, Pedro y Juan en Samaria
8:26-40 Felipe y el eunuco etíope
9:1-31 Conversión de Saulo y principio de su ministerio
9:32-43 Pedro en Jope: Tabita resucitada

10:1–28:31 Los confines de la Tierra
10:1–11:18 Salvación y el Espíritu Santo a los gentiles: Pedro y Cornelio
11:19-30 La iglesia en Antioquía: Primeros cristianos llamados
12:1-23 Arresto y liberación de Pedro y Muerte de Herodes
12:24–28:31 Ministerio de Pablo
12:24–14:28 Primer viaje misionero: Pablo, Bernabé, y Juan Marcos
15:1-35 Concilio de Jerusalén y el liderazgo de Santiago
15:36–18:22 Segundo viaje misionero: Pablo y Silas
18:23–21:26 Tercer viaje misionero
21:27-40 Pablo arrestado
22:1–23:11 Defensa de Pablo ante los judíos y el sanedrín
23:12-35 Pablo protegido: el complot descubierto
24 La defensa de Pablo ante Félix
25:1-12 Defensa de Pablo ante Festo: Apelación al César

25:13-26:32 Defensa de Pablo ante Agripa

27-28 Viaje de Pablo a Roma

Santiago emplea repetidamente la frase *hermanos míos* para enfatizar o avanzar argumentos en su carta. En 3:10-12 usa la frase en repetidas ocasiones dentro de una misma perícopa. Ocasionalmente, Santiago también añade el adjetivo *amados* a la frase para marcar un énfasis (1:16, 19, 2:5). Aquí están las cincuenta y dos ocasiones en las que aparece la palabra *hermanos* en Santiago:

1:2 **Hermanos** míos, tened por sumo gozo cuando os halléis en diversas pruebas,	Πᾶσαν χαρὰν ἡγήσασθε, ἀδελφοί μου, ὅταν πειρασμοῖς περιπέσητε ποικίλοις,
1:16 Amados **hermanos** míos, no erréis.	Μὴ πλανᾶσθε, ἀδελφοί μου ἀγαπητοί.
1:19 Por esto, mis amados **hermanos**, todo hombre sea pronto para oír, tardo para hablar, tardo para airarse;	Ἴστε, ἀδελφοί μου ἀγαπητοί· ἔστω δὲ πᾶς ἄνθρωπος ταχὺς εἰς τὸ ἀκοῦσαι, βραδὺς εἰς τὸ λαλῆσαι, βραδὺς εἰς ὀργήν·
2:1 **Hermanos** míos, que vuestra fe en nuestro glorioso Señor Jesucristo sea sin acepción de personas.	Ἀδελφοί μου, μὴ ἐν προσωπολημψίαις ἔχετε τὴν πίστιν τοῦ κυρίου ἡμῶν Ἰησοῦ Χριστοῦ τῆς δόξης.

2:5 **Hermanos** míos amados, oíd: ¿No ha elegido Dios a los pobres de este mundo, para que sean ricos en fe y herederos del reino que ha prometido a los que le aman?

Ἀκούσατε, **ἀδελφοί** μου ἀγαπητοὶΣ οὐχ ὁ θεὸς ἐξελέξατο τοὺς πτωχοὺς τῷ κόσμῳ πλουσίους ἐν πίστει καὶ κληρονόμους τῆς βασιλείας ἧς ἐπηγγείλατο τοῖς ἀγαπῶσιν αὐτόν;

2:14 Hermanos míos, ¿de qué aprovechará si alguno dice que tiene fe, y no tiene obras? ¿Podrá la fe salvarle?

Τί τὸ ὄφελος, **ἀδελφοί** μου, ἐὰν πίστιν λέγῃ τις ἔχειν ἔργα δὲ μὴ ἔχῃ; μὴ δύναται ἡ πίστις σῶσαι αὐτόν;

3:1 **Hermanos** míos, no os hagáis maestros muchos de vosotros, sabiendo que recibiremos mayor condenación.

Μὴ πολλοὶ διδάσκαλοι γίνεσθε, **ἀδελφοί** μου, εἰδότες ὅτι μεῖζον κρίμα λημψόμεθα.

3:10 De una misma boca proceden bendición y maldición. **Hermanos** míos, esto no debe ser así.

ἐκ τοῦ αὐτοῦ στόματος ἐξέρχεται εὐλογία καὶ κατάρα. οὐ χρή, **ἀδελφοί** μου, ταῦτα οὕτως γίνεσθαι.

3:12 **Hermanos** míos, ¿puede acaso la higuera producir aceitunas, o la vid higos? Así también ninguna fuente puede dar agua salada y dulce.

μὴ δύναται, **ἀδελφοί** μου, συκῆ ἐλαίας ποιῆσαι ἢ ἄμπελος σῦκα; οὔτε ἁλυκὸν γλυκὺ ποιῆσαι ὕδωρ.

4:11 **Hermanos**, no murmuréis los unos de los otros. El que murmura del hermano y juzga a su hermano, murmura de la ley y juzga a la ley; pero si tú juzgas a la ley, no eres hacedor de la ley, sino juez.

Μὴ καταλαλεῖτε ἀλλήλων, **ἀδελφοί**. ὁ καταλαλῶν ἀδελφοῦ ἢ κρίνων τὸν ἀδελφὸν αὐτοῦ καταλαλεῖ νόμου καὶ κρίνει νόμονΣ εἰ δὲ νόμον κρίνεις, οὐκ εἶ ποιητὴς νόμου ἀλλὰ κριτής.

5:7 Por tanto, **hermanos**, tened paciencia hasta la venida del Señor. Mirad cómo el labrador espera el precioso fruto de la tierra, aguardando con paciencia hasta que reciba la lluvia temprana y la tardía.

Μακροθυμήσατε οὖν, **ἀδελφοί**, ἕως τῆς παρουσίας τοῦ κυρίου. ἰδοὺ ὁ γεωργὸς ἐκδέχεται τὸν τίμιον καρπὸν τῆς γῆς μακροθυμῶν ἐπ' αὐτῷ ἕως λάβῃ πρόϊμον καὶ ὄψιμον.

5:9 **Hermanos**, no os quejéis unos contra otros, para que no seáis condenados; he aquí, el juez está delante de la puerta.

μὴ στενάζετε, **ἀδελφοί**, κατ' ἀλλήλων ἵνα μὴ κριθῆτεΣ ἰδοὺ ὁ κριτὴς πρὸ τῶν θυρῶν ἕστηκεν.

5:10 **Hermanos** míos, tomad como ejemplo de aflicción y de paciencia a los profetas que hablaron en nombre del Señor.

ὑπόδειγμα λάβετε, **ἀδελφοί**, τῆς κακοπαθίας καὶ τῆς μακροθυμίας τοὺς προφήτας οἳ ἐλάλησαν ἐν τῷ ὀνόματι κυρίου.

5:12 Pero sobre todo, **hermanos** míos, no juréis, ni por el cielo, ni por la tierra, ni por ningún otro juramento; sino que vuestro sí sea sí, y vuestro no sea no, para que no caigáis en condenación.

Πρὸ πάντων δέ, **ἀδελφοί** μου, μὴ ὀμνύετε μήτε τὸν οὐρανὸν μήτε τὴν γῆν μήτε ἄλλον τινὰ ὅρκον∑ ἤτω δὲ ὑμῶν τὸ ναὶ ναὶ καὶ τὸ οὒ οὔ, ἵνα μὴ ὑπὸ κρίσιν πέσητε.

5:19 **Hermanos**, si alguno de entre vosotros se ha extraviado de la verdad, y alguno le hace volver,

Ἀδελφοί μου, ἐάν τις ἐν ὑμῖν πλανηθῇ ἀπὸ τῆς ἀληθείας καὶ ἐπιστρέψῃ τις αὐτόν,

Bosquejo temático de Santiago considerando "mis hermanos":

1:1 Saludos

1:2-20 Conducta de la iglesia en tiempos de prueba
    1:2-4 Gozo y propósito en las pruebas
    1:5-8 Sabiduría en las pruebas
    1:9-11 La alta posición en las pruebas
    1:12 Perseverancia y recompensa en las pruebas
    1:13-30 Pruebas de tentación y pecado

1:21-5:19 Conducta en acción de la iglesia
    1:21-27 Sed hacedores de la Palabra
    2:1-13 Sed imparciales
    2:14-26 Sed fieles: Demostrar las obras
    3:1-12 Sed limpios de lengua
    3:13-18 Sed sabios
    4:1-12 Puntos de disensión
    4:13-17 Condenación del orgulloso
    5:1-6 Condenación de los ricos (infieles)
    5:7-11 Sed pacientes
    5:12 No juréis
    5:13-18 Empatía y oración
    5:19 Restauración de los pecadores

Apocalipsis 1:19 provee las claves cronológicas para las divisiones de este libro profético, considerando el pasado (las cosas que has visto), presente (y las cosas que son), y futuro (y las que han de ser después de estas). El capítulo 1 corresponde al pasado, 2-3 al presente, y 4-22 al futuro. A continuación se muestra un bosquejo más detallado basado en estas claves estructurales cronológicas:

Bosquejo de Apocalipsis basado en las claves cronológicas de 1:19

1 Las cosas que has visto: La comisión de Juan

2-3 Las cosas que son (las siete cartas)
    2:1-7 A Éfeso
    2:8-11 A Esmirna
    2:12-17 A Pérgamo

2:18-29 A Tiatira

3:1-6 A Sardis

3:7-13 A Filadelfia

3:14-22 A Laodicea

4-22 Las cosas que han de suceder después de estas

    4 Los veinticuatro ancianos y las cuatro bestias

    5-11 El libro del Cordero: Los siete sellos

        5 El Cordero es digno de abrir el libro

        6:1-2 Primer sello: Conquista

        6:3-4 Segundo sello: Guerra

        6:5-6 Tercer sello: Hambre

        6:7-8 Cuarto sello: Muerte

        6:9-11 Quinto sello: Los mártires claman venganza

        6: 12-17 Sexto sello: Terremoto/catástrofe

        7 El remanente

        8-11 Séptimo sello (siete trompetas)

        8:1-7 Primera trompeta: La tierra es quemada

        8:8-9 Segunda trompeta: El mar es quemado

            8:10-11 Tercera trompeta: Ajenjo

            8:12-13 Cuarta trompeta: Oscuridad

            9:1-12 Quinta trompeta: El abismo

            9:13-11:14 Sexta trompeta: Ejército/libro/testigos

            11:15-19 Séptima trompeta: El reino se aproxima

    12:1-5 Pre-tribulación

        12:1-2 La mujer (Israel)

12:3-4 El dragón (Satanás)

12:5 El hijo varón (el Mesías)

12:6-16 Tribulación temprana

12:6 La mujer protegida

12:7-16 Miguel pelea contra el dragón

12:17-14:20 Tribulación posterior

12:17 El dragón enfurecido

13:1-10 La bestia que sale del mar

13:11-18 La bestia que sale de la tierra

14:1-5 El Cordero y los 144,000

14:6-12 Los tres ángeles

14:6-7 Proclamación del evangelio

14:8 Destrucción de Babilonia

14:9-12 Destrucción de los seguidores de la bestia

14:13 Bienaventuranza

14:14-20 La siega

15-19 La conclusión de la tribulación

15-19:4 Los siete ángeles (las siete copas)

15 Su comisión

16:1-2 Primer ángel: Las úlceras malignas

16:3 Segundo ángel: El mar es contaminado

16:4-7 Tercer ángel: Las aguas son contaminadas

16:8-9 Cuarto ángel: El sol abrasador

16:10-11 Quinto ángel: Oscuridad, dolor

16:12-16 Sexto ángel: Asamblea en Armagedón

16:17-19:4 Séptimo ángel: Juicio de Babilonia

19:5-10 Las Bodas del Cordero

19:11-16 La Segunda Venida

19:17-21 Armagedón

20:1-6 El Reino Milenial

20:7-10 Satanás es soltado por última vez

20:11-15 El Juicio Final: El Gran Trono Blanco

21-22 La eternidad

21:1-8 Cielo nuevo y Tierra nueva

21:9-22:5 La Nueva Jerusalén

22:6-21 Conclusión

Estos son sólo algunos ejemplos que ilustran la importancia de reconocer *las divisiones naturales del libro.* Ya sea que las claves estructurales son inmediatamente reconocibles o más difícil de encontrar, siempre se debe de tener cuidado en nuestra observación de no perder estos hitos importantes. Una vez que hemos identificado las claves estructurales, entonces estamos preparados para bosquejar el libro, identificando las divisiones principales y las subdivisiones. Una vez que se esboza el libro, podemos empezar a ver la importancia de la estructura en la comunicación de los propósitos del libro – que es un componente vital para la comprensión de los pasajes individuales y cómo contribuyen a ese propósito general.

12
Nueve Pasos Para la Exégesis Bíblica y la Exposición: (4) Identificar las Claves Gramaticales y Sintácticas

Después de (1) identificar la mejor lectura y traducción, (2) reconocer el trasfondo y contexto, e (3) identificar las claves estructurales del libro en el cual se encuentra el pasaje, necesitamos (4) identificar las claves gramaticales y sintácticas del pasaje. En primer lugar, tenemos que ser capaces de distinguir entre la gramática y la sintaxis, porque no son lo mismo. Gramática se refiere a las normas de cómo las palabras se relacionan entre sí, y la sintaxis se refiere al uso real. En otras palabras, la gramática es la teoría y la sintaxis es la práctica. La gramática es el conjunto de reglas que Pablo habría entendido y siguió cuando escribió sus epístolas, y la sintaxis es el producto final.

Además, tenemos que entender la importancia de estudiar las relaciones de las palabras antes de estudiar las palabras mismas. El quinto paso para la exégesis bíblica es identificar claves léxicas, sin embargo, se debe tener en cuenta la gramática y la sintaxis en primer lugar. ¿Por qué? Simplemente porque el contexto en el que se utiliza una palabra – incluyendo su relación con otras palabras – es de vital importancia para la comprensión del significado pretendido de una palabra en particular elegida. Sin entender primero las estructuras utilizadas para la conexión de las palabras, podemos ser inexactos en tratar de determinar el significado pretendido de la palabra individual.

Además, es necesario identificar las propias claves gramaticales y sintácticas. Podemos empezar por identificar las referencias históricas/culturales, lenguaje figurado, figuras retóricas, citas, claves en la estructura de la frase, cláusulas, etc. Consideremos, por ejemplo, que Apocalipsis 12 es una narrativa que describe algunas señales importantes. Lo que se entiende a veces por lenguaje figurado en este contexto es en realidad no figurado, sino que más bien se trata de una descripción literal de una figura, i.e., una señal.

Observe los saludos consistentes de *gracia y la paz* de Pablo que aparecen al principio de cada una de sus cartas. Las únicas excepciones se encuentran en sus cartas a Timoteo y Tito. Los saludos son de gran importancia cultural, la gracia apelando a la mentalidad de los gentiles y la paz apelando a la mente judía. ¿Cuál es entonces el significado de la alteración de Pablo en el saludo?

A continuación, debemos tener en cuenta los recursos retóricos empleados en el texto. El método dialógico es usado por Pablo en Romanos 9:14, 19, 22, 30 y 32. El método de pregunta y respuesta añade claridad al pasaje y demuestra el uso del razonamiento lógico en el argumento de Pablo, pero también indica las limitaciones de la lógica humana (9:19-20). Parénesis (exhortación) se encuentra en Romanos 12:1-15:13; 1 Tesalonicenses, etc. Otros recursos incluyen el judicial, deliberativo, genero demostrativo (demostrativo, persuasivo), etc. Jesús utiliza un lenguaje figurado (metáfora) en Juan

11:11 en la descripción de la muerte de Lázaro. La misma metáfora se aplica también en el Salmo 17:15 y 1 Tesalonicenses 4:14.

El número personal es una clave importante a tener en cuenta. Si un verbo es perteneciente a la primera, segunda o tercera persona, a veces puede hacer una gran diferencia en un pasaje. Hechos 2:38 incluye un importante imperativo respecto al arrepentimiento y el bautismo que parece, en la traducción al español, indicar que el arrepentimiento y el bautismo son ambos necesarios para el perdón. Sin embargo, el imperativo *arrepentirse* es la segunda persona del plural, mientras que ser *bautizado* es la tercera persona singular (sea él o ella – cada uno –bautizado), y el pronombre (vuestros pecados) es también la segunda persona. Esta clave gramatical, que no se ve claramente en español, es fundamental para comprender el verso.

El orden de las palabras es importante – especialmente en hebreo y griego. A diferencia de otros idiomas, en los que el orden de palabras a menudo dependen de las partes del discurso elegidos, en hebreo y en griego hay mucha más libertad en lo relativo al orden de las palabras, por lo que es importante que un escritor bíblico coloque una palabra antes que otra. En el relato de la creación del Génesis 1, cada día se describe como un conjunto de noche y la mañana. El orden (de la noche primero) es significativo. ¿Cómo se relaciona esto con la cultura judía? ¿Cómo afecta esta repetición sintáctica en la definición del alcance de un día individual (es decir, 24 horas)? ¿Da crédito este fraseo a una creación literal de seis días? ¿Cómo puede haber noche y la mañana antes de que se creara el sol?

El progreso en el texto es importante. Nótese la expresión

del Salmo 1:1. Hay una progresión que va de la acción a la falta de acción (caminar, estar en, sentarse). ¿Por qué es esto significativo en la descripción del hombre bienaventurado? Las terminaciones de las palabras son importantes. ¿Cuál es la roca en Mateo 16:18? ¿Cuál es el significado gramatical de la distinción entre las dos terminaciones de las palabras: *Petros* es un pedazo de roca o una piedra, *Petra* es una gran piedra o roca. Tenga en cuenta las contribuciones de 1 Pedro 2:8, Romanos 9:33 y 1 Corintios 10:4 al uso de las palabras. Como parte de reconocer claves gramaticales y sintácticas en el pasaje, es útil aislar las distintas partes del discurso (sustantivos, adjetivos, participios, pronombres, artículos, infinitivos, preposiciones, conjunciones, etc.), y después hacer el diagrama de las frases en el idioma original para identificar visualmente distinciones y su significado. [58]

Diagrama Lineal de Mateo 16:18

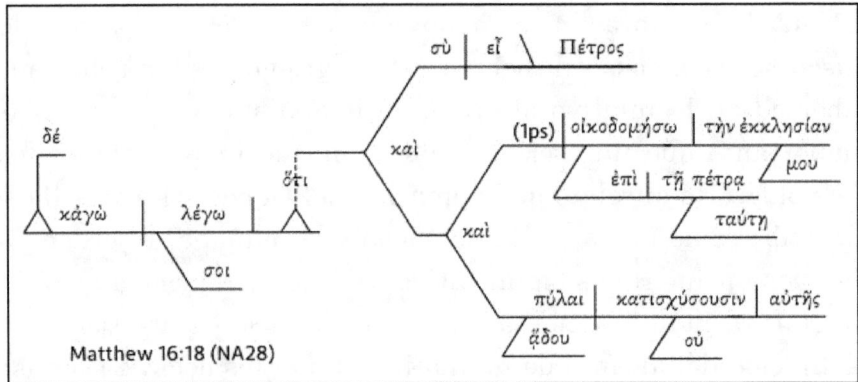

Matthew 16:18 (NA28)

---

[58] Ejemplos útiles de análisis gramatical por medio de diagramas se provee en el libro de Thomas Schreiner, *Interpreting the Pauline Epistles* (Grand Rapids, MI: Baker Academic, 2011), 69-97, también en la obra de John Grassmick, *Principles and Practice of Greek Exegesis*, 2nd Edition (Dallas, TX: Dallas Theological Seminary, 1976), y en el trabajo de Lee Kantenwein, *Diagrammatical Analysis* (Winona Lake, IN: BMH Books, 1991).

Por último, resumir brevemente la importancia de las claves gramaticales y sintácticas en el pasaje. Esto ayuda en la síntesis de los datos, y prepara el exegeta para el siguiente paso. Para un examen más a fondo de los aspectos gramaticales y sintácticos críticos, hay algunos recursos beneficiosos, tales como la gramática griega intermedia de Wallace *Gramática griega: Sintaxis del Nuevo Testamento,*[59] así como la útil obra de Waltke y Connor *An Introduction to Biblical Hebrew Syntax*[60]. Aunque normalmente en los primeros siete pasos del proceso exegético yo no recomiendo el uso de fuentes externas (para que el exegeta pueda mirar al pasaje de la manera más objetiva posible), en esta etapa se necesita una buena gramática o la introducción a la sintaxis. Para la mayoría, estas herramientas proporcionan ayuda sin la adición de un nivel de información periférico que pudiera obstaculizar la objetividad del proceso.

---

[59] Orba originalmente escrita en inglés como Daniel Wallace, *Greek Grammar Beyond the Basics: An Exegetical Syntax of the New Testament* (Grand Rapids, MI: Zondervan, 1997).
[60] Bruce Waltke and M. O'Connor, *An Introduction to Biblical Hebrew Syntax* (Warsaw, IN: Eisenbrauns, 1980).

13
Nueve Pasos Para la Exégesis Bíblica y la Exposición: (5) Identificar las Claves Léxicas

Después de haber reconocido y comprendido las relaciones de las palabras entre sí, es necesario examinar las palabras mismas. El contexto de la palabra es el mayor definidor, pero el significado léxico es importante. En este punto, un léxico es una necesidad imperial. La autoridad estándar en el griego del Nuevo Testamento es Bauer, Arndt, Gingrich y Danker (designado a menudo por el acrónimo BAG o BAGD),[61] aunque hay otras que son útiles, entre ellos Mounce[62] y Louw Nida.[63] Para hebreo, HALOT[64] de Koehler y Baumgartner, Brown, Driver y Briggs,[65] y Gesenius[66] son recursos útiles.

---

[61] Walter Bauer, William Arndt, and F. Wilbur Gingrich, *A Greek English Lexicon of the New Testament and Other Early Christian Literature* (Chicago, IL: University of Chicago Press, 1957).

[62] William Mounce, *The Analytical Lexicon to the Greek New Testament* (Grand Rapids, MI: Zondervan, 1993).

[63] J.P. Louw and Eugene Albert Nida, *Greek–English Lexicon of the New Testament: Based on Semantic Domains,* 2 Vols. (Swinden, UK: United Bible Societies, 1999).

[64] Ludwig Koehler and W. Baumgartner, *The Hebrew and Aramaic Lexicon of the Old Testament,* 2 Vols. (Boston, MA: Brill, 2002).

[65] Francis Brown, S.R. Driver and Charles Briggs, *The Brown–Driver–Briggs Hebrew and English Lexicon* (Peabody, MA: Hendrickson, 1994).

[66] H.W.F Gesenius, *Gesenius' Hebrew and Chaldee Lexicon to the Old Testament* (Grand Rapids, MI: Baker Book, 1979).

Estas herramientas son útiles para la comprensión de la etimología y el uso, y sobre todo pueden ayudar al investigador a discernir cuándo el uso es un factor mayor que la etimología en la definición. Por ejemplo, en inglés, la palabra nevera es una palabra compuesta que retiene los elementos independientes de las palabras originales – y nevera es, literalmente, una caja que contiene hielo. Por otra parte, una mariposa tiene muy poco que ver con la mantequilla que vuela [mariposa en inglés (*butterfly*) se escribe igual que la unión de las palabras *butter* (mantequilla) y *fly* (volar)]. El mismo principio se puede ver en los idiomas bíblicos. Tenemos que comprender la etimología, pero no debemos asumir gran parte de su influencia en la definición.

También hay que señalar en este punto que lo que estamos buscando es la mayor objetividad respecto a la definición de la palabra como sea posible. No queremos leer teología en las palabras (así que tenga cuidado al usar un diccionario teológico). En su lugar, tenemos que reconocer el uso de las palabras en los tiempos en que fueron escritas, y cómo el contexto contribuye a dicho uso.

Una vez que estamos armados con algunas herramientas apropiadas, podemos empezar a identificar las palabras clave en el texto. ¿Qué palabras aparecen con frecuencia? ¿Qué palabras se destacan por su lugar en la frase? ¿Qué palabras representan pivotes en el pensamiento o el énfasis? En realidad, cada palabra es una palabra clave, pero hay que entender el significado de cada palabra en ese contexto, y qué palabras el escritor está enfatizando.

Así que, primero, se identifican las palabras claves por el énfasis, entonces tenemos que hacer estudios de la palabra para estar seguros de que estamos utilizando las palabras correctamente. Un estudio de la palabra implica varios pasos: (1) identificar, definir (gramática y etimología), y el análisis sintáctico (morfología) de la palabra con la ayuda de un léxico, (2) examinar el uso de la palabra en otros contextos (una concordancia es particularmente útil en este caso), y (3) un resumen de los conceptos clave que surgen de palabras clave. Aquí están algunos ejemplos bíblicos donde el estudio de palabras puede ser útil:

- Identificar una conexión significativa entre Éxodo 3:14 y Juan 8:24, 28, 58.
- ¿Cuál es la diferencia clave entre Éxodo 7:13, 22, 8:19, 9:7, 35 y 8:15, 32, 9:34?
- ¿Cuántas veces es la frase *bajo el sol* utilizada en el libro de Eclesiastés, y por qué es importante para el tema del libro?
- Note *yom* en el Antiguo Testamento, cuantificado por el contexto, a veces como un periodo de 24 horas (i.e., Génesis 1), a veces incluyendo un período más largo (como el Día del Señor [Joel, etc.]).
- ¿Qué se entiende por el término *semanas* según la traducción (RVR60) en Daniel 9:24-27?
- ¿Qué palabras de amor se utilizan en el diálogo registrado en Juan 21:15-17? ¿Son importantes? Y si es así, ¿por qué?
- ¿Cuáles son algunas de las palabras importantes en Juan 1:1-18, Romanos 5:1-11, Gálatas 3:16-22 y Efesios 1:1-14? ¿Cómo se usan? ¿Cuál es su significado?
- Tenga en cuenta la traducción en la NVI de 1

Corintios 5:5, la *naturaleza pecaminosa* como traducción del griego *sarx*, ¿cuál sería una mejor traducción?

- ¿Por qué es el significado de *Salvador* fundamental en 1 Timoteo 4:10?
- ¿Qué palabra se repite seis veces en Apocalipsis 19:1-6? ¿Qué significa eso? ¿Cómo está la palabra conectada a Salmos 111:1, 112:1 y 113:1, etc.?

El estudio de la palabra es una forma vital para conectar con el texto, y por lo general nos ayudará a comprender mejor el pasaje – *a menos que* fallemos al tomar en cuenta adecuadamente la influencia que el contexto ejerce en la definición de los términos. Si substraemos una palabra de su contexto, entonces el estudio de la palabra en realidad puede ser destructivo. Por desgracia, es común que un maestro saque una palabra fuera de contexto y pase mucho tiempo hablando de esa palabra, en lugar de explicar cómo la palabra contribuye al contexto. Puesto de otra manera, una palabra es un vehículo, no un destino. Una palabra es un medio para un fin. El escritor utilizó la palabra(s) por una razón. Nuestro trabajo como intérpretes es entender *lo que dijo el escritor mediante el uso de las palabras que eligió.*

Tal vez lo más importante que podemos decir acerca de una palabra en un pasaje es que la palabra no es la cosa más importante en el pasaje. Las palabras individuales son vitales, y hay que entenderlas en una manera histórica-gramatical literal. De este modo, podemos mantener este principio de suma importancia: *contexto, contexto, contexto.*

14
Nueve Pasos Para la Exégesis Bíblica y la Exposición: (6) Identificar el Contexto Bíblico

Después de completar el análisis gramatical, sintáctico y léxico detalladamente, necesitamos dar un paso atrás y regresar a la vista de pájaro y hacer un poco de síntesis. En primer lugar, es necesario identificar el tema general del libro, pero llevando a cabo los primeros pasos en el proceso exegético, el tema del libro elegido debe, llegados a este punto, ser evidente. Si hemos hecho bien nuestro trabajo a este punto, los siguientes pasos son fáciles.

Una vez que comprendemos el tema general del libro, tenemos que resumir el contexto inmediato del pasaje. Note lo importante que es reconocer el contexto inmediato en relación con los siguientes pasajes:

- Génesis 49:10 (para el contexto, ver 49:1) – el contexto inmediato demuestra la importancia
de la declaración con respecto a Judá. ¿Qué tipo de declaración literaria fue?
- Éxodo 20 – Los Diez Mandamientos. ¿Se debe de aplicar

este pasaje a la iglesia de hoy?

¿Por qué o por qué no? ¿De qué manera el contexto inmediato aclara el tema?

- 2 Crónicas 7:14-15 – Este pasaje a menudo ha sido aplicado por la iglesia para la iglesia.

¿Es esto apropiado? ¿Qué dice el contexto inmediato sobre el público objetivo? ¿Qué tipo

de consecuencias se prometen? ¿Cuál es el significado?

- Job 34:37 – ¿Acusa Eliú a Job de pecar?
- Salmo 58:6 – ¿En qué manera es esto una oración apropiada?
- Isaías 6:8 – Esto suena como una respuesta muy audaz de parte de Isaías. ¿En qué manera

Los eventos anteriores alteran la percepción que de este pasaje?

- Ezequiel 40-48 – ¿Qué período de tiempo sugiere el contexto?
- Mateo 13 – ¿Por qué Cristo hablaba en parábolas? ¿Cuál es el significado?
- Mateo 16: 27-28 – Contextualmente, ¿a qué evento se refería a Cristo? (Tenga en cuenta

la división de capítulos de Mc. 9, ¿cómo cuadra el contexto mejor que la división del

capítulo entre Mt. 16-17).

- Hechos 2:4 – ¿Cómo define el contexto inmediato *hablar en otras lenguas*? Ver 2:11.
- Gálatas 3:28-29 – ¿Cómo define y limita el contexto inmediato la eliminación de todas las

distinciones?

- Efesios 3:3 – ¿Cómo se define el misterio contextualmente?

- Hebreos 6:4-6 – ¿A quién se está describiendo, a un creyente o a un inconverso?

En estos y otros pasajes, tenemos que entender el contexto inmediato. ¿Qué le precede directamente a nuestro pasaje elegido y qué le sigue inmediatamente? ¿De qué manera el contexto inmediato contribuye y define nuestro pasaje elegido, y qué impacto tienen esos factores contextuales sobre la contribución del pasaje en el libro?

Debido a que el contexto es el factor más importante en la definición de las palabras y nos ayuda a comprender el significado pretendido, nunca daremos demasiada atención al contexto bíblico. En el descubrimiento de ese contexto, tenemos que tener cuidado de que nos estemos centrando en el texto, en lugar de en el contexto teológico (que es un paso más en su totalidad). Si introducimos conceptos teológicos antes de considerar cuidadosamente el contexto bíblico, podemos perder nuestra objetividad aquí. Por lo tanto, nos hacemos una pregunta simple, y tratamos de responderla *textualmente*. ¿Cuál es el tema general del libro? ¿Qué precede inmediatamente y sigue al pasaje escogido, y cómo el contexto influye en el pasaje? ¿Y cómo contribuye nuestro pasaje elegido al tema general del libro?

Por último, podemos examinar contextos más distantes. ¿Tiene el escritor otros escritos bíblicos que tienen contextos relacionados que debemos tener en cuenta y que puede ayudarnos a entender nuestro pasaje elegido? Recuerde que necesitamos mirar a (1) el panorama general, (2) a continuación, el contexto inmediato (3) y después, contextos más lejanos, en ese orden.

15
Nueve Pasos Para la Exégesis Bíblica y la Exposición: (7) Identificar el Contexto Teológico

En el paso 6, consideramos el contexto bíblico, examinando los contextos en función de la proximidad inmediata y cercana del texto. En el paso 7, nuestra preocupación es el contexto teológico – una consideración contextual de pasajes similares teológicamente (tópico). El objetivo aquí no es introducir construcciones teológicas extra bíblicas; más bien, simplemente estamos tratando de reconocer los componentes inherentes teológicos y las implicaciones del pasaje que estamos estudiando.

En primer lugar, se identifican los principios teológicos en el pasaje que estamos considerando; en segundo lugar, reconocemos la conexión entre esos principios y el resto del libro; en tercer lugar, se compara con los contextos más lejanos (pero teológicamente similares) para verificar los principios teológicos; finalmente, resumimos nuestras conclusiones con respecto a los temas teológicos y principios basados en el contexto.

(1) Identificar los Principios Teológicos en el Pasaje

Se debe reconocer que los contextos generalmente más amplios se deben tener en cuenta con el fin de identificar los principios teológicos, aunque a veces, ciertas palabras clave pueden proporcionar un marco teológico significativo (i.e., la justificación, la redención, propiciación, la predestinación, etc.).

Por ejemplo, ¿qué principios teológicos de la iglesia (*ekklesia*) se presentan en Mateo 16:13-20? ¿Quién construye la iglesia? ¿Cuál es el alcance de la iglesia? Tenga en cuenta la importancia de un estudio de léxico y gramatical suficiente aquí, ya que "sobre esta roca" se ha entendido de varias maneras diferentes: (1) la roca es Pedro – una interpretación fundamental para el desarrollo de la sucesión apostólica, (2) la roca es la tierra – un argumento para el ámbito terrenal de la iglesia y un engranaje de la defensa de la teología del reemplazo, (3) la roca es la confesión que Pedro hizo – separando esta frase del significado profético clave, y (4) la roca es Cristo (la opinión que considera adecuadamente cada uno de los elementos exegéticos necesarios).

Nótese la explicación de Pedro en 1 Pedro 2:4-10 apelando a Isaías 8:14, etc. Si no se le presta suficiente atención a los pasos anteriores (gramatical, sintáctico, léxico, contextual, etc.), los principios teológicos en un pasaje pueden ser mal entendidos de manera significativa, lo que lleva a una amplia variedad de usos y conclusiones inexactas.

En Romanos 3:21-31, ¿cuál es el significado teológico de la justicia? ¿Qué se entiende en Efesios 1:1-14 por predestinación? ¿Cómo impactó el principio de la predestinación en el pasaje? En Santiago 2:14-26, ¿cuál es la relación teológica entre la fe y las obras?

(2) Conectar los Principios al Contexto General del Pasaje

¿Qué principio teológico significativo surge de Romanos 5:12, 17-19? ¿Cómo apoya este principio el argumento de la epístola? En Gálatas 3:15-29, ¿cuál fue el propósito de la ley? ¿Cómo se relaciona esto con el tema teológico de la epístola?

(3) Comparar con Contextos más Distantes Para Verificar Principios Teológicos

En Santiago 3:1-12, en relación con la teología de la lengua, compare Efesios 4:15, 29-30, 5:4, Colosenses 3:5-10, 4:5-6, y también Proverbios 6:17, 10:20 y 31, 12:18-19, 15:2 y 4, 17:4, 18:21, 21:6 y 23, 25:15 y 23, 26:28 y 28:23. ¿Qué principio teológico se aclara mediante una comparación de Juan 14:1-3, 1 Corintios 15:50-58 y 1 Tesalonicenses 4:13-18 con el esquema del libro de Apocalipsis? ¿Qué principio teológico fundamental se describe en Efesios 2-3, y cómo al hacer una comparación con Jeremías 31, Romanos 9-11, 2 Corintios 3, Gálatas 3 y 6:16, 1 Juan 2:25, y Apocalipsis 19:11-14, 20:1-6 aclara la cuestión?

(4) Resumir los Temas Teológicos y Principios Según el Contexto

En este punto, simplemente estamos anotando nuestros hallazgos. Con la finalización de este paso, técnicamente hemos completado la parte puramente exegética de nuestro estudio. Los siete primeros pasos son todos exegéticos – trazando directamente el significado del texto. Las dos últimas etapas *no son en realidad exegéticas*, sino que tienen que ver con la verificación externa y la posterior aplicación. Pero antes de continuar hacia el paso 8, tomemos un momento y veamos un ejemplo extendido.

En Juan 14:1-3, Jesús describe Su plan con respecto a Él mismo y sus discípulos: Él dice,

> No se turbe vuestro corazón; creéis en Dios, creed también en mí. En la casa de mi Padre muchas moradas hay; si así no fuera, yo os lo hubiera dicho; voy, pues, a preparar lugar para vosotros. Y si me fuere y os preparare lugar, vendré otra vez, y os tomaré a mí mismo, para que donde yo estoy, vosotros también estéis.

Tracemos lo que Jesús está diciendo, particularmente en los versículos 2 y 3:

> Voy, pues, a preparar lugar para vosotros,
> Vendré otra vez,
> Y os tomaré a mí,
> Para que donde yo estoy, vosotros también estéis

Nótese los verbos

> *Voy,*
> *Vendré*
> Os *tomaré*
> Para que donde *yo estoy, vosotros* también *estéis*

En primer lugar, Él asciende. A continuación, desciende, pero con el propósito de recibirlos a sí mismo (por lo tanto, ellos ascienden). Ahora, vamos a ver otros pasajes similares y ver qué podemos aprender. 1 Tesalonicenses 4:16-17 parece estar describiendo una serie similar de eventos:

Porque el Señor mismo con voz de mando, con voz de arcángel, y con trompeta de Dios, descenderá del cielo; y los muertos en Cristo resucitarán primero. Luego nosotros los que vivimos, los que hayamos quedado, seremos arrebatados juntamente con ellos en las nubes para recibir al Señor en el aire, y así estaremos siempre con el Señor.

En primer lugar, Él desciende. Los muertos en Cristo resucitan. Los que estén vivos son tomados en las nubes con ellos para encontrarse con Él. Siempre estaremos con Él.

Notemos las similitudes. Ambos pasajes describen el regreso de Jesús, no a la tierra, sino en el aire con el fin de recibir a los suyos a Sí mismo, para llevarlos de vuelta con Él a donde Él está. 1 Corintios 15:51-53 añade información útil sobre el paso número 2 en el pasaje de 1 Tesalonicenses (la resurrección de los muertos). Debido a las similitudes en el contenido, podemos reconocer estos tres pasajes como paralelos, y comparando su contenido teológico, podemos empezar a desarrollar una comprensión del evento bíblico al que llamamos el rapto, y por procesos comparativos similares, podemos distinguir este evento de los eventos descritos en Mateo 24 y Apocalipsis 19, lo que ayuda a entender que lo que Jesús describe en Juan 14:1-3 no es el mismo evento que su segunda venida en Apocalipsis 19. Eso, por supuesto, tiene enormes implicaciones para nuestra comprensión del futuro. Además, estas distinciones nos ayudan a reconocer la importancia de emplear con precisión el contexto teológico de los pasajes.

Las Once Categorías de la Teología

Al evaluar el contexto teológico de un pasaje, es útil tener en cuenta las once categorías básicas de la teología. Derivado de dos palabras griegas, *theos* (Dios) y *logos* (palabra o discurso), el término teología simplemente se refiere *al estudio de o el discurso sobre Dios*. Para los estudiosos de la Biblia, la teología es el producto del estudio de la Biblia. En otras palabras, no es algo que debemos leer en la Biblia o incluso utilizarlo como una conexión para la comprensión de la Biblia. En cambio, debemos llegar a la Biblia de manera objetiva, dejando que diga lo que dice. El cuerpo de conocimiento resultante, derivado exclusivamente de texto, puede ser llamado *teología bíblica.*

Un siguiente paso útil (después de estudiar la Biblia en su contexto) es sistematizar las enseñanzas de la Biblia, o categorizarlas, para que podamos entender todo lo que la Biblia enseña sobre un tema en particular. La sistematización nos puede ayudar a evitar hacer suposiciones acerca de contextos reducidos. El producto de la sistematización de la teología bíblica en categorías se refiere a menudo como la *teología sistemática*, y hay once categorías básicas de la teología sistemática representativas de una teología verdaderamente *bíblica*. Tenemos que entender la enseñanza bíblica sobre estos once temas (aunque sus títulos sean artificiales):

(1) Bibliología

Del griego *biblios*, la bibliología es el estudio del *libro,* o más específicamente, el estudio de la Biblia. En este tema se abordan cuestiones de definición, autoridad, y el método interpretativo. Es vital tener una bibliología sólida, porque si no nos acercamos a la Biblia correctamente, entonces no tenemos ninguna autoridad real para hablar sobre cualquiera de las otras áreas de la teología sistemática. 2 Timoteo 3:16-17 y 2 Pedro 1:20-21 son dos buenos pasajes para estudiar relacionados con bibliología.

(2) Teología Propia

El término *propia* es usado en el sentido de un nombre propio, por lo que la teología propia se refiere al estudio de la persona de Dios. En este estudio se considera a la persona, los atributos y el carácter de Dios. A menudo, este estudio incluirá la discusión del Padre, del Hijo y del Espíritu Santo, aunque el Hijo y el Espíritu son a menudo considerados como estudios separados por completo. Temas como la santidad de Dios, y la doctrina de la Trinidad se consideran en la Teología Propia. Job 38-41, Isaías 6, 40 y 48, y Apocalipsis 4 son buenos pasajes para aprender acerca de la teología adecuada.

(3) Cristología

Del griego *Christos*, cristología es el estudio de la persona y obra de Jesucristo. El estudio se centra en su desempeño como Dios y el hombre, y como profeta, sacerdote y rey, y presenta su obra en la cruz. Isaías 53 y 61:1-2, Lucas 4:18-19, Juan 1:1-18, Colosenses 1:15-20, Filipenses 2:1-11, el libro de Hebreos y Apocalipsis son algunos pasajes con respecto a la cristología.

(4) Neumatología

Del griego *pneuma*, que significa espíritu, la neumatología es el estudio del Espíritu Santo. La neumatología discute la persona y la obra del Espíritu Santo, especialmente en lo que respecta a su obra en la revelación de la Escritura (2 Pedro 1:20-21), de cómo sella a los creyentes, garantizando su vida eterna (Efesios

1:13-14), cómo une a las personas en el cuerpo de Cristo (1 Corintios 12:13), y cómo Él ayuda a los creyentes a crecer y dar frutos (Efesios 5:17-18 y Gálatas 5).

(5) Angiología

Del griego *angellos*, tenemos nuestra palabra ángel en español. La angelología es el estudio de los ángeles, e incluye demonología (estudio de los demonios) y satanología (estudio de Satanás). Satanás, por ejemplo, se discute ampliamente en pasajes como Génesis 3, Job 1, Ezequiel 28:11-19, Efesios 6:13-17, 1 Pedro 5:8, y Apocalipsis 20.

(6) Antropología

Anthropos en griego se traduce como *hombre*. La antropología es el estudio de la humanidad. Este estudio considera la creación del ser humano y las condiciones iniciales (Génesis 1-2), su caída y condenación (Génesis 3, Romanos 5), y su necesidad última de la gracia de Dios (Romanos 3, y Efesios 2).

(7) Hamartiología

La palabra griega para pecado es *hamartia*. Hamartiología es el estudio del pecado. De especial importancia en este estudio es cómo el pecado empezó (Ezequiel 28, Génesis 3), y sus efectos universales sobre la humanidad (Génesis 2:17, Romanos 1:18-21, 3:23 y 6:23).

(8) Soteriología

De la palabra griega *soteria*, es decir, *liberación o salvación*, la soteriología es el estudio de la salvación. Afortunadamente, Dios proveyó una solución a los problemas discutidos en hamartiología. La salvación es y siempre ha sido por gracia mediante la fe en Él (Génesis 15:6, Habacuc 2:4, y Efesios 2:8-9), y da lugar a una nueva posición para los creyentes (2 Corintios 5:17 y Efesios 1), proporciona la oportunidad de un nuevo caminar (Romanos 12: 1-2, Efesios 4: 1-3), y un nuevo destino último (Juan 3:16, 17:3, 1 Pedro 1:3-5).

(9) Israelogía[67]

Este tema de la teología es muy importante, porque Dios creó y escogió a Israel para un propósito especial (Génesis 18:19), le dio promesas a la nación (Génesis 22:16-17, y Jeremías 31:31-34), y tiene un futuro para Israel (Jeremías 33:21-22 y Romanos 9-11), y será glorificado a través de Israel (Jeremías 14:21 y Romanos 11:25-36).

(10) Eclesiología

Este es el estudio de la *ekklesia*, o la asamblea – la iglesia. La eclesiología considera el comienzo de la iglesia (Mateo 16:17-18 y Hechos 2), su composición (Efesios 2:13-22), su relación con Cristo (Efesios 5:21-33), sus bendiciones (Efesios 1:3), y su futuro (Juan 14:1-3, 1 Tesalonicenses 4:13-17 y Apocalipsis 19:11-14).

(11) Escatología

Del término griego *eschatos*, que significa las últimas cosas, la escatología es el estudio de las últimas cosas. Su atención se centra en la profecía que sigue sin cumplirse a Israel (Jeremías 31, y Daniel 9), a las naciones y para los incrédulos (Apocalipsis 4-19, 20:11-15), a la iglesia (Juan 14:1-3, y 1 Tesalonicenses

---

[67] Arnold Fruchtenbaum llamó la atención sobre el estudio de Israel como un tema necesario en la teología. Véase Arnold Fruchtenbaum, *Israelology: The Missing Link in Systematic Theology* (Tustin, CA: Ariel Press, 1994).

4:13-17), en relación con Cristo y su reino (2 Samuel 7 y Apocalipsis 20-22), Satanás y el juicio (Apocalipsis 20:10), y la renovación de todas las cosas (Apocalipsis 21-22).

Al leer la Biblia, es útil pensar en cuál de estas categorías se están discutiendo. De este modo, el estudiante de la Biblia que sea observador empezará a darse cuenta de cómo están relacionados entre sí los libros y las enseñanzas de la Biblia – que son cohesivos y están conectados. Lo que entendemos en un área influirá necesariamente (o incluso dictará) lo que entendemos en otra área. Por lo tanto, es de vital importancia que seamos conscientes de los diversos temas tratados en la Biblia y de cómo se relacionan entre ellos.

Caso Para Estudio: Errores Lógicos al Afirmar una Disyunción en Juan 10

La estructura formal de una falacia que afirma una disyunción se presenta de la siguiente manera:

A o B
A,
Entonces no B

Esta no es una forma valida de argumentación, a pesar de que es una falacia comúnmente utilizada. Echemos un vistazo a dos ejemplos frecuentemente inferidos en Juan 10. Juan 10:11 dice, "Yo soy el buen pastor; el buen pastor su vida da por las ovejas". El pasaje puede ser formalizado con una disyunción de la siguiente manera:

(A) El buen pastor su vida da por las ovejas

(o B) El buen pastor su vida da por aquellos que no son ovejas

(A) El buen pastor su vida da por las ovejas

Por lo tanto, no (B) El buen pastor su vida da por aquellos que no son ovejas

Este es un argumento falaz que intenta validar la expiación limitada, pero Juan 10:11 no hace ninguna declaración acerca de Aquel que no murió por, solamente acerca de por quien murió. En otras palabras, no podemos hacer ninguna afirmación positiva de Juan 10:11 con respecto a que Cristo no murió por alguien porque alguien que no es una de sus ovejas. Pasajes como 1 Juan 2:2 y 1 Timoteo 4:10 arrojan más luz sobre esta cuestión, pero Juan 10:11 no es un texto de prueba para la expiación limitada. Juan 10:17 dice: "Por eso el Padre me ama, porque yo pongo mi vida, para que pueda tomarla de nuevo".

El pasaje puede también ser formalizado con una disyunción inferida de la siguiente manera:

(A) Por eso el padre me ama,

(o B) Por otras razones el padre me ama

(A) Por eso el Padre me ama,
Entonces, no (B) Por eso el Padre me ama en este pasaje

En este pasaje, Jesús no está identificando todas las razones por las que el Padre le ama, tan sólo está identificando una, pero eso no es indicativo de que sólo hay una (por supuesto puede haber sólo una, pero este pasaje no está afirmando eso). En consecuencia, Juan 10:17 no se puede utilizar para apoyar que el amor del Padre por el Hijo era condicional. Contextos como Juan 3:35, 5:20, 17:3-10, Mateo 3:17 y otros nos ayudan a entender que el amor era una parte constante en la relación eterna entre el Padre y el Hijo. La lectura de la teología en un pasaje con el fin de apoyar la teología particular es siempre exegéticamente problemática, y también puede ser problemática con respecto a la lógica.

16
Nueve Pasos Para la Exégesis Bíblica y la Exposición: (8) Verificación Secundaria

Técnicamente, solamente los siete primeros pasos de este proceso son puramente exegéticos. En esos pasos no estamos usando nada más que el propio texto (aunque debido a nuestras limitaciones en la conexión con los idiomas, sobre todo, se espera que utilicemos herramientas como léxicos y gramáticas). En esos pasos, hemos evitado referirnos a los comentarios, porque no se puede confiar en la exégesis de los demás sin dejar de hacer nuestra propia exégesis. Así que con tan poca ayuda externa como sea posible, hemos tratado de extraer el significado del texto. Y si hemos hecho bien nuestro trabajo a este punto, tenemos un buen control sobre el pasaje que estamos estudiando, y estamos listos para poner a prueba nuestra hipótesis de significado.

En esta octava etapa, la verificación secundaria, nuestro trabajo consiste en utilizar fuentes externas, incluidos los comentarios exegéticos (preferentemente) a fin de verificar que hemos preguntado y respondido las preguntas correctas. Los siete primeros pasos son exégesis propia – la verificación primaria. Verificamos el significado apelando a la fuente primaria: el texto mismo. Ahora pasamos a la verificación secundaria, donde acudimos a fuentes externas para poner a prueba nuestro trabajo.

La verificación primaria (como se ha llevado a cabo en los pasos anteriores) proviene de someter a examen del contexto de la Escritura – en primer lugar el contexto inmediato en una verificación exegética, y luego contextos más lejanos en una verificación sistemática. En este punto la verificación primaria debe ser completada con eficacia. La verificación secundaria ofrece una nueva oportunidad para cuestionar el trabajo exegético de uno comparándolo con el trabajo exegético de otros exegetas experimentados.

Recursos externos valiosos en esta etapa incluyen introducciones (por lo general al estudio del Antiguo o del Nuevo Testamento), panoramas (ofreciendo una visión general de Antiguo y Nuevo Testamento o libros individuales), manuales y diccionarios (que proporciona directrices generales y las definiciones), y comentarios exegéticos (que proporciona el análisis del versículo y otra información exegética clave).

En primer lugar, debemos utilizar una serie de recursos que cubran el pasaje seleccionado. Evite consultar sólo un comentarista, más bien utilice varios. La comparación de una exégesis con sólo un comentarista en general, no ofrece suficiente amplitud para probar a fondo el proceso exegético. El propósito de este proceso no es simplemente llegar a un acuerdo con un comentarista respetado, sino más bien proporcionar una mirada crítica a la labor exegética que ya hemos hecho. *No estamos tratando de confirmar nuestras respuestas; más bien estamos tratando de asegurarnos de que no hemos perdido ningunas observaciones importantes.*

A continuación, debemos identificar el método

hermenéutico de los comentaristas. Este es un paso fundamental, no sólo en la evaluación de la validez y la utilidad de un comentario, sino también en el desarrollo de un enfoque crítico de la literatura de investigación bíblica. El desarrollo de una conciencia de las presuposiciones del comentarista, inclinaciones teológicas y metodologías es clave en ambas áreas. Si bien esto puede ser un proceso laborioso, por lo general hay pasajes que sirven como prueba de fuego que podemos consultar para identificar rápidamente el enfoque interpretativo del comentarista.

A medida que nos vamos familiarizando con diversas fuentes externas, debemos resumir las coincidencias y las diferencias en las interpretaciones de los comentaristas. Examine exegética y críticamente los puntos en común y las diferencias de cada comentarista. ¿Han cubierto elementos claves, o han pasado por alto cuestiones difíciles o controversiales? Particularmente a la luz del método hermenéutico utilizado, se pueden esperar ciertas conclusiones. Un enfoque alegórico, por lo general, llevará a conclusiones de la teología del reemplazo. La espiritualización a menudo puede hacer hincapié en las aplicaciones primarias. La hermenéutica teológica a menudo puede conducir a conclusiones incontroladas y no verificables. ¿Han utilizado esos comentaristas metodologías similares, llegan a conclusiones similares? ¿Hacen los escritores observaciones o preguntas que no hicimos?

Dotados con respuestas a estas preguntas, ahora podemos defender nuestra interpretación o modificarla a la luz de los hallazgos. Si el proceso de verificación secundaria destapa agujeros en nuestras conclusiones exegéticas, tenemos que volver atrás y revisar todo nuestro proceso exegético para determinar la causa. Lo que necesitamos no es sólo un refinamiento de las conclusiones con respecto al pasaje en particular, sino también un refinamiento en el proceso global. Tenemos que asegurarnos de que el próximo ejercicio exegético es más sólido que el anterior. En última instancia, simplemente hay que observar bien y responder a las preguntas correctamente. Así que estamos utilizando fuentes externas para comprobar si hemos sido profundos, o si nos hemos dejado puntos sin elaborar.

No puedo enfatizar lo suficiente que el objetivo de esta etapa no es simplemente mirar las conclusiones de otros escritores y obtener la satisfacción de estar de acuerdo con ellos. El punto es centrarse en el proceso de ellos, no su producto. Al igual que en nuestra propia exégesis nuestro objetivo no es manipular el proceso para llegar a un determinado producto. Nuestro objetivo aquí es descubrir el proceso de estas otras fuentes, por el bien de la evaluación y prueba de nuestra propia exégesis. Es por esta razón que demoramos el uso de estos recursos hasta después de haber terminado la exégesis.

Una vez que hemos examinado las fuentes secundarias, es de esperar que encontremos que ellas confirmen que hemos preguntado y respondido las preguntas clave – que nuestro proceso ha sido correcto. Si es así, se pasa a la etapa final (exposición), y si no, retornamos a nuestro trabajo para refinar y corregir cualquier deficiencia.

17
Nueve Pasos Para la Exégesis Bíblica y la Exposición: (9) El Desarrollo de la Exposición

Esta es la etapa en la que más a menudo descarrilamos. Incluso si hemos hecho bien nuestros primeros siete pasos – el uso del texto con exactitud y de forma global – e incluso si nuestro octavo paso nos ha ayudado a tener la confianza de que hemos comprendido el significado del pasaje, todavía hay muchas posibilidades de error en nuestro noveno y paso final. El principal problema es que a veces olvidamos nuestro propósito en esta etapa – y *fallamos en esto de dos maneras particulares.*

Recordemos los cuatro pasos básicos del estudio bíblico: la observación, la interpretación, la correlación (o verificación), y aplicación. Los siete primeros pasos del proceso exegético (más detallado) implican la observación, interpretación y verificación primaria. El octavo paso completa el proceso de verificación. Así que los primeros ocho pasos del proceso exegético se correlacionan, básicamente, con los tres primeros pasos del estudio básico de la Biblia. Al comparar el proceso más complejo (el exegético) con el proceso más simple (el estudio básico o introductorio de la Biblia), se hace evidente que los pasos finales de ambos son muy prácticos – lo que significa, que tienen que ver con la *práctica*. Una vez que hemos entendido el significado del texto, ¿qué se supone que debemos hacer con él? Santiago nos recuerda que debemos ser hacedores de la palabra y no solamente oidores (St 1:22).

El primer propósito de la exégesis del texto es para que podamos entender lo que Dios ha dicho y ponerlo en práctica de una manera apropiada. Por supuesto, hay que reconocer la distinción entre la aplicación principal (para la audiencia inicial) y la aplicación secundaria (para usted y para mí). Las Escrituras fueron escritas no sólo para la audiencia original, sino también para que usted y yo podamos estar preparados para toda buena obra (2 Timoteo 3:16-17). En consecuencia, no hay pasaje en la Biblia que no podamos extraerlo y aplicarlo a nuestra vida personal, sólo tenemos que extraerlo correctamente.

Consideremos, por ejemplo, Esdras, que, como se registra en Esdras 7:10, trató de aprender la ley de Dios, practicarla y enseñarla. Observe el orden en el proceso de Esdras: aprender, hacer, enseñar. No hay que aprender simplemente por lo que podemos enseñar a otros. Hay que aprender para que podamos crecer más conforme a nuestro Señor, comprendiéndole a Él mejor. Por lo tanto, este paso final (exposición) no es lo primero al preparar una explicación del pasaje para otra persona, se trata de poner yo el pasaje en práctica en mi propia vida, y hacerlo con la adecuada comprensión del pasaje en mente. *La primera de dos formas principales en que podemos fallar en entender el propósito de la exposición es centrarse en la formación de otros antes de habernos dejado entrenar a nosotros mismos.*

El segundo propósito de la exposición es comunicar la

Palabra de Dios a los demás, en última instancia, a fin de perfeccionar a los santos para la obra del ministerio, para la edificación del cuerpo de Cristo (Ef 4:12; 2 Tim 3:16-17). Y aquí es donde a menudo fallamos: cuando pensamos que somos nosotros los que equipamos a las personas, hemos perdido la información bíblica vital. No somos usted o yo los que equipamos a los demás – es la Palabra de Dios. Su Palabra equipa, y es la tarea de la exposición (después de que la practiquemos) ayudar a otros a entender cómo trazar la Palabra de Dios por sí mismos. En lugar de crear seguidores que dependan de nosotros para su sustento diario, tenemos que ayudar a los discípulos a crecer en la capacidad de alimentarse por sí mismos.

Considere esto: de todas las veces que la palabra *alimentar* se usa en el NT, nunca se usa como un imperativo para los pastores – o alguien – con respecto a la alimentación de los demás espiritualmente (la única excepción es Jn 21:15, en la que se da a Pedro una instrucción específica de Cristo). Incluso en la oración del Señor, los discípulos fueron exhortados a pedir al Padre por su pan de cada día (Mt 6:11). En resumen, nuestro trabajo no es crear dependientes que tengan que venir a nosotros para su alimentación. Más bien, es entrenar discípulos para que tengan no sólo la capacidad de alimentarse por sí mismos, sino también la capacidad de enseñar a otros a alimentarse por sí mismos también (2 Tim 2:2). Debemos mantener este objetivo en mente mientras comunicamos la Biblia a los demás.

Si ese objetivo está firme en nuestra mente, entonces podemos evitar el *segundo error importante de la exposición: el fallo de no mostrar nuestro trabajo.* Es llamativo para mí el hecho de que muchos libros de texto sobre exposición describen con precisión el proceso exegético, y luego cuando se mueven en el tema de la exposición, sugieren el exegeta ocultar su trabajo de aquellos a quienes les enseñaría: "No utilice palabras griegas y hebreas". "No hable acerca de la gramática". "No entre en los detalles técnicos". "Dé sólo la gran idea". "No haga exégesis desde el púlpito".

No puedo enfatizar lo suficiente cuán erradas están estas sugerencias. Si el objetivo es ayudar a las personas a desarrollar sus propias capacidades para usar el texto, entonces es *absolutamente necesario mostrar estas cosas en nuestra propia exposición.* Si no lo hacemos, somos igual de culpables como el padre que permite que sus hijos *nunca* vean cómo se prepara una comida. ¿Cómo van esos niños a desarrollar las responsabilidades de la vida cuando no tengan a nadie alrededor para alimentarlos y ellos deben hacerlo por sí mismos? En otro lugar he sugerido que no somos cocineros que preparan las comidas de lujo para el deleite de la gente. En vez de eso, estamos enseñando a otros a cocinar por sí mismos. Si no enseñamos a aquellos a los que estamos capacitando a cómo hacer las tareas exegéticas básicas necesarias para su propia alimentación, entonces ¿qué tan efectivamente los estamos entrenando? Es una terrible farsa cuando alguien crea dependencia en cualquier otra persona. Y cuando no enseñamos a la gente a pensar, estudiar, y valerse por sí mismos, estamos siendo muy, muy crueles.

De acuerdo, entonces, ¿cómo se hace esto bien? *¡Mostrando nuestro trabajo!* Haga exégesis desde el púlpito – desde la mesa de la cena, el sofá, y cualquier otra oportunidad en cualquier otro lugar que le ofrezcan. Donde haya personas dispuestas a aprender, muestre su trabajo en el estudio del texto. Enséñeles cómo hacer el trabajo por ellos mismos. Es así de sencillo. Y por favor, *por favor*... deje de escribir sermones, y deje que la Biblia hable por sí misma. Un sermón no puede equipar a nadie. La Palabra de Dios puede y lo hace. ¿Qué prefiere ofrecer?

Ya que esto se ha dejado bastante claro, vamos a pasar a alguna metodología específica para la comunicación de la Biblia a los demás. Por favor, tenga en cuenta que lo que sigue es sólo una forma sugerida para prepararse para la comunicación de la Biblia – ciertamente no es la única forma aceptable de exposición. La clave es si estamos o no permitiendo que el texto hable en sus propios términos y estamos mostrando a la gente cómo manejar la situación por sí mismos. Ese es el objetivo del proceso que sigue.

En primer lugar, proporcione un análisis del verso o un comentario sobre el pasaje. En general, esto puede ser tan simple como un resumen básico de cada pasaje en relación con el contexto general, o puede ser tan complejo como incluir cada elemento descubierto en el proceso de exploración exegética. En cualquiera de los casos (y todos los que están en el medio), el contenido debe ser el resultado directo del estudio exegético.

En segundo lugar, haga un resumen de los principios (verdades universales aplicables a todos), la aplicación primaria (respuesta pretendida de la audiencia original), y la aplicación secundaria (respuesta pretendida para usted y para mí). Si un principio universal es evidente en el pasaje, debe tenerse en cuenta como crucial tanto para la aplicación primaria como para la secundaria. La aplicación principal se relaciona directamente con la audiencia original, mientras que la aplicación secundaria se refiere a las audiencias posteriores, incluyendo el exegeta. Los principios y las aplicaciones deben expresarse con claridad y concisión para asegurar que las claves han sido captadas.

En tercer lugar, identifique el impacto del pasaje en su propia vida y empiece a actuar en consecuencia. Así como también sucede a través de todo el proceso de estudio, el pasaje debería tener repercusión personal. Recuerde, Santiago exhorta a los creyentes a ser hacedores de la palabra y no solamente oidores (St 1:22-27), y las precauciones posteriores en contra de ser demasiado "pronto" para enseñar. Antes de la edificación de los demás debe venir la aplicación para uno mismo. Recuerde Esdras:

> Porque Esdras había preparado su corazón para inquirir la ley de Jehová y para cumplirla, y para enseñar en Israel sus estatutos y decretos (Esdras 7:10).

Las prioridades de Esdras muestran un enfoque en (1) la diligencia necesaria para el estudio y el aprendizaje, (2) ser un hacedor eficaz y practicante de todo lo que Dios había dicho, y (3) sólo entonces ser un fiel maestro de la Escritura. Si bien es más fácil centrarse en cómo se expondrá el pasaje a un público específico o a una congregación que considerar su efecto en nosotros mismos, los ejemplos piadosos de la Biblia demuestran la importancia de la devoción personal y la piedad para Dios. La práctica viene antes de la enseñanza. El dicho dice: "A los que no pueden hacer, enséñales", pero en el contexto de la enseñanza bíblica, es más exacto decir: "Aquellos que quieran enseñar (e incluso los que no) primero deben *hacer*".

En cuarto lugar, desarrolle una presentación del pasaje para la edificación de los demás. Este componente se considera en detalle en la siguiente sección de este libro, al fijarnos en siete enfoques diferentes para la exposición, que se distinguen principalmente por el método y la audiencia:

(1) La predicación informal

(2) La predicación formal

(3) La enseñanza informal

(4) La enseñanza formal: La vista previa sintetizada

(5) La enseñanza formal: El trayecto exegético

(6) La enseñanza formal: El resumen analítico (teológico)

(7) La enseñanza formal: La enseñanza de forma tópica

18
Implicaciones Hermenéuticas y Exegéticas de lo Descriptivo y lo Prescriptivo

El proceso abreviado de discernir y apropiarse del significado de un pasaje de la Biblia incluye las cuatro etapas básicas de (1) la observación, (2) la interpretación, (3) la correlación, y (4) la aplicación. El proceso exegético más detallado incluye nueve pasos: (1) verificar el texto y la traducción, (2) comprender el trasfondo y el contexto, (3) identificar las claves estructurales, (4) identificar las claves gramaticales y sintácticas, (5) identificar las claves léxicas, (6) identificar el contexto bíblico, (7) identificar el contexto teológico, (8) la verificación secundaria, y (9) la exposición.

Los pasos uno al siete del proceso exegético detallado corresponden a la observación e interpretación en el proceso más resumido. Ambos métodos incluyen un elemento de verificación, y ambos culminan con la apropiación (exposición y aplicación).

Comparados cara a cara, los procesos coinciden como sigue:

Proceso abreviado	*Proceso Detallado*
Observación	Compruebe el texto y la traducción
	Comprender antecedentes y el contexto
	Identificar las claves estructurales
	Identificar las claves gramaticales y sintácticas
	Identificar las claves léxicas
	Identificar contexto bíblico
	Identificar contexto teológico

Interpretación (El resultado de los siete pasos de observación)

Correlación	Verificación Secundaria
Aplicación	Exposición

Como resultado de los siete pasos de observación o exegéticos, podemos formular y poner a prueba nuestra interpretación, y podemos apropiar el pasaje correctamente. La exposición de un pasaje incluye una discusión de las aplicaciones del pasaje, y debe incluir alguna consideración de la aplicación primaria y secundaria.[68]

La aplicación principal se refiere a cómo la audiencia original había de responder al pasaje, mientras que las aplicación secundaria se refiere a las respuestas de los lectores

---

[68] Christopher Cone, *Prolegomena on Biblical Hermeneutics and Method*, 2nd Edition. (Hurst, TX: Tyndale Seminary Press, 2012), 263–264.

posteriores (es decir, secundarios).

La distinción entre los dos aspectos (primario y secundario) es crítica. Sin reconocer la distinción no seríamos capaces (los lectores modernos) de discernir si se espera o no, por ejemplo, que vayamos a un pueblo cercano para tomar el pollino de asna (Mt 21:2).

Los siete pasos de observación ayudan a diferenciar entre la aplicación primaria y la secundaria, a medida que descubrimos lo que es descriptivo y lo que es preceptivo. Descriptivo es aquello que describe, al igual que en la narrativa histórica. Hechos 5:1-11, por ejemplo, describe lo que ocurrió cuando Ananías y Safira mintieron con el fin de aparentar ser más espirituales. Prescriptivo es aquello que prescribe, o dictamina. El material prescriptivo es el que proporciona instrucciones para la audiencia. Mateo 28:18-20 contiene una prescripción, el imperativo de hacer discípulos (*matheteusate*).

Además, debido a que este imperativo está en un contexto descriptivo (el pasaje está describiendo lo que Jesús dijo a sus discípulos), podemos reconocer que el pasaje está describiendo una instrucción para los discípulos, y por lo tanto la aplicación principal del pasaje era un llamado para los discípulos a obedecer la orden específica. Desde luego, podemos trazar una aplicación secundaria de este pasaje, a partir de la descripción de los acontecimientos que tuvieron lugar allí, y de otros contextos bíblicos que se centran en el hecho de hacer discípulos (e.g., 2 Tim. 2:2). Sin embargo, la aplicación principal de este pasaje es para los discípulos a los que Jesús estaba hablando – al igual que en Mateo 21:2, la aplicación principal es para los discípulos específicos a los que Jesús se dirigía (por lo tanto no estamos obligados a tomar el pollino de una asna).

Al considerar las aplicaciones primaria y secundaria, la primera pregunta que debe hacerse es si el pasaje es descriptivo o prescriptivo. A continuación, si el pasaje es prescriptivo, hay que preguntarse ¿para quién es prescriptivo? Considere Éxodo 19:4-6, como un ejemplo:

> Vosotros visteis lo que hice a los egipcios, y cómo os tomé sobre alas de águilas, y os he traído a mí. Ahora, pues, si diereis oído a mi voz, y guardareis mi pacto, vosotros seréis mi especial tesoro sobre todos los pueblos; porque mía es toda la tierra. Y vosotros me seréis un reino de sacerdotes, y gente santa. Estas son las palabras que dirás a los hijos de Israel.

Estos versos son descriptivos, ya que son el registro de lo que Dios le dijo a Moisés (ver 19:3). También son prescriptivos en el sentido de que contienen información que se le ordenó a Moisés que transmitiera al pueblo de Israel. Así que en respuesta a la pregunta sobre el destinatario de la prescripción, la respuesta es Moisés. Parece haber otro estrato prescriptivo aquí, ya que el contenido debía de ser tenido en cuenta por parte de Israel ("... si diereis oído a mi voz, y guardareis mi pacto..."), pero no es hasta que se entrega el mensaje que llega a ser prescriptivo para Israel. Así que podríamos identificar la aplicación primaria como para Moisés para que comunique lo que Dios habló. Hay una serie de aplicaciones secundarias que podríamos extraer de esta descripción de la prescripción de Moisés, pero sólo una aplicación primaria. Además, en 19:7 leemos una descripción de Moisés cumpliendo la prescripción de 19:3, y entregando el mensaje de Dios a Israel. La principal aplicación de 19:7 sería para Israel respondiese a lo que les fue dado. Una vez más, podríamos sacar cualquier número de aplicaciones secundarias, pero la aplicación principal se limita a la audiencia inicial.

Al considerar la distinción entre lo descriptivo y lo prescriptivo, es evidente que tenemos que identificar el destinatario directo de las prescripciones para que podamos aplicar (aplicación primaria) el pasaje correctamente. Una vez que hemos hecho esto, podemos pasar a los elementos más descriptivos que nos llevarán a las aplicaciones secundarias. Examinemos un ejemplo más. En Hechos 16:11-34 encontramos la historia del carcelero de Filipos que llega a creer en Cristo. El contexto es descriptivo, ya que es una narrativa que describe los eventos que tuvieron lugar. Esto resulta más obvio a partir del uso del tiempo pasado y la secuencia de los acontecimientos tal y como se describen. Sin embargo, en 16:31 descubrimos un elemento prescriptivo en respuesta a la pregunta del carcelero sobre lo que debe hacer para ser salvo. Pablo y Silas respondieron que debía creer (*pisteuson*, imperativo aoristo activo, segunda persona del singular) en el Señor Jesús.

Con el fin de aplicar correctamente el pasaje, hay que identificar quién es el destinatario de la prescripción. En este caso, es el carcelero de Filipos. La principal aplicación de la prescripción es entonces que el carcelero necesitaba creer para ser salvo. No es correcto aplicar el pasaje como una fórmula universal para la salvación – incluso *si las condiciones son de aplicación universal*. La principal aplicación de la prescripción no es para ti ni para mí; más bien eran para el carcelero de Filipos. Ahora, por supuesto que podríamos sacar muchas aplicaciones secundarias apropiadas, ya que reconocemos que la fórmula es de hecho de aplicación universal (todos los que creen en Jesucristo tienen vida eterna, ver Jn 6:47, por ejemplo), pero tenemos que tener cuidado en distinguir entre la aplicación principal y la secundaria. En casos como estos hay que tener en cuenta que para llegar a una conclusión correcta (en este caso, lo que hay que hacer para ser salvo) no justifica la aplicación errónea de un pasaje.

Como parte del proceso de interpretación, hay que reconocer el lenguaje descriptivo y prescriptivo, distinguiendo entre los dos. De este modo tendremos una comprensión mucho más clara de las aplicaciones primarias y secundarias en un contexto dado.

19
El Juego de Palabras en la Biblia no Distorsiona el Significado

Hace unos años, se le preguntó al entrenador de los Tampa Bay Buccaneers, John McKay, después de otro juego perdido, sobre la trayectoria de su equipo. Él bromeó sin dudar, "estoy totalmente de acuerdo". McKay tenía la capacidad de reconocer rápidamente no sólo el significado original, la intención de una palabra, sino también otros significados. Este reconocimiento rápido le ayudó a ser un maestro de los juegos de palabras. El antiguo director de los Yankee's, Yogi Berra, era también experto en esto, y en una ocasión ser refirió a una recaída de su equipo como a un "déjà vu otra vez".

En la comunicación, el juego de palabras es de mucho valor, pero a menudo fallamos al considerar que sin el significado inicial, el pretendido, no puede haber juegos de palabras, retruécanos, o metáforas discernibles. El significado original es de vital importancia, y es irónico pensar que sin él perderíamos la capacidad de transgredirlo de manera humorística o de otro tipo.

Los escritores bíblicos no son ajenos a los juegos de palabras, ya que tenemos varios ejemplos a tener en cuenta. La alegoría de Pablo en Gálatas 4:22-31 no sería útil en absoluto si los referentes originales, Sara y Agar, no se hubieran discutido en detalle en la Escritura anteriormente. Pablo no cambia el significado de los textos originales (Gen 16), sino que utiliza ese significado pretendido originalmente para enseñar una nueva lección a los Gálatas, utilizando a Agar para ilustrar a la madre de los nacidos bajo la ley, y a Sara, como la madre de los nacidos en libertad. La alusión de Pablo a Génesis 16 viene con una admisión transparente ("Lo cual es una alegoría," Gál 4:24) de que él está tomando prestado el pasaje para ilustrar algo que no se discute en el pasaje original. En otras palabras, el juego de palabras de Pablo es obvio, intencional, y anunciando de forma transparente. Además, no se hace ningún intento de reinterpretar o redefinir el pasaje original. El pasaje posterior simplemente emplea el anterior como suplemento para una lección.

En Proverbios 3:13-18, Salomón personifica la sabiduría como una mujer, añadiendo que ella tiene mano derecha e izquierda (3:16). La metáfora se extiende más al referirse a "ella" como como un objeto, en este caso, un árbol de vida (3:18), usando la personificación y la objetivación en la misma frase. El resultado es hacer de la sabiduría una cosa muy personal y deseable – una herramienta eficaz con la que comenzar un libro de proverbios que exalte y abogue por la sabiduría.

En 1 Reyes 18:27, Elías se burla (*hatal*) de los profetas de Baal con sarcasmo, afirmando que Baal es de hecho un dios (*elohim*), por lo que los profetas tal vez no lo estaban llamando en un tono de voz lo suficientemente alto (grande, *gadol*). Para colmo de males, Elías sugiere que quizá Baal está dormido y necesita ser despertado (de ahí la necesidad de las voces). En este caso, el texto muestra el juego de palabras de Elías (sarcasmo). Es obvio que Elías no considera a Baal como una deidad.

Jesús entra en acción al introducir parábolas en las que los personajes principales son de ficción, haciendo referencia a personas que carecen de los artículos definidos: "Un hombre tenía dos hijos" (Lc 15:11), "Había un hombre rico..." (Lc 16:1), "Había un hombre rico..." (Lc 16:19). Observe especialmente la referencia en 16:19, donde se introduce lo que algunos consideran una narrativa histórica de Lázaro y el hombre rico. La introducción a la narrativa es idéntica palabra por palabra a la anterior en 16:1 (*anthropos tis plousios*) a excepción de la palabra ahora o pero (*de*), y que es diferente sólo por la colocación de la introducción de la historia después de la presentación del escenario en 16:1 ("Dijo también a sus discípulos..."). Jesús introduce las historias en 16:1 y 16:19 de manera idéntica, mostrando al lector (o el oyente, en la escena original) que las historias tienen el mismo peso, y que son de la misma clase literaria. En otras palabras, las características de la narración metafórica de Jesús nos ayudan a contrastar las parábolas de Jesús con sus discursos de no ficción – como a los que se alude en Lucas 24:27, "Y comenzando desde Moisés, y siguiendo por todos los profetas, les declaraba en todas las Escrituras lo que de él decían".

Como Salomón dice: "Las palabras de los sabios son como aguijones; y como clavos hincados son las de los maestros de las congregaciones, dadas por un Pastor" (Ecl 12:11). El uso magistral de las palabras es muy útil en muchos niveles. Pero Salomón también añade una advertencia referente a la desmesura con respecto a las palabras: "Ahora, hijo mío, a más de esto, sé amonestado. No hay fin de hacer muchos libros; y el mucho estudio es fatiga de la carne" (Ecl 12:12). Como lectores e intérpretes bíblicos, tenemos que mantener las cosas simples, apreciar el significado, y tomar el texto como se pretendía originalmente. Ir más allá de estos principios simples es proporcionar forraje para dar voluminosidad, pero se deja poco espacio para la perspicacia.

20
Diversidad, Interpretación Bíblica, y el Amanecer Sobre el Atlántico

En la mayoría de contextos, la diversidad es una cosa maravillosa. La creación refleja una increíble variedad de diversos tipos de belleza. Mientras observo el sol comenzar a elevarse sobre el océano Atlántico, veo nubes tenues en lo alto, con una espesa masa de nubes justo por encima del horizonte. Hay suficiente cielo despejado en medio como para que los suaves rayos del sol se reflejen en la cascada sobre el agua quieta, tranquila – agua que normalmente se agita por el viento y las corrientes. Las suaves olas se desvanecen en la orilla, apenas audibles, pero aun así siempre presentes. Hay muchos colores, formas, sonidos y olores. Es casi demasiado como para apreciarlo, y sin embargo, son todas estas cosas que trabajan al unísono que hacen de la salida del sol una vista tan hermosa. Dios sabe cómo pintar una escena, y la diversidad es una de sus herramientas más notables – nadie aprecia la variedad más que Él.

Pero también hay contextos en los que la diversidad no es una bendición. Digamos que yo entrego a diez personas un pequeño trozo de papel arrugado con una fórmula escrita en ella: $31+X = 86$. Si le preguntara a esas diez personas que me dijesen el significado de X, y nueve de diesen respuestas que no sean cincuenta y cinco, reconoceríamos que las respuestas son diversas, pero no necesariamente bonitas. Reconoceríamos aquellas respuestas como erróneas, al menos dentro de nuestro sistema matemático básico. Lo mismo sucede con la Biblia. Dios se ha comunicado de manera que pueda ser comprendido, pero a menudo no logramos determinar la intención del autor. A medida que miro por encima del horizonte en el cielo siempre claro, veo la obra de sus manos, y reconozco que los cielos declaran Su gloria (Sal 19). A medida que leo cuidadosamente las páginas de la Escritura, tengo que reconocer que Él está comunicando un mensaje – en última instancia, para su gloria (Ef 1), pero entendido por diferentes métodos interpretativos.

En la comprensión de las Escrituras, observamos lo que dice el texto, interpretamos lo que significa, y hay que aplicarlo correctamente. Este último punto es donde a menudo nos equivocamos. Hay que distinguir entre la aplicación primaria y secundaria. La aplicación primaria se refiere a cómo se suponía que la audiencia original debía de tomar medidas, en base a lo que se ha dicho o escrito. La aplicación secundaria se refiere a lo que se supone que nosotros – el público no original, muchos años después – debemos pensar o hacer sobre la base de lo que se ha escrito. Por ejemplo, en Mateo 26:18-19, Jesús les dice a sus discípulos que hablen con un hombre en concreto. No parece que tengamos ningún problema en reconocer la aplicación principal aquí (¿Ha intentado alguno de ustedes hablar con ese hombre concreto?), Pero cuando Jesús les dice a esos mismos discípulos que hagan discípulos (Mt 28:19-20), de repente perdernos la capacidad de distinguir entre la aplicación primaria y secundaria.

Mi argumento aquí no es sugerir que no debemos hacer

discípulos, es sólo decir que si no somos constantes en nuestra metodología interpretativa, a continuación, vamos a ser inconsistentes en nuestra aplicación de la Escritura. Si no distinguimos entre la aplicación primaria y secundaria, entonces ¿quién puede decir lo que debemos o no debemos hacer? Hay pasajes que demandan que la gente sea lapidada hasta la muerte por tocar una montaña (e.g., Ex 19:12-13), y otros pasajes que exigen el perdón (e.g., Mt 6:12-14). Debemos responder al necio según su necedad (Prov 26:5)... espere – no, no deberíamos (Prov 26: 4). De esta manera, podríamos citar pasaje tras pasaje con resultados confusos, pero creo que la idea ya está clara – si no somos capaces de interpretar correctamente (tratando de comprender lo que pretende el autor), y fallamos al distinguir entre la aplicación primaria y secundaria, entonces seremos personas confundidas en el mejor de los casos y blasfemos en el peor.

Consideremos esto. ¿Cuántas de nuestras opiniones sobre lo que somos, cómo debemos pensar, o lo que debemos hacer se formulan en el método interpretativo defectuoso? Estos conceptos son simples, pero no es fácil. ¿Estamos dispuestos a reexaminar todo a la luz de Su Palabra? Así como ese proceso puede ser muy simple, también puede ser muy doloroso. Pero es muy necesario, y por lo tanto muy fructífero. Ahora ha salido el sol más allá de las nubes, e incide directamente sobre mí. El amanecer ha pasado, y un nuevo día ha comenzado. En este día, ¿cómo vamos a usar Su Palabra? ¿Vamos a ignorarla por completo? Vamos a abusar de ella hasta el punto de que sea irreconocible? ¿Vamos a sentarnos humildemente ante nuestro Maestro, con la misma paciencia con la que esperamos las bellezas de la salida del sol de una nueva mañana?

SECCIÓN III

PANORAMA DEL PROCESO EXPOSITIVO

21
Los Prerrequisitos
de la Pasión y el Amor

Una Breve Palabra Sobre la Pasión

Muchos de los conceptos presentados en este libro se hacen de una forma bastante técnica, de manera que la información pertinente no se quede fuera. A la luz de este enfoque mecánico por escrito, no me sorprendería que algunos aspirantes a comunicadores bíblicos puedan leer lo que sigue y se dejen intimidar o desanimar, preguntándose quién querría escucharlos exponer con tales formas prescritas y tal precisión. Algunos podrían percibir que detrás de una metodología ordenada está el primer ingrediente de una receta para los oyentes desinteresados. Para ellos es que ofrezco una introductoria palabra de aliento, y para el resto, pido perdón por estar cubriendo aquí lo que ya han descubierto.

¿Cuáles son los rasgos comunes de los grandes comunicadores de la Biblia? Un análisis de Esdras 7:10 nos ayuda a responder a esta pregunta: en primer lugar, ellos están comprometidos con el estudio de Su Palabra, en segundo lugar se han comprometido a ser hacedores de Su Palabra, y tercero es que se comprometen a compartir con los demás en la medida en que Dios provee la oportunidad. Estos rasgos son elementales. Estos son los que conocemos. Pero ¿qué más? ¿Hay otras características que contribuyan a la comunicación bíblica efectiva? Sugiero que hay un rasgo adicional que complementa el compromiso con la verdad bíblica en la comunicación: *la pasión.*

En mi propia vida y experiencia he tenido el privilegio de aprender de algunos comunicadores bíblicos absolutamente excepcionales. Cada uno de ellos ejemplificaron el modelo de Esdras 7:10, y cada uno de ellos demostró *pasión.* Ahora, no me refiero a la pasión simplemente en el sentido de la emoción – es un concepto mucho más grande que eso. Por ejemplo, cuando los profetas de la era del Antiguo Testamento hablaban a los hijos de Israel y a otras naciones, ¿supones que eran monótonos y aburridos, o piensas que se estaban comunicando con pasión como representantes del Dios Todopoderoso que les había dado ese encargo? O cuando Juan el Bautista estaba gritando en el desierto (Is 40:3, Mc 1:3), ¿puedes imaginarlo haciéndolo desapasionadamente, o estaba impulsado por la convicción de su mayordomía y por el deseo de que la gente entendiera qué Mesías era el que Juan estaba anunciando? O cuando Jesús estaba castigando a los fariseos como una "generación de víboras" (e.g., Mt 3:7, 12:34, 23:33), ¿lo estaba haciendo sin sinceridad y de manera desinteresada, o estaba dirigiéndose a estos hombres en momentos de gran alcance y confrontación? O cuando Pedro se dirigió a los judíos con confianza, proclamando (e.g., Hechos 2:29) quién era Jesús, ¿habló con la desconexión de alguien que sólo hacía referencia a teorías, o estaba defendiendo la verdad? O cuando Pablo estaba tratando de persuadir a los judíos y a los griegos en la sinagoga de Corinto (Hechos 18:4), o testificando allí (18:5), ¿no hay indicios de que él *realmente creía* en lo que estaba proclamando, y hablaba con la sinceridad de alguien que sabía que en cualquier momento pudiera ser detenido o lapidado a causa de su mensaje?

Estos ejemplos bíblicos urgen a cualquier persona que desee comunicar la Palabra de Dios a los demás que la *pasión* es el fin – una sinceridad, autenticidad y entrega personal. Somos gente con la misión de representar la verdad del Dios Todopoderoso a los demás. ¡Qué privilegio! ¡Qué mayordomía! ¡Qué responsabilidad! Si los que nos escuchan se aburren o desinteresan, entonces tal vez les estamos presentando material de aburrido (y no la Palabra de Dios), o nosotros mismos no estamos interesados. Tal vez nosotros no estamos demostrando la pasión que era de esperar en un mensaje tan profundo para nuestros días.

Ahora, por supuesto, están aquellos que son tibios, que no responderán a la Palabra de Dios con más que un bostezo y un compromiso interno para no perder más de su tiempo en la Biblia. También están aquellos muy dispuestos a que les regalen los oídos y les digan que pueden ser indiferentes a lo que Dios realmente tiene que decirles. Sin embargo, nuestra responsabilidad es la fidelidad, independientemente de la respuesta y los resultados. La cuestión es si no estamos comunicando la Biblia por las razones equivocadas – para nuestro propio orgullo o para nuestro propio beneficio – o si estamos invirtiendo totalmente en Él. ¿Reconocemos que no somos nuestros, sino que hemos sido comprados por precio (1 Cor 6:20)? ¿Reconocemos que hemos sido crucificados con Cristo y ya no vivimos nosotros, sino que es Cristo quien vive en nosotros (Gál 2:20)?

Cuando comunicamos la Palabra de Dios, ya sea para los que todavía no están vivos en Cristo (predicación), o para aquellos que son nuevas creaturas (enseñanza), hagámoslo con todo nuestro corazón, y no como desapasionados sino como apasionados por Aquel que nos ha salvado. Digamos, sinceramente, con Pablo: "¡Ay de mí si no anuncio el Evangelio..." (1 Co 9:16). Si bien no hemos sido llamados a ser apóstoles como él lo fue, se nos confía el mismo evangelio, que es el poder de Dios para salvación (Romanos 1:16-17), y con la misma Palabra de Dios, que es su medio de equipar a los creyentes (2 Tim 3:16-17). Así que a medida que examinamos en las páginas siguientes los aspectos prácticos de la comunicación de su Palabra, no nos *perdamos* en los detalles técnicos, sino vamos a *aprender* los aspectos técnicos de manera que podemos considerar cómo emplear fielmente, vivir, y comunicar Su Palabra.

Una Breve Palabra Sobre el Amor

Algunos han citado la necesidad de "el discurso antes del discurso," [69] como una expresión introductoria de amor por los oyentes, sin la cual la motivación para la comunicación puede ser poco clara, y sin la cual la frialdad del mensajero percibida puede silenciar el calor que afirma la vida del mensaje. El elemento introductorio personal es empleado por una serie de escritores bíblicos.

Lucas dirige su carta al excelentísimo Teófilo (Lc 1:3) y explica su motivación – para dar seguridad a Teófilo (1:4). Tenga en cuenta que la introducción de Lucas en Hechos está más abreviada – ya había establecido (o al menos reconocido) la conexión personal. Pablo introduce su carta a los romanos con una expresión de su gratitud por ellos y por sus testimonios, y con una expresión de su profundo deseo de comunión con ellos

---

[69] Calvin Miller, *Preaching: The Art of Narrative Exposition* (Grand Rapids, MI: Baker Book, 2006), 188.

(Romanos 1:8-15). Incluso en su primera carta a los Corintios – una carta en la que iba a castigar enérgicamente a su audiencia – expresa gratitud por la gracia de Dios hacia ellos y por su compleción futura en Cristo (1 Cor 1:4-9). Después de comenzar su carta a los Efesios con una doxología extendida, Pablo expresa gratitud y ora por su fortalecimiento y crecimiento en Él (Ef 1:16-23).

La introducción de Pedro incluye una discusión muy personal de las dificultades y esperanza (1 Pe 1:3-9) de sus lectores. Ese elemento personal es evidente en las cartas de Pedro. Mientras que el evangelio de Juan y su primera carta se dirigen a un público amplio (evangelio de Juan, a los incrédulos en general, y 1 Juan a los creyentes), y por lo tanto no son particularmente personales en sus presentaciones y contenido general, su segunda carta comienza con un elogio muy personal y una expresión de amor (Jn 2:1-4). Su tercera carta comienza con una expresión similar (3 Jn 1-6). Judas también introduce su carta con una expresión de amor y con un debate transparente de su motivación y propósito (Judas 1-3).

En 1 Corintios 13:1-3, Pablo nos recuerda que si hacemos grandes cosas pero por otro lado carecemos de amor, no somos nada. Y añade en 1 Timoteo 1:5 que el propósito de este mandamiento es el amor. Si estamos comunicando la Biblia a los demás, y no tenemos una preocupación profunda por su bienestar espiritual entonces estamos perdiendo el objetivo. Jesús mandó a sus discípulos a amarse (Jn 13:34-35), y más tarde les encargó hacer discípulos, enseñando todo lo que Él mandó (Mt 28:20). ¿Cómo podían cumplir con el mandato de discipular si primero no estaban cumpliendo con el mandato de amar? Si no estamos dispuestos a amar a la gente que estamos enseñando, entonces sólo somos un ruido desagradable. ¿Quién quiere escuchar un platillo que hace ruido, después de todo?

22
La Diferencia Bíblica Entre la Predicación y la Enseñanza

El Nuevo Testamento griego usa muchas palabras diferentes para describir distintos métodos de comunicación. Hay mil trescientas veintinueve referencias en el Nuevo Testamento griego que utilizan alguna de las formas de la palabra *lego*, es decir, *decir* o *hablar*. Doscientas noventa y seis veces que se utiliza la palabra *laleo*, denotando *decir* o *hablar*. Ciento nueve veces se utiliza *parakaleo* para hacer referencia a *exhortar, instar,* o *alentar*. Noventa y siete veces se emplea *didasko* o *enseñar*. Sesenta y una veces nos encontramos con *kerusso*, que normalmente se traduce como *predicar* o *proclamar*. *Euangellizo* aparece cincuenta y cuatro veces, a veces traducido como *predicar*, pero haciendo referencia específicamente a la *proclamación de buenas noticias*.

Se utiliza dieciocho veces *katangello* (todas ellas en Hechos, Romanos, 1 Corintios, Filipenses, y Colosenses) para denotar *hablar o proclamar intensamente*. Diecisiete veces *elencho* denota *reprehender o corregir*. Trece veces se utiliza *dialegomai* para describir un proceso de compromiso y participación en el diálogo. Diez veces se hace referencia, con la palabra *apologeomai,* a la *defensa*. Diez veces se emplea *suzeteo* para hacer referencia a *discutir* o *disputar*. Nueve veces *parresiazomai* es usado para *hablar con audacia*. Tres veces *diangello* comunica un *discurso a través* o *dando aviso*. Hay otras palabras de comunicación utilizadas en el griego del Nuevo Testamento, pero estas raíces verbales (y sus formas representadas) constituyen la gran mayoría.

1329 · *lego* – decir, hablar
296 · *laleo* – hablar
109 · *parakaleo* – exhortar, instar, animar
97· *didasko* – enseñar
61 · *kerusso* – predicar, proclamar
54 · *euangellizo* – hablar las buenas noticias
18 · *katangello* – hablar, hablar con atención
17 · *elengcho* – reproche, corregir
13 · *dialegomai* – hablar a través de, diálogo
10 · *apologeomai* – presentar una defensa
10 · *suzeteo* – argumentar
9 · *parresiazomai* – hablar con audacia
3 · *diangello* – hablar, dar aviso

Además de estos verbos, dos sustantivos son particularmente útiles para la discusión actual. *Didaskalia*, la forma sustantiva de la palabra *enseñanza* se usa veintiuna veces, mientras que *kerugma*, generalmente traducido como *predicación* (*sustantivo*), aparece nueve veces.

21 – *didaskalia* · enseñanza, doctrina, instrucción (sustantivo)
9 – *kerugma* · mensaje, predicación (sustantivo)

En cada caso de la palabra *kerugma*, el contenido de la

predicación es para los incrédulos, es decir, el evangelio, o un mensaje de pecado y arrepentimiento.[70] Los casos post-pentecostales[71] del término *didaskalia* son muy intencionados:

Romanos 12:7 – *enseñanza* dentro del cuerpo de Cristo

Romanos 15:4 – escrito para nuestra (creyentes) *instrucción*

Efesios 4:14 – para que nosotros, como creyentes, no seamos portadores de toda *doctrina*

Colosenses 2:22 – contrasta la sana enseñanza con los *preceptos* humanos

1 Timoteo 1:10 – contrasta con la sana *doctrina*

1 Timoteo 4:1 – *enseñanzas* de los demonios

1 Timoteo 4:6 – sana *doctrina*

1 Timoteo 4:13 – exhortación y *enseñanza*

1 Timoteo 4:16 – presta mucha atención a ti mismo ya tu *enseñanza*

1 Timoteo 5:17 – al hablar (predicar) y *enseñar*

1 Timoteo 6:1 – nuestra *doctrina*

1 Timoteo 6:3 (dos veces) – una *doctrina* diferente... y con la *doctrina* conforme a la piedad

2 Timoteo 3:10 – Timoteo siguió la *enseñanza* de Pablo

2 Timoteo 3:16 – toda la Escritura es provechosa para la *enseñanza*

2 Timoteo 4:3 – no soportarán la sana *doctrina*

Tito 1: 9 – sana *doctrina*

Tito 2: 1 – sana *doctrina*

Tito 2: 7 – pureza en la *doctrina*

---

[70] Mt 12:41; Mc 16:8; Lc 11:32; Rom 16:25; 1 Cor 1:21, 2:4, 15:14; 2 Tim 4:17; Tit 1:3.

[71] Las dos referencias pre-pentecostés, Mt 15:9 and Mc 7:7, son usos generales del término, y no indicativos de un contenido específico para la audiencia.

Tito 2:10 – la *doctrina* de nuestro Dios y Salvador

En cada uso de *didaskalia* después del pentecostés, hay una de las dos características de la enseñanza evidente: o la enseñanza es falsa y debe ser evitada, o bien es sana y es para que los creyentes le presten atención. Al comparar los dos términos *kerugma* y *didaskalia*, *kerugma* es para los incrédulos y la sana *didaskalia* es para los creyentes. Además, todos menos cuatro de los usos de *didaskalia* aparecen en las cartas de Pablo a Timoteo y Tito – dos cartas pastorales destinadas a la promoción de la ortodoxia y el crecimiento espiritual en la iglesia.

Hay treinta y tres casos de *kerusso* antes de pentecostés en el Nuevo Testamento, todos ellos en los sinópticos, y ninguno en el evangelio de Juan. Las restantes veintiocho apariciones en el Nuevo Testamento son post-pentecostales. Observe la audiencia o receptores de las formas post-pentecostales de *kerusso*:

Hechos 8:5 – *proclamando* a Cristo a la ciudad de Samaria

Hechos 9:20 – *proclamando* en la sinagoga que Jesús es el Hijo de Dios

Hechos 10:37 – el Bautismo que Juan *proclamó*

Hechos 10:42 – *predicar* acerca de Jesús a la gente

Hechos 15:21 – los que *predican* a Moisés

Hechos 19:13 – Jesús, a quien Pablo *predica*

Hechos 20:25 – Pablo *predicando* el reino entre los Efesios (implícito, antes de la fundación de la iglesia allí)

Hechos 28:31 – *predicando* el reino de Dios (Pablo dio la bienvenida a todos los que vinieron, y algunos estaba enseñando, a otros estaba predicando)

Romanos 2:21 – *predique* que uno no debe robar

Romanos 10:8 – la palabra de fe que estamos *predicando*

Romanos 10:14 – un *predicador*, que conduce a escuchar, que conduce a creer

Romanos 10:15 – alguien debe ser enviado, para *predicar*

1 Corintios 1:23 – *predicar* a Cristo crucificado

1 Corintios 9:27 – He *predicado* a otros

1 Corintios 15:11 – *predicamos* (el Evangelio, como en 15:3-4), y así creyeron

1 Corintios 15:12 – Cristo es *predicado*

2 Corintios 1:19 – Cristo *predicó* entre vosotros

2 Corintios 4: 5 – *predicar* a Cristo Jesús nuestro Señor

2 Corintios 11:4 – *predica* a otro Jesús a quien no hemos predicado

Gálatas 2:2 – el evangelio que *predico*

Gálatas 5:11 – *predicar* la circuncisión

Filipenses 1:15 – *predicando* a Cristo

Colosenses 1:23 – la fe... que fue *proclamada*

1 Tesalonicenses 2:9 – os *anunciamos* el evangelio de Dios

1 Timoteo 3:16 – Él... *proclamó* entre las naciones

2 Timoteo 4:2 – *predica* la palabra

1 Pedro 3:19 – Él hizo *proclamación* a los espíritus

Apocalipsis 5:2 – un ángel fuerte *proclamando*

En cada uno de esto casos, *kerusso* (mayormente traducido como *predicar*) se refiere tanto a la proclamación del evangelio a los incrédulos, como a la proclamación en el sentido genérico (como en Apocalipsis 5:2). Parece a primera vista que 2 Timoteo 4:2 es una excepción – que Pablo está exhortando a Timoteo a predicar la Palabra como parte de su función pastoral, y que este es un ejemplo de predicación a los creyentes. Sin embargo, el uso que Pablo hace de términos y el contexto cercano de la orden de Pablo indica que 2 Timoteo 4:2 no es una excepción.

Pablo escribe cinco imperativos para Timoteo en 2 Timoteo 4:2: predicar (*keruxon*), instar (*epistethi*), redargüir (*elenchon*), reprender (*epitimeson*) y exhortar (*parakaleson*). Los imperativos son necesarios porque llegará un momento en que la sana doctrina será abandonada, y habrá muchos maestros que no serán consistentes con la sana doctrina (4:3). A la luz del enfoque de la enseñanza en 4:3, parece apropiado asumir que todo el contenido de 4:2 está en un contexto de enseñanza. Sin embargo, 4:5 añade el imperativo de hacer la obra de evangelista (*ergon poison euangelistou*). Pablo diferenció más tempranamente entre el papel de evangelista y pastor-maestro (Ef 4:11), y en todos los otros diecisiete ejemplos paulinos de la palabra *kerusso* y sus formas, Pablo se refiere tanto a la predicación del evangelio a los incrédulos o a proclamar algo en un sentido genérico (como en Rom 2:21). Además, en 1 Corintios 15:2, Pablo se refiere a "la palabra (la misma raíz que en 2 Tim 4:2) que yo prediqué (*euengelisamen*)", como a la que dio lugar al creer, no a la edificación. Si 2 Timoteo 4:2 era una indicación de que Pablo estaba ordenando la predicación de la Palabra a los creyentes, representaría una desviación de su uso normal, y sería el único caso en el Nuevo Testamento que tal imperativo aparece. En lugar de tomar la interpretación del *hapax legomena*, parece más apropiado considerar que la predicación de Timoteo de la Palabra tenía que ver con la obra de un evangelista en lugar del componente pastoral de comunicar la Palabra de Dios a los creyentes.

Por último, vale la pena considerar en este contexto que

hay cincuenta y cuatro usos post-pentecostales de la palabra predicar que no se obtienen de la palabra *kerusso*. Cuarenta y cinco de esos casos se prestan a partir de formas de *euangelizo*, que es una forma verbal de la frase *buen mensaje*. Cada uno de estos ejemplos tiene alguna referencia a la proclamación del evangelio.

Hechos 5:42 – enseñanza y *predicación* (*euangelizomenoi*) Jesús como el Cristo

Hechos 8:4 – *predicando las buenas nuevas* (*euangelizomeno*)

Hechos 8:25 – *predicando el evangelio* (*euangelizonto*)

Hechos 8:35 – *predicado* (*euangelisato*) Jesús

Hechos 8:40 – *predicando el evangelio* (*euangelizeto*)

Hechos 10:36 – *predicando* (*euangelizomenos*) la paz a través de Jesucristo

Hechos 11:20 – *predicando* (*euangelizomenoi*) al Señor Jesús

Hechos 13:32 – le *predicamos* (*euangelizomenoi*) las buenas nuevas

Hechos 14:7 – *predicar el evangelio* (*euangelizomenoi*)

Hechos 14:15 – *predicar el evangelio* (*euangelizomenoi*)

Hechos 14:21 – *predicó el evangelio* (*euangelisamenoi*)

Hechos 15:35 – enseñanza y *predicación* (*euangelizomenoi*)

Hechos 16:10 – *para predicar el evangelio* (*euangelisasthai*)

Hechos 17:18 – *predicación* (*euangelizeto*) Jesús

Romanos 1: 9 – *predicación del evangelio* (*euangelio*)

Romanos 1:15 – *para predicar el evangelio* (*euangelisasthai*)

Romanos 15:20 – *para predicar el evangelio* (*euangelisasthai*)

1 Corintios 1:17 – *para predicar el evangelio* (*euangelisasthai*)

1 Corintios 9:16 (dos veces) – *predicar el evangelio* (*euangelizomai*)...*predicar el evangelio* (*euangelisomai*)

1 Corintios 9:18 – *predicar el evangelio* (*euangelizomenos*)

1 Corintios 15:1 – el evangelio que yo *predicaba* (*euengelisamen*)

1 Corintios 15:2 – la palabra que yo *prediqué* (*euengelisamen*)

2 Corintios 10:16 –*para predicar el evangelio* (*euangelisasthai*)

2 Corintios 11:7 – *predicó el evangelio* (*euangelisamen*)

Gálatas 1: 8 (dos veces) – *predicarle un evangelio* (*euangelizetai*)...lo que le hemos *predicado* (*euangelisametha*)

Gálatas 1: 9 – *predicándole un evangelio* (*euangelizetai*)

Gálatas 1:11 – *evangelio que fue predicado* (*euangelisthen*)

Gálatas 1:16 – *para que yo pueda predicar* (*euangelizomai*) a Cristo

Gálatas 1:23 – *predicando* la fe (*euangelizetai*)

Gálatas 3:8 – *predicó el evangelio de antemano* (*proeuangelisato*)

Gálatas 4:13 – *Yo prediqué el evangelio* (*euengelisamen*)

Efesios 2:17 – *predicó* (*euengelisato*) la paz

Efesios 3:8 – *predicar* (*euangelisasthai*) a los gentiles

Filipenses 4:15 – *predicación del evangelio* (*euangeliou*)

Hebreos 4:2 – *buenas noticias predicadas* (*euangelismenoi*)

Hebreos 4:6 – *las buenas nuevas predicadas* (*euangelisthentes*)

1 Pedro 1:12 – *predicó el evangelio* (*euangelisamenon*)

1 Pedro 1:25 – que fue *predicado* (*euangelisthen*)

1 Pedro 4:6 – *el evangelio...ha sido predicado* (*euengelisthe*)

Apocalipsis 10:7 – como *predicó* (*euengelisen*) a sus siervos los profetas

Apocalipsis 14:6 – evangelio *para predicar* (*euangelisai*)

Las nueve transcripciones post-pentecostales restantes que no se derivan de *kerruso* (*predicar*) en la RVR60 son las siguientes:

Hechos 21:28 – Este es el hombre que por todas partes *enseña* (*didaskalon*)

Romanos 15:19 – *proclamar plenamente* (no traducido) el evangelio (*peplerokenai to euangelion, o completado el evangelio*)

Romanos 16:25 – la *predicación* (*kerugma*) de Jesucristo

1 Corintios 1:21 – la locura de la *predicación* (*el mensaje predicado, tou kerugmatos*)

1 Corintios 2:4 – *mi predicación* (*kai to kerugma mou*)

1 Corintios 15:14 – nuestra predicación (*kerugma emon*)

Colosenses 1:25 – la *predicación* – añadido, no traducido

1 Timoteo 5:17 – los que trabajan en *predicar* (no traducido, entonces mejor traducirlo como aquellos que trabajan *en la palabra*) y enseñar

1 Timoteo 6:2 – *enseña* y *predica* (parakalei, mejor *exhortar o recomendar*)

Cuatro de estos casos representan formas de *kerugma* (Romanos 16:25, 1 Corintios 1:21, 2: 4, 15:14), y hacen referencia a la proclamación del evangelio. Dos palabras serían mejor traducidas como enseñanza (como en Hechos 21:28) o alentar o exhortar (como en 1 Timoteo 6:2). 1 Timoteo 6:2 está en un contexto de alentar o exhortar a los creyentes. La traducción de la RVR60 del imperativo *predicar* confunde el aspecto técnico de la predicación para alentar o exhortar. Esta traducción particular es el equivalente a referirse al Espíritu Santo en Juan 14:16 como el *Predicador*, en lugar del Ayudante (o Alentador, o Exhortador). Los tres últimos casos (Romanos 15:19, Col 1:25, y 1 Timoteo 5:17) añaden el término *predicado* o *predicación* a la traducción, pero no traducen la palabra de ningún equivalente griego. En resumen, *predicar* no está en ninguno de estos tres pasajes. Lo más notable es la referencia en la RVR60 de 1 Timoteo 5:17 a los ancianos como trabajando arduamente en la predicación y la enseñanza. Este pasaje no aboga por la predicación como parte del papel de anciano/pastor, sino que está defendiendo en cambio el trabajo diligente del anciano/pastor *en la Palabra* y en la enseñanza.

Estos cientos de palabras y pasajes presentan un mensaje unificado: que el principal mecanismo para difundir la información al cuerpo de Cristo es *enseñando*, y a los que están fuera del cuerpo, la herramienta primaria es la *predicación*. Esto no quiere decir que un pastor no debe predicar el evangelio dentro de la iglesia. De hecho, tres veces Pedro se refiere en su segunda carta (2 Pedro 1:12, 1:13, 3:1) a recordatorios basados en el evangelio, pero estos recordatorios eran secundarios a la amplia enseñanza del contenido de las cartas de Pedro. También, como en el caso de Timoteo, parecería muy correcto y apropiado que en el ministerio pastoral haya énfasis en hacer trabajo de evangelista.

Sin embargo, en nuestro intento de entender cuál es la obra de un evangelista, debemos examinar los muchos ejemplos bíblicos de evangelismo. Los resultados de tal investigación muestran que en la época de la iglesia primitiva el evangelismo se llevó a cabo principalmente fuera de la reunión corporativa de la iglesia. Predicar el evangelio dentro de esas reuniones ciertamente no está prohibido, pero hay otro énfasis determinado para el cuerpo: *la enseñanza*. Si bien ambas actividades de predicación y enseñanza son vitales y ordenadas en sus propios contextos, existe una distinción definida y mesurable entre los dos. Confundir las dos crea un desequilibrio significativo en nuestra comprensión y en nuestra práctica. Tal vez es hora de evaluar la cultura pastor-predicador que se ha vuelto tan prevalente. La función primaria del pastor (como en Efesios 4:11) es pastorear enseñando.

Los Parentescos de la Enseñanza y la Predicación

Si bien hay una clara distinción entre la enseñanza y la predicación, las dos actividades no necesariamente están completamente divorciadas entre sí en la práctica. Hay varios casos después de pentecostés donde las dos se practican en estrecha proximidad. En Hechos 5:42 los apóstoles "no cesaban de *enseñar* (*didaskontes*) y *predicar* (*euangelizomenoi*) a Jesucristo". Más tarde Pablo y Bernabé, junto con muchos otros, estaban enseñando (*didaskontes*) y predicando (*euangelizomenoi*) la Palabra del Señor (15:35). Durante su encarcelamiento en Roma, Pablo está predicando (*kerusson*) y enseñando (*didaskon*) (28:31). Mientras que en las referencias anteriores no hay mención de contenido distintivo para la predicación y la enseñanza, en este caso en particular, el contenido se especifica: Pablo está predicando el reino de Dios y la enseñanza acerca del Señor Jesucristo.

Si bien hay otros tres ejemplos después de pentecostés en la RVR60 de la enseñanza y la predicación que aparecen en estrecha proximidad, el término predicación no se traduce de una palabra griega equivalente en dos de esos casos. En 1 Timoteo 5:17, los ancianos están trabajando arduamente *en la palabra* (*en logo*) y *la enseñanza*. En 1 Timoteo 6:2 se dice a Timoteo que enseñe y *exhorte* (*parakalei*) estos principios. En el caso en que el término *predicar* se expresa con más precisión, el contenido considerado no es la Palabra de Dios o el evangelio, sino simplemente cómo algunos están presentando mandatos éticos (Rom 2:21).

Lo que estos casos de parentesco de la enseñanza y la predicación nos muestran es que si bien hay propósitos y audiencias específicos destinados a cada actividad, las dos pueden estar tan estrechamente relacionadas como para ser utilizadas en el mismo contexto. Aunque no debemos confundir los dos términos y actividades, no debemos descuidar ninguno de los dos.

La Prioridad de Comunicar a Audiencias Mixtas

En un buen número de situaciones, un comunicador de la Biblia no será consciente del estado espiritual/posicional de los oyentes. De hecho, sólo el Señor tiene la capacidad de comprender verdaderamente lo que está en el corazón del hombre (1 Cor 4:5). En consecuencia, si bien observamos una clara distinción conceptual entre la predicación y la enseñanza, puede ser muy útil en la práctica poder combinar ambas. Pedro basa sus exhortaciones al progreso espiritual en recordatorios de las verdades básicas del evangelio (2 Pedro 1:12, 1:13, 3:1). Pablo relata el evangelio y cómo los corintios lo recibieron (1 Cor 15), y pasa de ese recordatorio elemental a una enseñanza más compleja de la esperanza escatológica de la resurrección. En ambos ejemplos, los escritores están dirigiéndose a los creyentes, por lo que no proporcionan un modelo para comunicarse con una audiencia con posiciones mixtas. Todavía muestran cómo el evangelio puede ser efectivamente (y necesariamente) entretejido en una situación didáctica. En casos como estos predicar el evangelio se convierte en una parte orgánica de un momento de enseñanza.

Vale la pena señalar que ningún libro del Nuevo Testamento está directamente dirigido a un público mixto de incrédulos y creyentes (Hebreos es entendido por algunos como escrito a recipientes mixtos, pero este escritor sugiere que la evidencia interna apoya que la epístola fue elaborada para los creyentes). De hecho, el Evangelio de Juan es el único libro dirigido directamente a los incrédulos (Jn 20:30-31). Por lo tanto, no tenemos un modelo a nivel de libro para abordar audiencias mixtas.

Dentro de un contexto más estrecho tenemos un ejemplo importante entre Jesús y sus discípulos - algunos de los cuales creían y otros eran incrédulos (Jn 6:60-66). Jesús usó esta oportunidad para establecer una división aguda entre creyentes e incrédulos entre sus discípulos enseñando (6:59) profundas verdades sobre Él mismo (6:53-55), el Padre (6:57, 65) y el Espíritu (6:63). El resultado de Su enseñanza fue que aquellos que no creían no tenían ningún deseo de escucharle más, y simplemente dejaron de caminar con Él desde ese momento (6:66). Este episodio no está dentro del contexto de la iglesia, pero sin embargo proporciona un ejemplo útil de la enseñanza en un escenario de audiencia mixta. Aquí, Jesús enseñó duras verdades (6:60) mientras comunicaba vívidamente la condición para la vida eterna (6:53-58). Algunos discípulos estaban dispuestos a permanecer y aprender (6:68-69), mientras que otros no. En este caso, la prioridad es la enseñanza – incluso en un lugar en el que Jesús sabía que había algunos que estaban en incredulidad (6:64) – y, sin embargo, incorpora las verdades básicas del evangelio, creando un momento de decisión para sus oyentes.

En el contexto de la reunión de los creyentes, hay una obvia prioridad de la enseñanza sobre la predicación. Pero la iglesia local a menudo está acompañada de incrédulos, algunos bastante obvios y otros no. Si estamos usando bien la Palabra, encontraremos muchas oportunidades, incluso dentro de los entornos de enseñanza, (1) para fundamentar las exhortaciones para la madurez de los creyentes en la verdad del evangelio, como Pedro y Pablo lo hicieron, y (2) para establecer conexiones entre el material enseñado y la respuesta esperada tanto para los creyentes como para los no creyentes. Por lo tanto, un ministerio de enseñanza en el contexto de la iglesia puede perfectamente incluir la proclamación del evangelio. El peligro a evitar es el de no desafiar a los creyentes a crecer más allá de las verdades básicas del evangelio:

> Por tanto, dejando ya los rudimentos de la doctrina de Cristo, vamos adelante a la perfección; no echando otra vez el fundamento del arrepentimiento de obras muertas, de la fe en Dios, de la doctrina de bautismos, de la imposición de manos, de la resurrección de los muertos y del juicio eterno (Heb 6:12).

Cuando nos comprometemos con los hermanos y hermanas en Cristo, si no priorizamos el crecimiento hasta la madurez, entonces estamos perdiendo el punto de lo que se espera incluso de los nuevos creyentes: ser transformados por la renovación de nuestras mentes (Rm 12:1-2), para poner la mente en las cosas de arriba (Col 3:1-4), y para permitir que la palabra de Cristo habite en nosotros (Col 3:16), sólo por nombrar algunos aspectos. Estos puntos reflejan el desarrollo de la capacidad de procesar alimentos sólidos, en lugar de depender continuamente de la leche (1 Cor 3:2).

23
Siete Métodos Informales y Formales Para la Predicación y la Enseñanza: (1) Predicación Informal

Básicamente hay siete métodos diferentes para comunicar la Biblia. (1) La predicación informal se dirige típicamente a los inconversos, responde al incrédulo y generalmente no es guiada por la estructura retórica, sino por el diálogo. (2) La predicación formal también se dirige a los inconversos, pero es iniciada por el predicador, y está estructurada más retóricamente. (3) La enseñanza informal se dirige a los creyentes, típicamente en un ambiente casual, enfocándose en grupos más pequeños e incluso individuos, y no está guiada por la estructura retórica sino por el diálogo. (4-7) La enseñanza formal también se dirige a los creyentes en un entorno más formal, y puede ser eficaz con audiencias de todos los tamaños. La enseñanza formal se encuadra generalmente en una de cuatro categorías. (4) La enseñanza sintética es una visión general o introducción de un libro o una sección grande de la Escritura. (5) La enseñanza exegética es un método versículo por versículo de un pasaje en particular en su contexto. (6) La enseñanza analítica es un tratamiento tópico o sistemático de un aspecto de la doctrina bíblica (teología). (7) La enseñanza tópica es muy similar a la enseñanza analítica, pero puede emplearse para diferentes propósitos y en diferentes contextos. Cada uno de estos modos de comunicación puede ser muy eficaz si seguimos los patrones proporcionados en la Biblia.

Entendiendo que hay una distinción bíblica tangible entre la predicación y la enseñanza, también podemos reconocer que hay distintos modelos bíblicos para la predicación y la enseñanza formal e informal. Un examen de los diversos discursos del ministerio de Jesús y de la era apostólica que le siguió muestra que Jesús y los apóstoles valoraron tanto la comunicación estructurada, formal, preestablecida como la forma menos estructurada, informal y sensible.

Pablo ilustra estos dos modelos en Hechos 17. Primero descubrimos que Pablo tenía una costumbre (17:2) de entrar en la sinagoga – no bien aceptada – en una serie de sábados, y razonar con los judíos a cerca las Escrituras. Él explica y da evidencia de la identidad y trabajo de Cristo (17:3). La comunicación de Pablo en este escenario en Tesalónica fue más formal, deliberada e implicó la explicación y presentación de evidencias. Más tarde, Pablo estaba en Atenas, participando en el mismo acercamiento formal (17:16-17), cuando surgió una oportunidad. Los filósofos pidieron una audiencia especial con Pablo, preguntando en 17:19: "¿Podremos saber qué es esta nueva enseñanza de que hablas?" Aunque el discurso de Pablo a ellos estaba ciertamente bien estructurado y pensado, su predicación en Atenas sirve como ejemplo de un modelo menos formal y más receptivo. Pablo fue donde había preguntas, y él respondió las preguntas directamente. El contenido de su presentación a los filósofos atenienses quizá no era dramáticamente diferente del de su razonamiento en las sinagogas, pero las presentaciones mismas difieren en que una fue planificada e iniciada por Pablo, mientras que la otra presentación respondió a las necesidades expresadas. Una era más formal y estructurada para ajustarse mejor al contexto de la sinagoga, la otra estaba extemporáneamente desarrollada para satisfacer la necesidad del momento. Esta es la diferencia esencial entre la predicación formal e informal de la Palabra de Dios: es formal si el hablante está iniciando la presentación, e informal si la audiencia está iniciándola.

Consideremos, por ejemplo, los elementos de la exhortación en 1 Pedro 3:15:

> ...sino santificad a Dios el Señor en vuestros corazones, y estad siempre preparados para presentar defensa con mansedumbre y reverencia ante todo el que os demande razón de la esperanza que hay en vosotros...

(1) El imperativo va dirigido a creyentes: *santificad o poner aparte a Dios el Señor en vuestros corazones* – este proceso comienza con un sometimiento al señorío de Jesucristo.

(2) El adjetivo y adverbio: *siempre preparados* – lo que se espera aquí se revela por sí mismo. Debe de haber tal nivel de preparación y entendimiento que nos permita estar siempre listos para la acción.

(3) El objeto directo: *para presentar defensa (apologian).*

(4) El objeto indirecto: *a todo aquel que os demande.*

(5) El contenido de la demanda: *razón de la esperanza que hay en vosotros.*

Vale la pena señalar que este es el único imperativo relacionado con la apologética para los creyentes, en consecuencia la apologética bíblica no es una tarea ofensiva, sino una respuesta. No es formal, sino informal. La apologética bíblica es igual a la predicación informal del evangelio – o más específicamente, una palabra sobre la esperanza que hay en nosotros (que, por supuesto, proviene del evangelio). De este contexto podemos decir que no todo evangelismo es apologético, pero toda apologética – al menos según la mención de Pedro aquí – es evangelismo.

Caso Para Estudio: Contendiendo por la fe sin ser Contenciosos
Las palabras de Pablo resuenan como si exclamaran desde un valle, pero a menudo no las escuchamos. "Si es posible, en cuanto dependa de vosotros, estad en paz con todos los hombres". (Rom 12:18). Al mismo tiempo, si escuchamos atentamente, podemos escuchar la resolución en la voz de Judas mientras él insta a los creyentes a "que contendáis ardientemente por la fe que ha sido una vez dada a los santos" (Judas 3). Estamos en guerra, pero debemos ser pacíficos. Esto no es contradicción. Judas insta a la vigilancia contra falsas enseñanzas dentro de la iglesia. Pablo insta a que seamos tan pacíficos con la gente como sea posible.

Pablo ilustra esto cuando se opone vigorosamente a la predicación de los diferentes evangelios y a sus proclamadores dentro de la iglesia (Gál 1:6-9). Su argumento se extiende incluso hasta el punto de censurar públicamente a Pedro debido a su error legalista (2:11 y siguientes). La respuesta posterior de Pedro ilustra que los esfuerzos de Pablo fueron unificadores y no divisorios (2 Pedro 3:15). Pablo provee otro ejemplo en Hechos 17, cuando él interactúa de una manera muy pacífica y respetuosa con los incrédulos que estaban impregnados de paganismo. Pablo trabaja para exponerlos a la verdad, pero no les obliga ni les condena. La respuesta a sus esfuerzos fue variada: algunos se burlaron, otros estaban ansiosos por aprender más y algunos creían (17:32-34). Pablo no esperaba que todos respondieran bien, y su enfoque no estaba determinado por la respuesta que esperaba.

Pablo ilustra que los cristianos pueden cumplir ambos mandatos. Cuando interactúa con los creyentes, les enseña y reprende, llevándolos a los altos estándares éticos que Dios prescribió para los cristianos. Al interactuar con los incrédulos, Pablo nunca llama a que cambien su comportamiento. En cambio, vuelve los ojos hacia Jesús para que puedan entender quién es y qué ha hecho por ellos. Pablo representa un estilo evangelístico oportunista, en lugar de uno ofensivo.

De la misma manera Pedro también aboga por la interacción oportunista con los incrédulos cuando recuerda a los creyentes que estén "siempre preparados para presentar defensa con mansedumbre y reverencia ante todo el que os demande razón de la esperanza que hay en vosotros..." (1 Pedro 3:15). El mandato apologético de Pedro es una respuesta a los que piden (αἰτοῦντι). Pedro no ordena que los cristianos tomen una ofensiva, sino una postura defensiva. Ciertamente no prohíbe a los creyentes iniciar conversaciones, pero la apologética es una respuesta, más que una iniciativa. Pedro añade un importante calificativo para nuestras respuestas apologéticas – que deben ser siempre "con mansedumbre y reverencia" (1 Pedro 3:15).

Contender sin ser contencioso es un ejemplo de cómo, si simplemente consideramos factores contextuales, podemos entender que algunas contradicciones aparentes no son contradicciones en absoluto. Salomón ilustra este principio, cuando da instrucciones a los lectores de que "Nunca respondas al necio de acuerdo con su necedad" (Prov 26:4). En el siguiente versículo, aparentemente contradice esa declaración, diciendo: "Responde al necio como merece su necedad" (26:5). Pero hay más que eso. 25:4 añade: "Para que no seas tú también como él". En ese contexto, uno debe tener cuidado en responder a la locura de un necio, para que el que responde no se encuentre en la misma necedad del que están respondiendo. 26:5 añade, "Para que no se estime sabio en su propia opinión". Hay un momento apropiado para responder a un necio, y hay un momento inapropiado para tales respuestas. Salomón no se contradice; explica cómo se puede discernir la respuesta correcta para cada situación. Evaluar correctamente la situación nos ayuda a responder adecuadamente. A veces debemos contender. Otras veces no deberíamos ser contenciosos. En otros momentos incluso, debemos ser los dos. Como Pablo sugiere, a veces si estamos en paz depende de nosotros, y otras veces no. Necesitamos discernir la diferencia.

24
Siete Métodos Informales y Formales de la Predicación y la Enseñanza: (2) Predicación Formal

Resulta interesante que no tengamos ejemplos evidentes en el Nuevo Testamento de la predicación formal (o iniciada por el hablante) del evangelio. No tenemos registro de la estructura y el contenido de los mensajes de Pablo en las sinagogas, por ejemplo. Sin embargo, hay algunos indicios en cuanto a qué y cómo Pablo se comunicó en esos ambientes más formales. El punto crucial de su proclamación fue que Jesús es el Hijo de Dios (Hechos 9:20). En ese contexto estaba confundiendo a los judíos y probando (presumiblemente por las Escrituras) que Jesús es el Cristo (9:22). Proclamó (*katangellon*) la Palabra de Dios (13:5). Se sumergió y se sujetó a la cultura de sus días, esperando la oportunidad de proclamar (13:14-16).

La expectativa de sus oyentes era que proclamaría la palabra del Señor (13:44). Pablo habló de tal manera que atraía tanto a judíos como a griegos (14:1). Su costumbre era razonar a partir de las Escrituras (17:2, 17, 18:4, 19), y explicar y dar evidencia de la Persona y obra de Cristo (17:3). Su razonamiento y persuasión incluían contenido sobre el reino de Dios (19:8). Finalmente, su manera de comunicarse fue pacífica, para no causar disturbios en el contexto de la sinagoga (24:12). Extrayendo lo que se nos dice del ministerio de Pablo en la sinagoga se nos dan las siguientes características de la predicación más formal de Pablo:

(1) El contenido fue la Palabra de Dios
(2) El enfoque fue la Persona y obra de Cristo
(3) El método fue probar, razonar, explicar, y persuadir mediante el uso de las Escrituras
(4) El mensaje era razonable y persuasivo
(5) La exposición fue pacífica (en la medida en que el mensaje lo permitía)

Tal vez una de las razones por las que no tenemos más detalles sobre el modelo formal sea el encargo de Jesús a los discípulos a no prepararse de antemano para defenderse, porque Él les daría la declaración y la sabiduría que sus oponentes no serían capaces de refutar (Lc 21:12-15). En parte debido a esta exhortación, observamos que los apóstoles toman una postura receptiva más que iniciativa. Todavía podemos deducir de los encuentros evangelísticos apostólicos algunos patrones estructurales útiles. Después de todo, los apóstoles alentaron a la siguiente generación a "predicar la palabra2 (2 Tim. 4:2). El primer discurso de Pedro en Jerusalén, aunque iba directo a la demanda de una respuesta, estaba estructurado y bien elaborado, y como tal proporciona un ejemplo para una proclamación más formal.

En primer lugar, Pedro cuenta de la experiencia humana apelando a la Escritura (Hechos 2:15-21). En segundo lugar, extrae una conexión necesaria de la experiencia humana a Jesucristo (2:22-24) y justifica esa conexión por la Escritura

(2:25-28). En tercer lugar, regresa a la experiencia humana, apelando a la realidad de quién es Cristo y qué hizo (2:29-36). Cuando se le preguntó cuál es la respuesta apropiada a tal verdad (2:37), Pedro señala el arrepentimiento[72] – un cambio de mente (2:37). El modelo aquí es el siguiente:

(1) Conectar la experiencia de la audiencia a las Escrituras.
(2) Demostrar por medio de las Escrituras la Persona y obra de Cristo.
(3) Comunicar la respuesta esperada.

De nuevo en Hechos 3, Pedro responde al asombro de la gente apelando a la historia bíblica – específicamente cómo Dios se relacionaba históricamente con los oyentes (3:13), cómo éstos le habían respondido (3:14-15), una explicación de la Persona y obra de Cristo, junto con una mención de la respuesta apropiada (fe) a esa verdad (3:16), una declaración específica de la expectativa (arrepentimiento y retorno, 3:17-19), y un recordatorio de la respuesta prometida por Dios (3:19-20). El modelo aquí se ve así:

(1) Argumento sobre la identidad de Dios y Su intervención en la historia (el Soberano, Creador).
(2) Argumento sobre la respuesta humana (rebelión).
(3) Argumento sobre la respuesta dispuesta (arrepentimiento y regreso).

---

[72] ´Nótese que el imperativo arrepentimiento (aoristo activo imperativo segunda persona) es separado del imperativo ser bautizado (aoristo activo imperativo tercera persona), el pronombre para el perdón de *vuestros* pecados y el verbo *recibiréis* el Espíritu Santo están en el segunda persona. El arrepentimiento fue la única condición, en este contexto, el bautismo fue prescrito, pero no resultó en las dos condiciones.

(4) Argumento sobre el resultado de recibir la gracia (promesas mantenidas).

En este caso particular, Pedro se dirige a los judíos, y tiene en mente una respuesta específica por parte de los judíos (arrepentimiento y regreso), así como una respuesta profetizada de Dios – que los tiempos de los cuales Jeremías habló podrían venir sobre el pueblo de Israel (e.g., Jer 29:11-13). En consecuencia, si bien podemos tomar prestada la estructura retórica de Pedro, debemos tener cuidado de no imponer una demanda para Israel y la bendición indispensable a alguien más que a aquellos a quienes se le prometió.

Hechos 4 registra otra predicación de Pedro, ésta también informal y sensible, pero observamos un patrón que podemos emplear en el evangelismo formal. Primero, es una conexión de la experiencia humana con Cristo (4:9-10), un énfasis de la Persona y obra de Cristo (4:11-12), y luego una declaración de Su exclusividad en el acto de salvar (4:12). Aunque no hay una declaración específica de la respuesta esperada, a lo que se debía responder era al nombre de Jesucristo. La fórmula de Pedro aquí es:

(1) Conectar la experiencia humana con Dios.
(2) Especificar Su identidad y Su obra.
(3) Reconocer que Él es el único Camino de salvación.

Esteban ofrece otro ejemplo informal de la predicación del Evangelio. Simplemente relata la historia de Israel desde el pacto con Abraham, Jacob, José, Moisés y el pacto mosaico, David y el pacto davídico, los profetas y al rechazo de los oyentes de Esteban a esos profetas, y finalmente a Cristo. Esta directriz parece más centrada en acusar a los oyentes de Esteban que en ofrecerles el arrepentimiento. Es más un pronunciamiento de juicio que una oferta de gracia por medio de la fe. Sin embargo, el enfoque narrativo histórico de Esteban es un modelo útil para dar contexto a la Persona y obra de Cristo.

La predicación de Pablo en la sinagoga de Antioquía de Pisidia fue una respuesta a una invitación a compartir cualquier palabra de exhortación (13:15), y es notable el enfoque que Pablo empleó cuando aparentemente tenía la libertad de abordar cualquier tema. Apeló a los israelitas que temían a Dios (13:16), les recordó la liberación de Israel por parte de Dios en el éxodo (13:17), contó la historia de Israel por el desierto errante (13:18), la conquista de Canaán (13:19), el período de los jueces (13:20), el comienzo de la monarquía con el reino de Saúl (13:21), la elección de David (13:22), con vistas a la llegada del Mesías que vendría del linaje de David, y como fue anunciado por Juan (13:23-25). Después de proporcionar el contexto histórico para la Persona y la obra de Cristo, Pablo recuerda a sus oyentes el rechazo hacia Jesús, su muerte, sepultura, resurrección y apariciones después de la resurrección (13:27-31). Finalmente, Pablo recuerda la identidad y posición única del Mesías (13:32-37), y que es por medio de Él que el perdón de los pecados es proclamado, algo que la Ley de Moisés no pudo cumplir (13:38-39). Pablo exhorta a sus oyentes a escuchar el mensaje para no ignorar la venida profetizada del Mesías (13:40-41). La predicación de Pablo en este caso puede desglosarse de la siguiente manera:

(1) Recorrido por la historia, para asentar el contexto para Cristo.

(2) Explicación de la Persona y obra de Cristo.

(3) Explicación de la salvación por medio de Él.

(4) Exhortación a responder apropiadamente, para no perder la oportunidad.

La predicación de Pablo a los atenienses en el Areópago (Hechos 17:22-31) proporciona un enfoque ligeramente diferente, ya que esta es la primera de los primeros registros considerados aquí en el que el público es predominantemente gentil en lugar de judío. Primero, Pablo reconoce la espiritualidad de los atenienses (17:22), y le propone ofrecerles certidumbre donde están inseguros (17:23). Comienza con el relato de la creación (17:24), reconociendo los derechos soberanos de Dios como Creador (17:24-25), Su creación y soberanía sobre la humanidad (17:26), y la búsqueda humana del Dios que no es lejano (17:27). Él enfatiza la conexión humana con Dios (17:28-29), y la expectativa resultante de que la humanidad debe llegar a la verdad sobre Dios a través del arrepentimiento (17:30), porque Dios juzgará al mundo a través de Cristo, a quien Él resucitó de los muertos (17:31). La fórmula básica de los modelos de Pablo aquí es:

(1) Presuponer la existencia de Dios.

(2) Ofrecer seguridad.

(3) Afirmar la soberanía de Dios como Creador, y reconocer su relación con Su creación.

(4) Reconocer la separación de la humanidad para con Dios.

(5) Proporcionar el método para la reconciliación (arrepentimiento).

(6) Enfatizar la centralidad de la Persona y obra de Cristo, tanto en el presente como en el futuro, como fue demostrado en Su resurrección.

Finalmente, consideramos la concisa declaración del evangelio que Pablo hace en 1 Corintios 15:3-5. Cristo murió por nuestros pecados según las Escrituras (15:3), y que fue sepultado y resucitado al tercer día según las Escrituras (15:4), y que apareció a Cefas, y luego a los doce (15:5). Pablo añade que Jesús apareció a más de quinientos, luego de nuevo a Jacobo y a todos los apóstoles, y finalmente a Pablo, él mismo (15:6-7). Esta presentación del Evangelio incluye al menos los elementos de Su muerte sustitutiva por los pecados, Su sepultura y Su resurrección. De la repetición de la expresión *kai hoti*, parece que Pablo también está incluyendo la aparición de Jesús a los apóstoles como parte de la presentación del evangelio, aunque a partir de las expresiones *kata tas graphas*, podríamos concluir que el evangelio incluye sólo la muerte, la sepultura y la resurrección. Pero de cualquier manera, lo que es muy evidente en el recuento del Evangelio de Pablo aquí es la centralidad de la Persona y la obra de Cristo. Aunque Pablo sólo menciona directamente la obra de Cristo, es evidente que para poder llevar a cabo eficazmente la obra, la Persona debe estar debidamente calificada. Por ejemplo, para lograr una muerte sustitutoria, Jesús no podría haber muerto para pagar por Su propio pecado. Por lo tanto, implícito en esta afirmación evangelística está la impecabilidad (y, por tanto, la deidad) de Jesucristo. Así que al tratar de reducir el Evangelio a sus elementos más básicos, claramente quedamos con la Persona y la obra de Cristo, y la respuesta decretada con respecto a Él (es decir, la fe).

En cada uno de los ejemplos anteriores vemos consistentemente cuatro elementos: (1) una asunción de la existencia de Dios, (2) un contexto histórico que establece y/o se relaciona con la experiencia humana, (3) el enfoque en la Persona y la obra de Cristo, (4) una declaración de (o al menos implicación de) la respuesta dispuesta. Evidentemente, no tenemos ninguna prescripción o limitación bíblica en cuanto a cómo debe estructurarse y presentarse una proclamación formal del evangelio, pero estas instancias evangélicas nos dan modelos que están bien fundamentados y, por lo tanto, en la estimación de este escritor, altamente recomendables. Por lo tanto, al desarrollar una predicación formal del evangelio, se recomienda que sigamos una o más de las fórmulas aquí proporcionadas, o en el examen de otros episodios evangelísticos en la Escritura, sigamos los patrones patentes en esos contextos. De cualquier manera, es mejor reconocer que las Escrituras proveen suficientes modelos para la proclamación formal del evangelio, incluso si esos modelos son extraídos de situaciones donde el evangelio fue presentado de manera informal.

El mensaje "Pecadores en Manos de un Dios Furioso" de Jonathan Edwards es uno de los mensajes evangelísticos extra-bíblicos más conocidos. Predicado inicialmente a su propia iglesia en Northampton, Massachusetts, Edwards lo presentó por invitación una segunda vez (según lo registrado) el 8 de julio de 1741 en Enfeld, Connecticut. Compare la metodología de Edwards y la amplitud teológica con algunos de los ejemplos bíblicos discutidos anteriormente. Edwards escribió típicamente sus mensajes, y este manuscrito en particular sigue siendo útil para pensar en cómo uno se dirige a la cultura contemporánea con la verdad de la Palabra de Dios. Edwards

SECCIÓN II: PANORAMA DEL PROCESO EXPOSITIVO   197

ciertamente no utilizó golpes, y sus oyentes no sufrieron ninguna falta de profundidad teológica en sus palabras. Edwards los desafió severamente a pensar en quién es Dios, lo que Él requiere y cómo debían responder.

Un analista de la comunicación de Edwards notó cinco características presentes en los mensajes de Edwards: (1) sus mensajes generalmente estaban compuestos de tres divisiones – texto, doctrina y aplicación, (2) su idea de mensaje se derivaba de la Escritura (en el caso de "Pecadores en Manos de un Dios Airado", el pasaje primario era Deuteronomio 32:35, (3) sus mensajes fueron infundidos con referencias bíblicas, con un equilibrio general de pasajes del Antiguo y del Nuevo Testamento, (4) sus mensajes incluían frecuentes apelaciones a la frase "en la Escritura", para recordar a sus oyentes que el mensaje estaba fundado en la Escritura, y por lo tanto tenía implicaciones para sus vidas, y (5) sus mensajes estaban arraigados en la autoridad e inerrancia de la Escritura.[73]

CASO PARA ESTUDIO: JONATHAN EDWARDS "PECADORES EN MANOS DE UN DIOS AIRADO"[74]

A su tiempo su pie resbalará. Deuteronomio 32:35

En este versículo la venganza de Dios amenazaba a los israelitas impíos e incrédulos, quienes siendo el pueblo visible de Dios, viviendo bajo los medios de la gracia, y a pesar de las obras maravillosas de Dios para con ellos, permanecieron (como

---

[73] Jayoung Cho, "A Critical Examination of Jonathan Edwards's Theology of Preaching," (Ph.D Diss., New Orleans Baptist Theological Seminary, 2012), 39-47.
[74] From Christian Classics Ethereal Library, Jonathan Edwards, "Sinners in the Hand of an Angry God, " July 8, 1741, Enfeld, Connecticut, viewed at http://www.ccel.org/ccel/edwards/sermons.sinners.html.

dice el v. 28) desprovistos de consejo y sin entendimiento. Estando bajo el cuidado del cielo, produjeron frutos amargos y venenosos; como en los dos versículos que preceden al texto.

La expresión que he escogido para mi texto: "A su tiempo su pie resbalará" (Dt 32.35) parece indicar las siguientes cosas con respecto al castigo y destrucción a que estaban expuestos estos impíos israelitas.

1. Estuvieron siempre expuestos a destrucción; como uno que permanece o camina en lugares resbaladizos está expuesto a caer. Esto está implicado en la manera en que su destrucción viene a ellos, representada por sus pies resbalando. Lo mismo se expresa en el Salmo 73:18."Ciertamente los has puesto en deslizaderos; en asolamientos los harás caer."

2. Implica que estuvieron siempre expuestos a una rápida destrucción repentina. Como el que camina en lugares resbaladizos está expuesto en cada momento a caer, no puede predecir si al siguiente momento permanecerá de pie o caerá; y cuando cae, cae repentinamente sin advertencia: Sal.73:18-19. "Ciertamente los has puesto en deslizaderos; en asolamientos los harás caer. ¡Cómo han sido asolados de repente!"

3. Otra implicación es que están expuestos a caer por ellos mismos sin tener que ser empujados por la mano de otro; como el que camina en suelo resbaladizo no necesita más que su propio peso para caer al suelo.

4. La razón por la que no han caído todavía es solo porque el tiempo señalado por Dios no ha llegado. Porque se dice que cuando el momento llegue, sus pies resbalarán y caerán por su propio peso. Dios no los sostendrá más en estos lugares resbaladizos, sino que los dejará ir; y en ese instante caerán en desgracia; como el que se encuentra en terreno inclinado y resbaloso, o en el filo de un abismo, que no puede mantenerse

firme por sí solo; cuando queda sin apoyo, inmediatamente cae y se pierde.

La observación en la que voy a insistir es ésta: No hay otra cosa que mantenga a los hombres impíos fuera del infierno en todo momento que el mero placer de Dios. Al hablar del "mero placer de Dios" me refiero a su placer soberano, su voluntad arbitraria que no es restringida por ninguna obligación ni impedida por ninguna dificultad, de manera que nada, en ningún momento, en el menor grado, en ningún lugar y en ningún aspecto preserva a los impíos, sino es la pura voluntad de Dios. La verdad de esta observación aparece al considerar lo siguiente:

1. Dios no escasea en poder para arrojar a los impíos en el infierno el momento que lo quiera.

Las manos de los hombres no pueden ser fuertes cuando Dios se levanta; el más fuerte no tiene poder para resistirle, ni puede librarse de sus manos. El no sólo es capaz de arrojar a los impíos en el infierno, sino que puede hacerlo fácilmente. Algunas veces un príncipe terrenal se encuentra con la dificultad de sujetar a un rebelde que ha encontrado medios para fortificarse a sí mismo, y se ha hecho fuerte por el número de sus seguidores. Pero no es así con Dios. No hay fortaleza que sea defensa contra el poder de Dios. Aunque mano se una con mano, y una vasta multitud de los enemigos de Dios se combinen y asocien, son fácilmente quebrados en pedazos. Son como grandes montones de paja ligera ante el torbellino; o grandes cantidades de rastrojo seco ante llamas devoradoras. Encontramos fácil pisotear y aplastar un gusano que vemos arrastrarse en la tierra; también es fácil para nosotros cortar o chamuscar un hilo delgado que agarre cualquier cosa; y así es fácil para Dios, cuando le place, arrojar a sus enemigos al infierno. ¿Qué somos nosotros para que permanezcamos de pie frente a Él, ante cuya reprensión la tierra tiembla, y las rocas son arrojadas?

2. Ellos merecen ser echados en el infierno; de manera que si la justicia divina se encuentra en el camino, no hay objeción eficaz contra el uso del poder de Dios para destruirlos. Antes, por el contrario, la justicia clama fuertemente por un castigo infinito de sus pecados. La justicia divina dice del árbol que da a luz las uvas de Sodoma, "córtalo, ¿para qué inutiliza también la tierra?" (Luc 13:7). La espada de la justicia divina está en cada momento blandida sobre sus cabezas, y no es otra cosa que la misericordia arbitraria y la pura voluntad de Dios que la detiene.

3. Ellos ya están bajo una sentencia de condenación al infierno. No sólo merecen justamente ser arrojados allí, sino que la sentencia de la ley de Dios, esa regla eterna e inmutable de justicia que Dios ha fijado entre Él y la humanidad, ha ido en su contra, y permanece en su contra; de manera que ya están dispuestos para el infierno. "El que no cree, ya ha sido condenado" (Juan 3:18). De modo que cada inconverso pertenece propiamente al infierno; ese es su lugar; de allí es él. "Vosotros sois de abajo" (Juan 8:23), y allí estáis atados; es el lugar que la justicia, la palabra de Dios, y la sentencia de su ley inmutable les han asignado.

4. Ellos ahora son los objetos de ese mismo enojo e ira de Dios que son expresados en los tormentos del infierno. Y la razón por la que no bajan al infierno en cualquier momento, no es porque Dios, en cuyo poder están, no está entonces muy enojado con ellos, como lo está con muchas criaturas miserables que ahora están siendo atormentadas en el infierno, y allí sienten y experimentan el furor de su ira. Sí, Dios está más

enojado con otros tantos que ahora están en la tierra; sí, sin duda lo está con muchos que están ahora en esta congregación, con quienes está airado con más facilidad que con muchos de los que se encuentran ahora en las llamas del infierno. Pero no es porque Dios se haya olvidado de su impiedad ni se resienta por ello la razón por la que no desata su mano y los corta. Dios no es en conjunto como uno de ellos, para ellos su condenación no se duerme; el abismo está preparado, el fuego ya está listo, el horno está caliente, listo para recibirlos; las llamas se inflaman y arden. La espada resplandeciente está afilada y se sostiene sobre ellos, y el abismo ha abierto su boca bajo ellos.

5. El diablo está listo para caer sobre ellos y asirlos para sí; momento que Dios permitirá. Ellos le pertenecen; él tiene sus almas en su posesión y bajo su dominio. La Escritura los representa como sus buenas dádivas (Lc 11:13). Los demonios los vigilan; siempre están a su diestra por ellos; permanecen esperando por ellos como leones hambrientos y codiciosos que ven su presa y esperan tenerla, pero por el momento se retienen. Si Dios retirara su mano, por la cual ellos son restringidos, volarían sobre sus pobres almas. La serpiente antigua los mira con asombro; el infierno abre su amplia boca para recibirlos; y si Dios lo permitiera serían apresuradamente tragados y se perderían.

6. En las almas de los impíos reinan principios infernales que estuvieran actualmente encendidos y llameando en el infierno de fuego si no fuera por las restricciones de Dios. En la naturaleza de cada hombre carnal hay colocado un fundamento para los tormentos del infierno. Hay esos principios corrompidos reinando y en plena posesión de ellos, que son la semilla del infierno de fuego. Estos principios son activos y poderosos, excesivos y violentos en su naturaleza, y si

no fuera por la mano restringente de Dios pronto estallarían y se inflamarían de la misma manera que lo harían las corrupciones y enemistad en los corazones de las almas condenadas, y engendrarían los mismos tormentos que crean en ellos. Las almas de los impíos son comparadas en la Escritura al mar en tempestad (Is 57:20). Por el presente, Dios restringe su impiedad por medio de su gran poder, de la misma manera en que hace con las coléricas ondas del mar turbulento, diciendo, "hasta aquí llegarás y no pasarás;" pero si Dios retirara ese poder restringente, rápidamente se llevaría todo por delante. El pecado es la ruina y la miseria del alma; es destructiva en su naturaleza; y si Dios lo dejara sin restricción no faltaría nada para hacer al alma algo perfectamente miserable. La corrupción del corazón del hombre es inmoderada e ilimitada en su furia; y mientras el impío vive aquí es como un fuego contenido por las restricciones de Dios, que si fuera dejado en libertad atacaría con fuego el curso de la naturaleza; y ya que el corazón es ahora un montón de pecado, de no ser restringido, inmediatamente convertiría el alma en un horno ardiente, o en un horno de fuego y azufre.

7. No es seguridad para los impíos el que en ningún momento haya medios visibles de la muerte. No es seguridad para un hombre natural el que está ahora en salud ni el que no vea ninguna manera en la que pueda ahora partir inmediatamente de este mundo por algún accidente, ni el que no haya ningún peligro visible en ningún aspecto en sus circunstancias. La experiencia múltiple y continua del mundo en todas las edades muestra que no hay evidencia de que un hombre no está en el borde de la eternidad, y de que el próximo paso no sea en otro mundo. Lo invisible, el olvido de modos y medios por los que las personas salen súbitamente del mundo

son innumerables e inconcebibles. Los hombres inconversos caminan sobre el abismo del infierno en una cubierta podrida, y hay innumerables lugares tan débiles en esta cubierta que no pueden soportar su peso; lugares que además no se ven a simple vista. Las flechas de la muerte vuelan a mediodía sin ser vistas; la vista más aguda no las puede discernir. Dios tiene tantas maneras diferentes e inescrutables de tomar al impío fuera del mundo y enviarlos al infierno, que no hay nada que haga parecer que Dios tuviera necesidad de estar a expensas de un milagro, o salirse fuera del curso de su providencia, para destruir al impío en cualquier instante. Todos los medios por los que los impíos parten del mundo están de tal manera en las manos de Dios, y tan universal y absolutamente sujetos a su poder y determinación, que no depende sino de la pura voluntad de Dios el que los pecadores vayan en cualquier momento al infierno, el que los medios nunca sean usados o estén involucrados en el caso.

8. La prudencia y el cuidado de los hombres naturales para preservar sus propias vidas, o el cuidado de otros para preservarlos a ellos, no les brinda seguridad en ningún momento. De esto dan testimonio la providencia divina y la experiencia universal. Hay la clara evidencia de que la propia sabiduría de los hombres no es seguridad para ellos cuando están frente a la muerte; si fuera de otra manera veríamos alguna diferencia entre los hombres sabios y políticos y los demás con respecto a su propensión a una muerte temprana e inesperada; pero ¿cómo es esto en los hechos? "También morirá el sabio como el necio" (Ecl 2:16).

9. Todas las luchas y maquinaciones que los hombres impíos usan para escapar del infierno, mientras continúan rechazando a Cristo, permaneciendo así como impíos, no les

libra del infierno en ningún momento. Casi todo hombre natural que oye del infierno se adula a sí mismo de que escapará; depende de sí mismo para su seguridad; se lisonjea a sí mismo en lo que ha hecho, en lo que está haciendo, o en lo que intenta hacer. Cada quien dispone cosas en su mente sobre cómo evitará la condenación, y se engaña a sí mismo planeando su propio bien, y pensando que sus esquemas no fallarán. Ellos oyen sin embargo que son pocos los que se salvan, y que la mayor parte de los hombres que han muerto hasta ahora han ido al infierno; pero cada quien se imagina que planea mejores cosas para su escape que lo que otros han hecho. Él no pretende ir a ese lugar de tormento; dice dentro de sí que intenta tomar cuidado eficaz, y ordenar las cosas de tal manera que no falle.

Pero los hijos insensatos de los hombres se engañan miserablemente a sí mismos en sus propios esquemas, y en confianza de su propia fuerza y sabiduría; no confían en más que una mera sombra. La mayoría de esos que hasta ahora han vivido bajo los mismos medios de gracia y han muerto, han ido indudablemente al infierno; la razón no es que ellos no eran tan sabios como los que ahora están vivos; no fue porque no planearon cosas que les aseguraran su escape. Si pudiéramos hablar con ellos, y preguntarles, uno por uno, si ellos esperaban cuando vivos y cuando oían hablar acerca del infierno que serían objetos de esa miseria, indudablemente escucharíamos uno por uno contestar: "No, yo nunca pretendí venir aquí; había dispuesto las cosas de otra manera en mi mente; pensé haber planeado el bien para mí; ideé un buen patrón. Intenté tomar un cuidado eficaz; pero vino sobre mí inesperadamente. No lo esperaba en ese momento y de esa manera; vino como un ladrón. La muerte me burló. La ira de Dios fue demasiado rápida para mí. ¡Oh mi maldita insensatez! Me estaba engañando y agradando con sueños vanos acerca de lo que yo haría en el más allá; y cuando me encontraba diciendo, 'paz y seguridad,' vino sobre mí destrucción repentina."

10. Dios en ningún momento se ha puesto bajo ninguna obligación por alguna promesa que haya dado, de mantener al hombre natural fuera del infierno. Ciertamente Dios no ha dado promesas acerca de la vida eterna o de alguna liberación o preservación de la muerte eterna, sino aquellas que están contenidas en el pacto de gracia, las promesas son sí y amén. Pero seguramente aquellos que no son hijos del pacto, que no creen en ninguna de las promesas, no tienen interés en las promesas del pacto de gracia, y no tienen interés en el Mediador del pacto. De manera que, aunque alguno haya tenido imaginaciones y pretensiones acerca de promesas hechas a hombres naturales que buscan con sinceridad, es claro y manifiesto que no importa los dolores que un hombre natural sufra en la religión, ni las oraciones que haga, hasta que no crea en Cristo, Dios no está de ninguna manera bajo la obligación de librarlo en ningún momento de la destrucción eterna. De manera que así es que los hombres naturales son tornados en la mano de Dios sobre el abismo del infierno; se han merecido el fiero abismo, y ya están sentenciados a él; Dios ha sido terriblemente provocado, su ira es tan grande hacia ellos como la de esos que están actualmente sufriendo las ejecuciones de la furia de su ira en el infierno, y no han hecho nada en lo más mínimo para apaciguar o disminuir ese enojo, ni está Dios atado en lo más mínimo a ninguna promesa de levantarlos en ningún momento. El diablo está esperando por ellos, el infierno está abierto de par en par para ellos, las llamas se reúnen y centellean a su alrededor, los atraparán y tragarán; el fuego contenido en sus corazones está luchando

para estallar; y ellos no tienen ningún interés en ningún mediador; no hay medios al alcance que les puedan servir de seguridad. En resumen, no tienen refugio, nada de que aferrarse; todo lo que los preserva en todo instante es la pura voluntad y la paciencia no pactual ni obligada de un Dios encolerizado.

Aplicación

Este terrible tema puede ser útil para hacer despertar algunas personas inconversas en esta congregación. Esto que has oído es el caso de cada uno de ustedes que se encuentra fuera de Cristo. Ese mundo de miseria, ese lago de azufre ardiente se extiende debajo de ti. Allí está el espantoso abismo de las llamas ardientes de la ira de Dios; allí está la ancha boca del infierno abierta de par en par; y no tienes nada sobre que permanecer en pie, ni nada de dónde agarrarte; no hay nada entre ti y el infierno sino sólo el aire; es tan sólo el poder y el puro placer de Dios el que te soporta.

Posiblemente no eres sensible a esto; te ves fuera del infierno, pero no ves la mano de Dios en ello; pero contempla otras cosas, como el buen estado de tu constitución corporal, el cuidado de tu propia vida, y los medios que usas para tu preservación. Pero verdaderamente estas cosas son nada; si Dios retirara su mano, ellas no te beneficiarían más en cuanto a evitar tu caída, que lo que hace el delgado aire al sujetar una persona que se suspende en él.

Tu impiedad te hace como si fueras tan pesado como el plomo, y te dirigirá hacia abajo con gran peso y presión directo al infierno; y si Dios te dejara caer, inmediatamente te sumergirías y rápidamente descenderías dentro del golfo sin fondo; y tu constitución saludable, y tu propio cuidado y prudencia, y tu mejor plan, y toda tu justicia, no tendrían más influencia para sujetarte y librarte del infierno, que lo que una tela de araña puede hacer para frenar una roca al caer. De no ser por el soberano placer de Dios, la tierra no te sostendría un instante porque eres una carga para ella. La creación gime contigo; la criatura está hecha sujeta a la esclavitud de tu corrupción, no para ayudarte voluntariamente a servir al pecado y a Satanás; la tierra no produce su incremento voluntariamente para satisfacer tus pasiones; ni es voluntariamente un escenario sobre el que tus impiedades actúen; el aire no te sirve voluntariamente para mantener la llama de vida de tus órganos vitales, mientras pasas tu vida al servicio de los enemigos de Dios.

Las criaturas de Dios son buenas, y fueron hechas para que el hombre sirviera a Dios con ellas, y para que no sirvieran voluntariamente a ningún otro propósito, y para que gimieran cuando eran usadas para propósitos tan directamente contrarios a su naturaleza y fin. El mundo te vomitaría de no ser por la mano soberana de Aquel que lo tiene sujetado en esperanza. Las negras nubes de la ira de Dios están ahora flotando directamente sobre sus cabezas, llenas de terribles tormentas y truenos; y de no ser por la mano restringente de Dios hubieran reventado inmediatamente sobre ti. El placer soberano de Dios, por el presente, detiene su viento agitado; de otro modo vendría con furia, y tu destrucción llegaría como torbellino. Serías como la paja menuda del suelo de trillo del verano.

La ira de Dios es como grandes aguas que están destinadas para el presente; aumentan más y más, y crecen más y más, hasta que la salida sea dada. Y mientras se detenga la corriente, más rápido y poderoso será su curso cuando sean desatadas. Es verdad que el juicio contra tus obras perversas no ha sido ejecutado todavía; los diluvios de la venganza de Dios han sido retenidos; pero tu culpa entretanto está constantemente aumentando, y está cada día atesorando más ira; las aguas están aumentando constantemente, y creciendo más y más poderosas; y no hay nada fuera del puro placer de Dios que refrene las aguas, las cuales no quieren ser detenidas, y presionan duramente para ir hacia adelante. Si Dios tan sólo retirara su mano de la compuerta, se abriría inmediatamente, y los fieros diluvios del furor e ira de Dios empujarían con furia inconcebible, y vendría sobre ti con poder omnipotente; y si tu fuerza fuera diez mil veces mayor que lo que es, sí, diez mil veces mayor que la fuerza del más corpulento y robusto diablo en el infierno, no sería nada para resistirla o soportarla.

El arco de la ira de Dios está encorvado, la flecha lista en la cuerda, y la justicia dirige la flecha a tu corazón, y estira el arco, y no es otra cosa que el mero placer de Dios, y el que un Dios airado que sin ninguna promesa y obligación del todo, retiene la flecha de embriagarse con tu sangre. Así todos los que de ustedes nunca han pasado por un gran cambio de corazón, por el gran poder del Espíritu de Dios sobre sus almas; todos los que de ustedes nunca han nacido de nuevo, ni han sido hechos nuevas criaturas, ni han sido levantados de la muerte en el pecado a un nuevo estado, ni han experimentado la luz y la vida, están en las manos de un Dios airado. Aunque hayan reformado sus vidas en muchas cosas, y hayan tenido afecciones religiosas, y hayan podido mantener cierta forma de religión con sus familiares y cercanos, y aún en la casa de Dios, no es otra cosa que Su mero placer que los preserva de ser consumidos en la destrucción eterna. No importa cuán poco convencidos estén ahora de la verdad que oyen, a su tiempo estarán plenamente convencidos de ella. Aquellos que han partido estando en las mismas circunstancias en que están ustedes, ven que así fue con ellos; porque la destrucción vino bruscamente sobre la mayoría de ellos; cuando no la esperaban, y mientras estaban diciendo, 'paz y seguridad. 'Ahora ven, que esas cosas en las que dependían para la paz y la seguridad, no eran más que un aire delgado y una sombra vacía.

El Dios que te sostiene sobre el abismo del infierno, más que uno que sostenga una araña, o cualquier insecto asqueroso sobre el fuego, te aborrece, y ha sido terriblemente provocado. Su ira hacia ti se enciende como fuego; te ve como digno, pero no para otra cosa que para ser echado en el fuego; es tan puro de ojos que no puede mantenerte a su vista; eres diez mil veces más abominable a sus ojos que lo que la serpiente venenosa más odiada es a los nuestros. Le has ofendido infinitamente más que lo que un rebelde obstinado ofende a su príncipe; y sin embargo, no es otra cosa que su mano la que te sostiene de caer en el fuego en cualquier momento. No debe ser atribuido a nadie más el que no hayas ido al infierno la última noche; el que hayas sufrido otra vez el despertar en este mundo, después de haber cerrado los ojos para dormir. Y no hay otra razón que dar de por qué no has caído en el infierno desde que te levantaste en la mañana, que el hecho de que la mano de Dios te ha sostenido. No hay otra razón que dar de por qué no has ido al infierno, desde que te sentaste aquí en la casa de Dios, provocando sus ojos puros por tu modo pecaminoso e impío de atender a su solemne adoración. Sí, no hay otra cosa que dar como razón de por qué no caes en el infierno en este preciso momento.

Oh, pecador, considera el terrible peligro en que estás. Es sobre un horno de ira, un abismo amplio y sin fondo, lleno del fuego de la ira, en el que estás soportado por la mano de Dios, cuya ira ha sido provocada e inflamada tanto contra ti, como contra muchos de los ya condenados en el infierno. Cuelgas de un hilo delgado, con las llamas de la ira divina destellando alrededor, y listas en todo momento para chamuscarlo y quemarlo en dos; y no tienes interés ni por un instante en ningún Mediador, ni en nada en qué aferrarte para salvarte a ti mismo, ni para librarte de las llamas de la ira. Ni siquiera hay algo en ti, nada de lo que hayas hecho ni puedas hacer, para inducir a Dios a perdonarte. Por eso te pido que consideres los siguientes puntos de modo más particular:

1. Mira de quién es la ira. Es la ira de un Dios infinito. Si fuera solamente la ira de un hombre, aunque fuera la del príncipe más poderoso, sería comparativamente pequeña para ser considerada. La ira de reyes es mucho más terrible, especialmente la de monarcas absolutos, que tienen las posesiones y las vidas de sus súbditos enteramente en su poder para disponer de ellas a su mera voluntad. "Como rugido de cachorro de león es el terror del rey; el que lo enfurece peca contra sí mismo" (Prov 20:2). El súbdito que se encoleriza mucho contra un príncipe arbitrario, está expuesto a sufrir los tormentos más extremos que el arte humano puede inventar o que el poder humano puede infligir. Pero las más grandes potestades terrenales, en su mayor majestad y fuerza, cuando están vestidos de sus más grandes terrores, no son más que gusanos débiles y despreciables de la tierra en comparación al Gran y Todopoderoso Creador y Rey del cielo y a tierra. Es en realidad poco lo que ellos pueden hacer en el momento en que ellos están más encolerizados, y cuando han ejercido el extremo

de su furia. Todos los reyes de la tierra son como langostas ante Dios; son nada y menos que nada; tanto su amor como su odio son tornados en poco. La ira del gran Rey de reyes es tanto más terrible que la de ellos, como lo es su majestad. "Mas os digo, amigos míos: No temáis a los que matan el cuerpo, y después nada más pueden hacer. Pero os enseñaré a quién debéis temer: Temed a aquel que después de haber quitado la vida, tiene poder de echar en el infierno; sí, os digo, a éste temed" (Luc 12:4,5).

2. Es a la furia de su ira a la que estás expuesto. A menudo leemos de la furia de Dios; como en

Is 59:18. "Como para retribuir con ira a sus enemigos, y dar el pago a sus adversarios." Así también Is.66:15. "Porque he aquí que Jehová vendrá con fuego, y sus carros como torbellino, para descargar su ira con furor, y su represión con llama de fuego." Y en muchos otros lugares.

También Ap 19:15; allí leemos de "el lagar del vino del furor y de la ira del Dios Todopoderoso." Las palabras son en extremo terribles. Si solamente se hubiera dicho, "la ira de Dios", los términos implicarían algo infinitamente terrible; pero es "el furor y la ira de Dios". La furia de Dios! ¡El furor de Jehová! ¡Oh, cuán terrible debe ser eso! ¿Quién puede pronunciar o concebir lo que estas expresiones implican en sí mismas? Pero además, "el furor y la ira del Dios Todopoderoso." Como si hubiera una gran manifestación de su poder omnipotente en lo que el furor de su ira realiza; como si la omnipotencia estuviera encolerizada y ejercida de tal manera que los hombres no pueden ejercer su fuerza en contra del furor de su ira. ¡Oh! entonces, ¡cuál será la consecuencia! ¡Qué será de aquellos pobres gusanos que la sufrirán! ¿Quién tendrá manos fuertes para esto? ¿Qué corazón la podrá resistir? ¡A qué terrible, indecible, inconcebible profundidad de miseria está sumergida la pobre criatura que esté sujeta a esto! Considera esto, tú que estás aquí presente, y aún permaneces en un estado no regenerado. Que Dios ejecutará el furor de su enojo, implica, que Él infligirá su ira sin piedad. Cuando Dios observe la extremidad inefable de tu caso, y vea tu tormento estar tan inmensamente desproporcionado a tu fuerza, y vea cómo tu pobre alma es molida, y se hunde como si estuviera en tinieblas infinitas, no tendrá compasión de ti, no contenderá las ejecuciones de su ira, y ni siquiera aligerará su mano, no habrá moderación ni misericordia, no apaciguará su viento agitado; no tendrá cuidado de tu bienestar, ni será en ningún sentido cuidadoso, a menos que sufras mucho más en cualquier otra manera, que lo que sufrirías con lo que la justicia estricta requiere. Nada será retenido por el hecho de que sea demasiado fuerte de sobrellevar. "Pues también yo procederé con furor; no perdonará mi ojo, ni tendré misericordia; y gritarán a mis oídos con gran voz, y no los oiré (Ez 8:18). Ahora Dios está presto a tener piedad de ti; este es un día de misericordia; puedes gritar ahora con el aliento de obtener misericordia. Pero cuando el día de misericordia pase, tus gritos y chillidos de lamento y dolor serán en vano; estarás enteramente perdido y alejado de Dios, como para que nadie se interese en tu bienestar. Dios no tendrá otra cosa que hacer contigo que ponerte a sufrir miseria; no continuarás en existencia para otro fin que no sea ese; porque serás un vaso de ira preparado para destrucción; y no habrá otro uso para este vaso, que ser llenado a plenitud de ira. Dios estará tan lejos de tener piedad de ti cuando grites, que se dice que solamente "reirá y se burlará" (Prov1:25,26ss). Cuán terribles son esas palabras, las cuales proceden del gran Dios, "los pisé con mi ira, y los hollé con mi furor; y su sangre salpicó mis vestidos, y manché todas mis ropas" (Is 63:3). Es quizás imposible concebir otras palabras que expresen con más claridad la idea de desprecio, odio, y furia de indignación. Si clamas a Dios para que tenga piedad de ti, Él estará tan lejos de hacer tal cosa en tu doloroso caso, o de mostrarte ningún cuidado o favor, que, en lugar de ello, te hollará bajo sus pies. Y aunque sabrá que no podrás sobrellevar el peso de la omnipotencia sobre ti, no tendrá consideración, sino que te aplastará bajo sus pies sin misericordia; hará volar tu sangre al molerte, y salpicará sobre sus vestidos, de tal manera que manchará todas sus ropas. No sólo te odiará, sino que te tendrá bajo el desprecio más extremo; no habrá otro lugar más adecuado para ti que el estar bajo sus pies, ser pisoteado como el fango de las calles.

3. La miseria a la que estás expuesto es aquella que Dios infligirá con el fin de mostrarte lo que la ira de Jehová es. Dios ha tenido en su corazón el mostrar a los ángeles y a los hombres cuán excelente es su amor, y también cuan terrible es su ira. Algunas veces los reyes terrenales tienen en mente mostrar cuán terrible es su ira, por los castigos extremos que ejecutan en contra de aquellos que le provocan. Nabucodonosor, ese monarca poderoso y orgulloso del imperio caldeo, estuvo presto a mostrar su ira cuando se encolerizó contra Sadrac, Mesac y Abednego; y de esa manera dio orden de que el fiero horno ardiente fuera calentado siete veces más de como estaba. Sin duda, fue levantado al grado más extremo de furor que el arte humano podía levantar.

Pero el gran Dios está también presto a mostrar su ira, y magnificar su terrible majestad y omnipotencia, en los sufrimientos extremos de sus enemigos. "¿Y qué, si Dios, queriendo mostrar su ira y hacer notorio su poder, soportó con mucha paciencia los vasos de ira preparados para destrucción?" (Rom 9:22). Y viendo que ésta es su diseño, aquello que Él ha determinado, mostrar cuán terrible es la ira, la furia y el furor de Jehová cuando no es refrenada, Él lo llevará a cabo. Sucederá ante un testigo algo que será espantoso. Cuando el gran Dios airado se haya levantado y ejecutado su terrible venganza sobre el pobre pecador, y cuando el miserable esté sufriendo el peso y el poder infinito de su indignación, entonces Dios llamará al universo completo para que contemple esa terrible majestad y omnipotencia que será vista en ella. "Y los pueblos serán como cal quemada; como espinos cortados serán quemados con fuego. Oíd, los que estáis lejos, lo que he hecho; y vosotros los que estáis cerca, conoced mi poder. Los pecadores se asombraron en Sion, espanto sobrecogió a los hipócritas" (Is 33:12-14). Así será con aquellos de ustedes que están en un estado de no conversión, si continúan en él. El poder infinito, la majestad y lo terrible del Dios omnipotente será magnificado sobre ti, en la inefable fuerza de tus tormentos.

Serás atormentado en la presencia de los santos ángeles, y en la del Cordero; y cuando te encuentres en ese estado de sufrimiento, los habitantes gloriosos del cielo irán y verán el terrible espectáculo, para que puedan ver lo que es la ira y el furor del Todopoderoso; y cuando lo hayan visto, caerán y adorarán es gran poder y majestad. "Y de mes en mes, y de día de reposo, en día de reposo, vendrán todos a adorar delante de mí, dijo Jehová. Y saldrán, y verán los cadáveres de los hombres que se rebelaron contra mí; porque su gusano nunca morirá, ni su fuego se apagará, y serán abominables a todo hombre" (Is 66:23-24).

4. Es una ira eterna. Sería terrible sufrir este furor y esta ira del Dios Todopoderoso por un momento; pero debes

sufrirla por toda la eternidad. No habrá fin para esta aguda y horrible miseria. Cuando mires hacia delante, verás un largo camino para siempre, una duración infinita ante ti, la cual tragará tus pensamientos, y sorprenderá tu alma; y estarás absolutamente desesperado de no tener liberación, de no tener fin, de no mitigar, de no tener reposo del todo. Conocerás ciertamente que deberás consumirte luchando contra esta venganza todopoderosa y ausente de misericordia durante largas edades, millones de millones de edades. Y cuando así lo hayas hecho, cuando esas tantas edades hayan pasado sobre ti de esa manera, conocerás que eso es sólo un punto de lo que queda. De manera que tu castigo será verdaderamente infinito. ¡Oh, quién puede expresar cuál es el estado del alma en tales circunstancias! Todo lo que podamos decir acerca de ello solamente da una representación muy débil; es inexpresable e inconcebible, porque "¿quién conoce el poder de la ira de Dios?" ¡Cuán terrible es el estado de esos que diariamente y a cada hora están en peligro de esta gran ira y miseria infinita! Pero ese es el lúgubre caso de cada alma en esta congregación que todavía no ha nacido de nuevo, no importa cuán moralistas, estrictos, sobrios y religiosos puedan ser. ¡Oh, si tan sólo consideraras esto, ya seas joven o viejo! Hay razón para pensar, que hay muchos ahora en esta congregación oyendo este discurso, que eventualmente serán sujetos de esta miseria por toda la eternidad. No sabemos quiénes son, ni en qué asientos están, ni qué pensamientos tienen ahora. Puede que ahora están cómodos, y oigan todas estas cosas sin mucha turbación, y están ahora engañándose a sí mismos de que ellos no son esas personas, prometiéndose también que escaparán. Si conociéramos de una persona, sólo de una en esta congregación, que fuera sujeto de esta miseria, ¡qué terrible sería pensar en ello! Si supiéramos quién es, ¡qué vista más terrible fuera el mirar a tal persona! ¡Cómo surgiría un grito de lamento amargo por él de parte del resto de la congregación! Pero ¡ay! en lugar de uno, ¡cuántos de ustedes recordarán este discurso en el infierno! Sería un milagro si algunos de los que están ahora presentes no se encontraran en el infierno dentro de poco tiempo, o antes de que este año termine. Y no sería un milagro si algunas personas, de las que ahora están aquí sentadas en algunos asientos de esta casa de reunión, en salud, quietos y seguros, se encuentren allí antes de mañana en la mañana. Aquellos de ustedes que continúen en un estado natural, que piensen que serán librados del infierno más tiempo, ¡estarán allí en poco tiempo! su condenación no se tarda; vendrá velozmente, y, con toda probabilidad, muy prontamente, sobre muchos de ustedes. Ustedes tienen razón al admirarse de que no están ya en el infierno. Es dudoso el caso de algunos que ustedes han visto y conocido, que nunca merecieron el infierno más que ustedes, y que una vez parecieron igualmente estar vivos como ustedes.

Su caso ha perdido toda esperanza; ahora están gritando en extrema miseria y perfecta desesperación; pero ustedes están aquí en la tierra de los vivientes, en la casa de Dios, y tienen una oportunidad de obtener salvación. ¡Qué no darían esas pobres, condenadas y desesperanzadas almas por un día de oportunidad como el que ahora disfrutas! Y ahora tienes una oportunidad extraordinaria, un día en el que Cristo tiene ampliamente abierta la puerta de la misericordia, permanece allí llamando, y gritando con alta voz a los pobres pecadores; un día en el que muchos están uniéndose a Él, y apresurándose a entrar en el reino de Dios. Muchos vienen diariamente del este, oeste, norte y sur; muchos que estuvieron últimamente en la misma condición miserable en que están ustedes, y que ahora están en un estado de alegría, con sus corazones llenos de amor por aquel que los amó y los lavó de sus pecados con su propia sangre, y se gozan en la esperanza de la gloria de Dios. ¡Cuán terrible será ser echado a un lado en aquel día! ¡Ver a tantos festejando, mientras te estás consumiendo y pereciendo! ¡Ver a tantos regocijándose y cantando con gozo del corazón, mientras tienes motivo para lamentarte con pena interior, y clamar a gritos con vejación del espíritu! ¿Cómo pueden descansar aun un momento en tal condición? ¿No son sus almas tan preciosas como las almas de la gente de Suffield (un pueblo de las inmediaciones) que están yendo a Cristo día tras día? No hay muchos de ustedes aquí que han vivido un largo tiempo en el mundo, y hasta este día no han nacido de nuevo y son así extranjeros de la nación de Israel, y no han hecho otra cosa desde su existencia que atesorar ira en contra del día de la ira?

Oh, señores, su caso, en una manera especial, es peligroso en extremo. Su culpa y dureza de corazón es extremadamente grande. ¿No ven ustedes cómo generalmente las personas de su edad son pasados por alto y dejados en el notable presente y maravillosa dispensación de la misericordia de Dios? Tienen necesidad de considerarse a ustedes mismos, y despertar por completo del sueño. No pueden llevar la carga del furor y la ira del Dios infinito. Y ustedes, hombres y mujeres jóvenes, ¿negarán esta preciosa época que ahora disfrutan, cuando tantos otros de su edad están renunciando a todas las vanidades juveniles, y yendo a Cristo? Tienen ahora una oportunidad extraordinaria; pero si la rechazan, les pasará como a esas personas que gastaron todos los días preciosos de su juventud en el pecado, y ahora han pasado a un estado de ceguera y endurecimiento. Y ustedes, hijos, que están sin convertir, ¿no saben que van al infierno, a sobrellevar la terrible ira de ese Dios, que ahora está enojado contigo cada día y noche? ¿Estarán ustedes contentos de ser hijos del diablo, cuando tantos otros niños en la tierra están convertidos, y han venido a ser los hijos santos y alegres del Rey de reyes?

Que cada uno que esté sin Cristo, y colgando sobre el abismo del infierno, ya sea anciano o anciana, de mediana edad, joven o niños, oigan ahora los fuertes llamados de la Palabra y la providencia de Dios. Este año aceptable del Señor, un día de tanto favor para algunos, será sin lugar a dudas un día de notable venganza para otros. Los corazones de los hombres se endurecerían, y su culpa se incrementaría aprisa en un día como éste, si niegan salud a sus almas. Nunca hubo tanto peligro para estas personas de ser entregadas a la dureza de corazón y ceguera de mente. Dios ahora parece estar reuniendo apresuradamente a sus escogidos de todas partes de la tierra; y probablemente la mayor parte de los adultos que se salvarán, serán traídos dentro de poco tiempo, y será como el gran repartimiento del Espíritu sobre los judíos en los días de los apóstoles. Los elegidos obtendrán la salvación, y el resto será cegado. Si éste fuera tu caso, maldecirás este día eternamente, y maldecirás el día en que naciste al ver el tiempo de repartimiento del Espíritu, y desearás haber muerto e ido al infierno antes de haberlo contemplado. Ahora, indudablemente, como lo fue en los días de Juan el Bautista, el hacha está colocada de una manera extraordinaria a la raíz de los árboles, para que todo árbol que no dé buen fruto, sea cortado, y arrojado al fuego.

Por tanto, que todo aquel que esté sin Cristo, despierte ahora y huya de la ira por venir. La ira del Dios Todopoderoso se cierne ahora sobre una gran parte de esta congregación. Que cada uno huya de Sodoma: "Dense prisa y escapen por sus vidas; no miren tras sí, escapen al monte, no sea que perezcan.

Caso Para Estudio: Cuando la fe va a la Universidad, ¿qué Vuelve a Casa? Componentes de Comunicación de Una Visión Bíblica del Mundo

El Grupo Barna indicó recientemente que sólo el 20% de los adultos jóvenes mantienen un nivel de actividad espiritual consistente con el de sus años de escuela secundaria.[75] Si este estudio pudiera ser utilizado para predecir, sólo una de cada cinco personas que tienen un enfoque espiritual durante la escuela secundaria permanecerá de esa manera en la edad adulta. Esto es más significativo, creo, que los estudios que muestran a los adultos jóvenes que abandonan la iglesia porque nunca se comprometieron realmente. Entonces, ¿por qué la migración de ser espiritualmente serio a espiritualmente apático? Yo sugeriría que un componente significativo para el abandono es la falta de preparación general de los cristianos para lo que enfrentarán en la universidad. Friedrich Nietzsche escribió: "Una vez la gente decía Dios, cuando miraban a mares lejanos, ahora, ahora sin embargo, te he enseñado a decir superhombre".[76] Siguiendo con el tema de "Dios está muerto" de Nietzsche, Bertrand Russell observó:

---

[75] Barna Group "Most Twentysomethings Put Christianity on the Shelf following Spiritually Active Teen Years," http://www.barna.org/teens-next-gen-articles/147-most-twentysomethings-put-christianity-on-the-shelf-following-spiritually-active-teen-years, published 9/11/2006.
[76] Friedrich Nietzsche, *Así Hablo Zaratustra,* (Pennsylvania: Penn State University, 1999), 82.

La religión se basa, creo, primaria y principalmente en el miedo. Es en parte el terror de lo desconocido y en parte, como ya he dicho, el deseo de sentir que tienes una especie de hermano mayor que estará a tu lado en todos tus problemas y disputas. El miedo es la base de todo el asunto – el miedo de lo misterioso, el miedo a la derrota, el miedo a la muerte. El miedo es el padre de la crueldad, y por lo tanto no es de extrañar si la crueldad y la religión han ido de la mano. Es porque el miedo está en la base de esas dos cosas. En este mundo podemos comenzar ahora un poco a entender las cosas, y un poco a dominarlas con la ayuda de la ciencia, que se ha forzado paso a paso contra la religión cristiana, contra las iglesias y contra la oposición de todos los viejos preceptos. La ciencia puede ayudarnos a superar este temor cobarde en el que la humanidad ha vivido por tantas generaciones. La ciencia nos puede enseñar, y creo que nuestros propios corazones nos pueden enseñar, a no mirar más alrededor en busca de ayudas imaginarias, a no inventar más aliados en el cielo, sino más bien a mirar nuestros propios esfuerzos aquí abajo para hacer de este mundo un lugar mejor en vez de la clase de lugar que las iglesias en todos estos siglos han hecho.[77]

Así como Nietzsche describió la autosuficiencia como el medio de derivar la independencia de Dios (y por lo tanto "matarle"), Russell entendió que la ciencia era el último medio de autosuficiencia. Como Lord Cutler Beckett, personaje de

---

[77] Bertrand Russell, "Por qué no Soy Cristiano," Marzo 6, 1927, http://www.users.drew.edu/~jlenz/whynot.html.

Piratas del Caribe, proclamó a Davey Jones mejorado metafísicamente: "Lo material se ha vuelto inmaterial".[78]

El historiador de filosofía W.K.C. Guthrie reconoce las primeras influencias del naturalismo en la ciencia y la filosofía. "La filosofía y la ciencia comienzan con la audaz confesión de que la fe no es un capricho, sino un orden inherente que subyace a los fenómenos, y la explicación de la naturaleza debe buscarse dentro de la naturaleza misma".[79] En otras palabras, el surgimiento de la filosofía y la ciencia está sin duda arraigado en la fe de que sólo el reino natural es la realidad. Los filósofos naturales griegos fueron los predecesores del movimiento científico moderno, y el factor determinante (fe en la exclusividad de lo material) ha permanecido como tema central a través de los años.

Wendell Berry describe el propósito de la universidad de la siguiente manera:

> Lo que se hace en una universidad es la humanidad. Dada la influencia actual de las universidades, esto es meramente inevitable. Pero lo que las universidades, por lo menos las que reciben apoyo público, tienen el mandato de hacer o ayudar a hacer es seres humanos en el más amplio sentido de la palabra, no sólo trabajadores capacitados o ciudadanos con conocimientos sino herederos responsables y miembros de la cultura humana ... Subyacente a la idea de una universidad – la unión, la combinación de todas las disciplinas – es la idea de que el buen trabajo y la buena ciudadanía son

---

[78] Ted Elliott and Terry Rossio, *Pirates of the Caribbean: At World's End*, theatrical release, directed by Gore Verbinski, Disney, 2007.

[79] WKC Guthrie, *A History of Greek Philosophy, Volume I: The Earlier Presocratics and the Pythagoreans* (New York, NY: Cambridge University Press, 1962), 44.

los subproductos inevitables de la creación de un ser humano bueno, es decir, plenamente desarrollado. Esto, como yo lo entiendo, es la definición del nombre universidad.[80]

Las palabras de Berry ilustran el diseño interdisciplinario de la universidad – que el conocimiento y las aplicaciones son integradores y están conectados. Consecuentemente, hay implicaciones significativas cuando la universidad tiene éxito, como Berry describe, en hacer a la humanidad. Aquí está la pregunta clave entonces: si la ciencia y la filosofía que fundamenta el currículo universitario son decididamente anti-metafísicas, entonces ¿cómo sobrevive el estudiante a la inculcación de una cosmovisión anti-Dios?

Por desgracia, muchos no lo logran, porque su propia fe teísta a menudo va sin examinar y sin apoyo, y es fácilmente abandonada cuando es desafiada. La gente no suele darse cuenta de lo que cree hasta que esas creencias son contrarrestadas. A veces los argumentos contra el cristianismo, por ejemplo, son tan convincentes que podemos abandonarlo con poca resistencia. Pero para aquellos dispuestos a examinar el cristianismo bíblico y contrastarlo de manera justa con las raíces ateas de la ciencia y la filosofía contemporánea (así llamada), el proceso de involucrar al ateísmo como una cosmovisión en toda su gloria puede ser un proceso muy productivo.

En otras palabras, los cristianos no deben tener miedo de involucrar otros puntos de vista – pero debemos incorporar esas opiniones desde un punto de vista provechoso del

---

[80] Wendell Berry, *Home Economics* (New York: North Point Press, 1987), 77.

conocimiento, en lugar de la ignorancia. Debemos entender no sólo lo que se cree, sino por qué se cree. Debemos entender las implicaciones de lo que se cree. Debemos tener un marco básico de cosmovisión que nos permita comparar y contrastar las diversas visiones del mundo.

Sugiero al menos los siguientes seis componentes para un marco de este tipo, con el fin de que podamos tener confianza en lo que creemos, que podamos desafiarnos unos a otros y refinarnos en lo que necesitamos refinación, y en última instancia, para que podamos pensar y caminar como deberíamos. Debemos (1) entender que todo el mundo comienza con la fe, (2) entender la base de la verdad, (3) entender el conflicto de las cosmovisiones, (4) entender nuestra posición en Cristo, (5) entender nuestros dispositivos para crecer y caminar, y (6) entender nuestra responsabilidad con los incrédulos.

Entender que Todo el Mundo Comienza Con Fe

Proverbios 1:7 y 9:10 describen el temor del Señor como el principio de la sabiduría, el conocimiento y el entendimiento. Salmo 114:1 describe como necios a los que proclaman en sus corazones que no hay Dios. Todo el mundo comienza con un primer paso de fe (una presuposición). Los ateos, como los teístas, son en realidad personas de fe. La diferencia entre ambos es simplemente el objeto de su fe, y sus métodos para justificarla. Para ilustrarlo, Carl Sagan comenzó su revolucionario *El Cosmos* con las palabras, "El cosmos es todo lo que es o fue o será".[81] Esta no es una declaración científica (el método científico requiere observación), sino que es una

---

[81] Carl Sagan, *The Cosmos* (New York: Ballantine, 1980), 1.

declaración de fe, y una declaración que sustenta toda la búsqueda científica de Sagan. En última instancia, para Sagan, el cosmos es el único dios que existe. Por el contrario, la Biblia comienza con la presuposición de que Dios existe – y nunca intenta defender esa presuposición (e.g., ver Rom 1 y Heb 11: 6). El primer paso de investigación de todos es un paso de fe. Todos los demás pasos se basan y definen su alcance a partir de ese primer paso. En otras palabras, ese primer paso de la fe define las reglas del juego – lo que está permitido y lo que no. No hay tierra neutral.

Entender la Base de la Verdad

Si todo el mundo comienza con la fe, entonces el cristiano no necesita sentirse incómodo siendo una persona de fe – si el objeto de la fe es digno de esa fe. Un punto de distinción importante entre el teísta bíblico y el ateo es cómo el objeto de la fe puede ser conocido – cómo los datos deben ser interpretados. Todos tratamos con los mismos datos (ateos y teístas por igual), pero la forma en que interpretamos los datos conduce a conclusiones muy diversas.

En el siglo XVII, René Descartes llegó a la conclusión de que la única manera de tener conocimiento verdadero era por el uso guiado de la razón. Desarrolló un método mediante el cual creía que podía guiar su razón a la verdad. Desafortunadamente, Descartes no parecía darse cuenta de la finitud de la razón humana, y por lo tanto su racionalismo no es un vehículo perfecto para adquirir conocimiento.

David Hume, en el siglo XVIII, argumentó que los sentidos eran la clave del discernimiento del conocimiento. La experiencia sensorial fue guiada y fue superior a la razón. Sin embargo, la epistemología de Hume no permitió ninguna realidad metafísica, ya que sólo lo que se puede sentir puede ser considerado real.

Mientras que el racionalismo de Descartes consideraba a la razón como el árbitro supremo de la verdad, y el empirismo de Hume se basaba únicamente en la experiencia sensorial, la Biblia reconoce que el mensaje de Dios y su obra de salvación es una locura para aquellos que no han sido salvos por él (1 Cor 1:18-25). Sin embargo, afirma que la resurrección de Jesús, por ejemplo, ocurrió (e.g., Mt 28, Mc 16, Lc 24, Jn 20:1 Cor 15). La Biblia presenta este evento como racional (Lc 24,44-46) y verificado empíricamente en ese momento (Jn 20:24-29, 1 Cor 15:6-8). Sin embargo, la Biblia no presenta ninguno de esos aspectos (racional o empírico) como árbitros finales de la verdad.

Estos tres enfoques de la verdad (el racionalismo, el empirismo y lo que yo llamo biblicismo) tienen que tratar con los mismos datos; por ejemplo, hay un cosmos con el que los tres enfoques tienen que interactuar, pero ellos interpretan ese cosmos de manera diferente. Si el primer paso de la fe es que no hay nada más allá del cosmos, entonces una explicación de Dios como creador no está permitida. La cuestión, entonces, no son los datos en sí, sino más bien lo que consideramos nuestra autoridad final para determinar la verdad sobre los datos.

Entender Los Conflictos de Las Cosmovisiones

Si comenzamos con un primer paso de fe y luego interpretamos los datos basados en ese primer paso de fe, entonces claramente, ciertas conclusiones no se permiten – violarían las reglas del juego. Tanto el ateo como el teísta tienen que enfrentarse a esta realidad. Por consiguiente, cuando un ateo define la ciencia, la definición podría ser la siguiente:

... la ciencia siendo la metodología científica – el método y las prácticas utilizadas por los científicos para adquirir conocimiento confiable sobre el mundo que nos rodea. La superioridad de la ciencia sobre otros intentos de adquirir conocimiento radica en esa metodología. Desarrollado a lo largo de muchas décadas, el método científico nos proporciona información que es más consistentemente fiable y útil que cualquier otro sistema que los seres humanos hayan tratado de desarrollar, incluyendo especialmente la fe, la religión y la intuición.[82]

Por el contrario, consideremos esta descripción de la ciencia por pensadores teístas:

La primera cuestión que hay que abordar es si la definición de ciencia permite o no la cosmología teísta. Pero, ¿qué es la ciencia? La Asociación Nacional de Maestros de Ciencias decidió sus normas para la ciencia con una declaración de posición adoptada en el año 2000. En la declaración, la organización estableció que "la ciencia, por definición, se limita a los métodos y explicaciones naturalistas y, como tal, está excluido del uso de elementos sobrenaturales en la producción del conocimiento científico" (Nature). Decir entonces que el mundo natural fue creado por la mano de Dios contradice completamente la doctrina central de esta organización, anulando el valor de cualquier

---

[82] Austine Cline, "Defining Science – How is Science Defined?" from http://atheism.about.com/od/philosophyofscience/a/DefineScience.htm.

razonamiento para la creación. Si uno decide estar de acuerdo con la NSTA [Asociación Nacional de Maestros de Ciencias, por sus siglas en inglés], entonces, por supuesto, va a ser imposible poder demostrar que el mundo tiene un creador divino. Uno debe estar abierto a la posibilidad de que Dios hizo el mundo con el fin de aceptar la evidencia científica para el creacionismo. Simplemente decir que los científicos sólo deben valorar el mundo natural es limitarse a sí mismo de la posibilidad de descubrimientos que apoyan el teísmo. En otras palabras, sólo un individuo de mente abierta será capaz de interpretar datos que contradicen el evolucionismo.[83]

Estas dos perspectivas de la ciencia son totalmente incompatibles entre sí. Del mismo modo, las implicaciones de estas perspectivas también son a menudo mutuamente excluyentes. Hay un conflicto de cosmovisiones evidentes en cada nivel de investigación, porque las reglas del juego han sido definidas con la primera presuposición. Una vez más, no hay tierra neutral.

Entender Nuestra Posición en Cristo

Como cristianos bíblicos necesitamos entender el alcance de nuestra posición en Cristo. Hemos sido salvados del sistema del mundo (Ef 2:1-10) y la ceguera espiritual asociada con él (Romanos 6:1-11, Col 2: 20-3:7). Somos bendecidos con toda bendición espiritual en Cristo (Efesios 1:3). Todo lo que somos y tenemos está arraigado en Cristo. En consecuencia, no estamos

---

[83] "Theistic Cosmology" viewed at http://www.spiritualmilk.com/id27.html.

sujetos a las reglas anti-metafísicas exigidas por el ateísmo. Además, en el proceso de involucrar visiones del mundo contradictorias a la Biblia, nuestra posición como hijos de Dios (1 Jn 3:1) nos permite acercarnos a Dios como un niño a un padre (Rom 8:15). Está bien examinar, evaluar e incluso cuestionar. La Biblia presenta muchos ejemplos de personas que cuestionaron a Dios – algunos lo hicieron en rebelión, otros lo hicieron como niños que buscaban entender la verdad.

Si comprendemos nuestra posición en Él, entonces la investigación tiene un propósito. Estamos tratando de entender mejor a Dios: conocerlo más de cerca (e.g., Jn 17:3). Consideremos a Job. Ciertamente cuestionó a Dios, pero no fue condenado por ello. Fue corregido – se le dio conocimiento de cosas que él no había entendido previamente, pero nunca es reprendido por participar en el proceso. Cristianos, no debemos temer a las preguntas. Debemos participar, pero debemos hacerlo desde una buena comprensión de dónde estamos en Él.

Entender Nuestras Herramientas Para Crecer y Caminar

También es muy importante que entendamos las herramientas que tenemos a nuestra disposición. ¿Qué dispositivos nos ha dado Dios para entender la verdad? Romanos 1:16-17 caracteriza al evangelio como algo de lo cual no debemos avergonzarnos, porque es el poder de Dios para salvar. 2 Corintios 10:3-5 describe nuestra guerra no como contra el pueblo, sino como espiritual y como contra las especulaciones y la falsedad. Efesios 6:10-18 presenta la realidad de la guerra espiritual y considera nuestro equipamiento para ello. La única arma ofensiva en el arsenal es la Palabra de Dios. 2 Timoteo 3:16-17 habla con especificidad sobre la autoridad de la Palabra de Dios y su utilidad para cada área de nuestras vidas, para que podamos estar equipados para toda buena obra. 2 Pedro 1:3 nos informa que se nos ha dado todo lo relacionado con la vida y la piedad.

En este proceso de caminar y crecer, de participar y aprender, la Palabra de Dios es nuestra autoridad final. Reclama para sí misma la suficiencia para cada área de la vida. En consecuencia, si estamos tratando de caminar como cristianos, pero usamos métodos basados en presupuestos ateos (por ejemplo, la evolución darwiniana, la ciencia empírica como el método más alto para determinar la verdad), entonces seguro estamos confundidos. Necesitamos mantener nuestro caminar consistente con nuestro llamado (Ef 4:1).

Entender Nuestra Responsabilidad con los Inconversos
Finalmente, necesitamos entender nuestra responsabilidad con aquellos que no están de acuerdo con la cosmovisión bíblica. 1 Pedro 3:15-16 establece, "sino santificad a Dios el Señor en vuestros corazones, y estad siempre preparados para presentar defensa con mansedumbre y reverencia ante todo el que os demande razón de la esperanza que hay en vosotros; teniendo buena conciencia, para que en lo que murmuran de vosotros como de malhechores, sean avergonzados los que calumnian vuestra buena conducta en Cristo". Nuestra responsabilidad, como Pedro esboza aquí, es: (1) estar siempre operando con una perspectiva apropiada de Cristo (2) estar siempre preparados para hacer una defensa (apología) a los que preguntan acerca de nuestra esperanza, y (3) dar cuenta, cuando se nos pregunta, con mansedumbre y reverencia. Observe primero la centralidad de Cristo en todo esto – Él es la razón de nuestra posición, y Él es la motivación y la ayuda para nuestro caminar. También, notemos que la "apologética", en la manera

que Pedro usa el término, no es una cosa ofensiva, sino que es un evangelismo que responde – compartiendo la verdad sobre nuestra esperanza con los que preguntan.

Por lo tanto, cuando nos encontramos y hacemos frente a cosmovisiones contrarias a la Biblia, y especialmente a las presuposiciones ateas tan frecuentes en la universidad, necesitamos no temer, tener certeza acerca de la Biblia y sus evidencias. Para tener esa confianza, necesitamos ser trabajadores diligentes en la Biblia – estudiantes dignos (2 Tim 2:15) que entienden que si queremos caminar con Él, necesitamos conocerlo. Necesitamos reconocer que nuestra fuerza está en Él. Además, necesitamos ser conscientes de que derrotar a los incrédulos en el debate no es nuestra meta o responsabilidad. No somos agresores que vayan a la universidad a conquistar a todos los que no estarían de acuerdo con nuestras opiniones. En vez de eso, estamos interactuando con aquellos que no conocen a Dios con el propósito de que puedan vislumbrar Su amor, para que puedan ver Su carácter en nosotros y que puedan ser atraídos por la esperanza que Él ofrece libremente a través de Jesucristo.

Conclusión

Cuando la fe va a la universidad, ¿qué vuelve a casa? La respuesta a esa pregunta tiene más que ver con el objeto y el contenido de esa fe que con el proceso universitario mismo. Como un profesor y académico ateo, a quien respeto mucho, una vez me dijo: "El ateísmo es una fe, y aquí (en la universidad), mi fe gobierna". Espero que los cristianos de la universidad entiendan que estamos en un territorio poco compasivo, que necesitamos estar preparados y bien equipados con la palabra de Dios, que debemos estar siempre listos para explicar nuestra esperanza, y que debemos ser siempre amables y respetuosos. Quizás entonces aquellos que van a la universidad sin ningún conocimiento de Dios puedan encontrarlo allí. Si somos quien se supone que somos – creyentes en Su Palabra – entonces Dios puede usarnos, si así lo desea, para ayudar a otros a encontrar lo que no están buscando.

25
Siete Métodos Informales y Formales
Para la Predicación y la Enseñanza:
(3) Enseñanza Informal

La enseñanza informal se refiere aquí principalmente a la enseñanza individual, no sistemática, tal como podría ser prominente en una relación de discipulado. Jesús modeló esto discipulando a los hombres de una manera informal y generalmente no sistemática. Él usó las circunstancias diarias como oportunidades de enseñanza, y Él respondió a preguntas, todas con el propósito de entrenar a los apóstoles en Su Palabra y en Él. El proceso fue en gran parte al hacer Jesús vida junto con Sus discípulos, y utilizando los momentos para ayudar a Sus seguidores a progresar en el proceso de su maduración. Mientras que los registros de la instrucción de Jesús de Sus discípulos muestran un enfoque en quién era Él y lo que Él lograría, el llamado bíblico de hacer discípulos incluye ese enfoque y más. Pablo, por ejemplo, desafía a Timoteo a confiar las cosas que había oído de Pablo a los hombres fieles que podrían enseñar a otros (2 Tim. 2:2). Las cosas que Timoteo oyó de Pablo eran más amplias que simplemente cristológicas, aunque por supuesto fueron construidas sobre la piedra angular de Cristo (Efesios 2:20).

Esencialmente, a medida que pasamos de la pedagogía de Jesús a la de los discípulos, tan singular como ese entorno fue, a la pedagogía que Pablo prescribió para Timoteo, vemos que la enseñanza informal es esencialmente aprovechar las oportunidades que ofrece la pedagogía no sistemática, toda vez que la preparación y la intencionalidad del enfoque más formal. En consecuencia, en tal relación de discipulado debemos tener un resultado deseado (que el discípulo madurará hasta el punto de ser capaz de discipular a otros), y un plan sistemático para lograrlo, incluso si el contenido se entrega de una manera no sistemática.

Para ilustrarlo, cuando un maestro entra en el aula, hay una agenda que se debe de llevar a cabo. Hay una cantidad cuantificable de datos que deben ser comunicados por el profesor a los estudiantes. Pero más importante aún, los datos deben ser procesados de manera efectiva por los estudiantes, si es para tener algún impacto transformador en sus vidas. A veces una conferencia no es la mejor manera de efectuar ese procesamiento. En algunos casos es mejor incitar preguntas y diálogos que permitan a los estudiantes involucrarse directa y activamente en la formación de la discusión. En esta pedagogía, el profesor permite que las preguntas y el diálogo guíen a la clase, pero lo hace de tal manera que mantenga un control suficiente para cumplir con la agenda de la enseñanza. Este tipo de clase tiene una sensación muy informal, pero de hecho está muy cuidadosamente planeada y estructurada. De la misma manera, la estrategia es necesaria para enseñar eficazmente con una pedagogía informal.

En el caso de la replicación a través del discipulado, el líder debe tener una hoja de ruta detallada, arraigada en las Escrituras y fundamentada en Cristo. Debido a que la meta es la madurez general del creyente, con miras a la replicación, debe haber una preparación sistemática para comunicar las verdades necesarias para la madurez. Recuerde, para tener una enseñanza informal eficaz, debe haber una base de preparación formal. A continuación se presenta una muestra de los componentes elementales de cada una de las once áreas de la teología bíblica, organizadas sistemáticamente para proporcionar el telón de fondo estructurado para la pedagogía informal. Este enfoque ofrece una hoja de ruta (cronología incluida, pero no requisito previo), mientras que permite un alto grado de flexibilidad en la exposición.

Caso Para Estudio: Un Bosquejo de Discipulado Formal Para la Pedagogía del Discipulado Informal o Formal

Nueva Vida en Cristo: Semanas 1-14
Semana 1
   (1) El Evangelio - Romanos 1:16-17, 3:23, 5:12, 6:23, 1 Corintios 15:1-8, Isaías 6:3, 53:5-6, 64:6-7, Hechos 16:31, Juan 3:16, Efesios 2:8-10, Juan 17:3.
   (2) La Importancia de:
      a. Estudio Bíblico – 2 Timoteo 3:16-17, 2:15, Salmo 119, Colosenses 3:16.
      b. Oración –Efesios 6:18, 1 Tesalonicenses 5:17.
      c. Compañerismo – 1 Corintios 12:13-27, Hebreos 10:23-25.
Semana 2
   (3) La Doctrina de la Trinidad – Isaías 48:11, 12, 16, Efesios. 1:1-14, 2:18.
Semana 3

(4) Fundamentos de la salvación – Efesios 2:8-10, 1 Pedro 1:3-5.

  a. Posicional – Juan 3:16, 5:24, Colosenses 1:13, Romanos 8.

  b. Redención y Perdón – Romanos 3:24, 1 Corintios 1:30, Efesios 1: 7, Colosenses 1:14.

  c. Justificación – Romanos 3:20, 3:28, 4:25, 5:1, 5: 9, 5, 16-18, 8:1, 30, Gálatas 2:16, 3:11, Tito 3:7.

  d. Regeneración – Juan 3:16, 17:3, 20:30-31, Romanos 6:1-13, 2 Corintios 5:17, Gálatas 2:20, Tito 3:5.

Semana 4

  e. Reconciliación – Romanos 5:1,11, 2 Corintios 5: 18-19, Efesios 2:13-18, Colosenses 1:22.

  f. Santificación – Hechos 26:18, 1 Corintios 1: 2, 30, Efesios 5:25-26, Colosenses 1:22, Hebreos 2:11, 10:10, 14.

  g. Bautismo – Romanos 6:4, 1 Corintios 12:13, Gálatas 3:27, Efesios 4:5, Colosenses 2:12, Tito 3:5, 1 Pedro 3:21.

  h. Sellados – 2 Corintios 1:22, Efesios 1:13, 4:30.

Semana 5

  i. Hechos Hijos – Juan 1:12, Romanos 8:15, Gálatas 3:26, 4: 5-6, Efesios 1:5.

  j. Seguridad – Juan 1:12, 3:16, 10:28-30, Romanos 8:28-39, 11:29, Gálatas 3:29, Efesios 1:1-14, 2:8-10, Filipenses 1:6; Hebreos 13:5, 1 Pedro 1:3-5, 1 Juan 3:1-2, 5: 11-12.

  k. Bendición Espiritual – Efesios 1:3.

Semana 6

(5) Salvación Práctica y Progresiva

  a. Propósito – Juan 17:3.

Semana 7

    b. Santificación –Romanos 12:1-2, Efesios 2:10, 2 Pedro 3:18.

Semana 8

    c. Garantía–Juan 20:30-31, 1 Juan 2:3, 3:24, 4:13-15, 5:13.

Semana 9

    d. Hijos–Efesios 5:1, 1 Juan 3:10, Proverbios 3:11-12.

Semana 10

    e. Sujeto a los Efectos del Pecado – Romanos 7:14-25, 1 Corintios 3:1-3, 5:5, 10:12, Efesios 2:1-3, 1 Juan 1:8.

Semana 11

    f. Fructificación – Mateo 3:8, Juan 15, Romanos 7:4, Gálatas 5:22, Efesios 5:9, Filipenses 1:11, Colosenses 1:10.

Semana 12

    (6) Último – Libre de la pena, poder, presencia y efectos del pecado.

    a. La semejanza a Cristo – Romanos 8:28-30, 1 Juan 3:2.

Semana 13

    b. Glorificación – Romanos 8:28-30, Colosenses 3:3-4.

Semana 14

    c. En casa con el Señor – Juan 14:1-3, 2 Corintios 5:6-8, Filipenses 1:21-26

Andar en el Espíritu: Semanas 15-18

Semana 15

    (7) Estudio personal de la Biblia: Estar llenos del Espíritu - Efesios 5:18, 2 Timoteo 3:16-17, 1 Pedro 2: 2.

    a. Escuchar – Romanos 10:17, Gálatas 3:2-5.

b. Leer – 2 Corintios 1:13, Efesios 3: 4, Colosenses 4:16, 1 Tesalonicenses 5:27.

c. Estudiar – Hechos 17:10-11, 2 Timoteo 2:15.

d. Memorizar – Salmo 119:9-11.

e. Considerar – 2 Timoteo 2:7, Hebreos 3:1.

f. Recordar – 2 Pedro 1:13.

Semana 16

(8) Oración – Mateo 5:44, 6:5-6, 6:9-13, Romanos 12:12, Efesios 6:18, Filipenses 4:6, Colosenses 4:2, 1 Tesalonicenses 5:17, Santiago 5:13, 16, 1 Pedro 3:12, 4:7.

Semana 17

(9) Comunión con creyentes – Hechos 2:42, Hebreos 10:25.

a. Propósitos para unirse – 1 Corintios 14:12, Efesios 3:21, 4:11-12, 1 Timoteo 2:8, 4:12.

b. Papel en la Iglesia – Romanos 12:4-8, 1 Corintios 12, 1 Pedro 4:10-11.

Semana 18

(10) Evangelismo – Mateo 28:19, 2 Corintios 5:20-21, Romanos 10:1, 13-15, 2 Timoteo 4:2

El Desarrollo del carácter cristiano: Semanas 19-25

Semana 19

(11) Señorío de Cristo: Perspectiva adecuada de Dios y del hombre – Romanos 6:23, 1Corintios 15:57, Filipenses 2:10.

Semana 20

(12) El costo del discipulado – Lucas 14:26-27, 2 Timoteo 2:3-6, 3:12.

Semana 21

(13) Entender la Voluntad de Dios – Romanos 12:2, Efesios 5:17, 1 Tesalonicenses 4:13.

Semana 22

(14) Mayordomía.

    a. Dones Espirituales – Romanos 12:1-8, 1 Corintios 12, 1 Pedro 4:10-11.

Semana 23

    b. Dones Físicos

        i. Dar (diezmo) – Números 18:24.

        ii. Ofrenda por grupos de edades en la Iglesia –2 Corintios 9:7-8, Santiago 2:14-17, 1 Juan 3:17, 1 Corintios 9:23, 10:31.

Semana 24

(15) Vivir como siervo – Gálatas 5:13, Efesios 5:21, Filipenses 2:2-4.

Semana 25

(16) Responsabilidad – 1 Tesalonicenses 5:11, Santiago 5:16.

(17) Perdón – Mateo 6:12-1, 18:21-35, 2 Corintios 2: 7, Efesios 4:32

La Esperanza cristiana: Semanas 26-27

Semana 26

(18) Implicaciones proféticas – Daniel 9, Mateo 24, Juan 14:1-3, Romanos 9-11, 1

Tesalonicenses 4:13-18, Apocalipsis 19, 20.

Semana 27

(19) Enfrentando la muerte – 1 Tesalonicenses 4:13-18, 1 Corintios 3:10-15, 15:50-58, 2

Corintios 5:6-9, Hebreos 9:27.

La Madurez Cristiana: Semanas 28-36

Semana 28

(20) Los Cuatro Tipos de Personas – 1 Corintios 2: 14-15, 3: 1 (14:20), Gálatas 5: 22-24.

Semana 29

(21) Caminar en el amor – Juan 13:34-35, Romanos 12:10, 13:8, Efesios 4:2, 1

Tesalonicenses 3:12, 1 Pedro 1:22, 4:8, 1 Juan 3:11, 23, 4: 7, 11.

Semana 30

(22) Caminar en la pureza: la guerra del creyente (tratar con la prueba y la tentación)

    a. Oponentes: el mundo, el diablo y la carne - Efesios 2:1-3.

Semana 31

    b. Defensa: 1 Corintios 10:12-13, Efesios 6:10-18, 2 Timoteo 2:22.

Semana 32

    c. Perdón: Efesios 1:7, 1 Juan 1:9.

Semana 33

    d. Disciplina: Proverbios 3:12, Hebreos 12:6-13.

Semana 34

    e. Crecimiento y Victoria: Efesios 4:15, 1 Pedro 2:2, 2 Pedro 3:18, 1 Juan 5:4

Semana 35

(23) Caminando en Integridad – Efesios 4:15, 24-25

Semana 36

(24) Discipulando a otros – Mateo 28:19, 1 Corintios 4:16-16, 2 Timoteo 2:2, Tito 2:2,

    Hebreos 10:24.

26
Siete Métodos Informales y Formales Para la Predicación y la Enseñanza: (4) Enseñanza formal: La Vista Previa Sintetizada

Introducción: El bosque y los árboles

Tal vez usted ha escuchado la expresión "los árboles le impiden ver el bosque". La expresión denota estar tan centrado en los detalles que el cuadro más grande no entra en el enfoque. Tomando este concepto y aplicándolo a la exégesis bíblica y a la exposición, reconocemos que existe de hecho un bosque formado por árboles individuales, y que esos árboles pueden clasificarse en varias categorías en el conjunto del bosque. Debido a que deseamos aprender, practicar y enseñar todo el consejo o propósito de Dios, como Pablo ejemplificó en Hechos 20:27, necesitamos reconocer la importancia de los árboles, sus clasificaciones y todo el bosque.

La síntesis es el acercamiento de ideas para formar un sistema. En la exposición bíblica, la síntesis pertenece a la visión general de los libros o grandes secciones de la Escritura, y corresponde directamente a la visión de todo el bosque, tal vez a vista de pájaro. La vista previa sintetizada nos ayuda a evaluar el panorama general, y a llevar a cabo nuestro estudio más detallado, la práctica y la comunicación dentro del contexto del todo mayor.

Si bien todo nuestro proceso debe ser exegético (dibujando el significado en el texto en lugar de leer el significado en el texto), en el contexto del bosque y de los árboles podemos ilustrar un análisis más completo de los detalles como sucede con la exégesis. En la metáfora del bosque y los árboles, el estudio exegético es el examen de los detalles de los árboles, quizá en cualquier momento podríamos hacer observaciones de la hoja más pequeña del árbol más pequeño. Si vemos el bosque sólo desde sus componentes más detallados, sería muy difícil para nosotros llegar a una conclusión de lo que todo el bosque tiene para ofrecer. En consecuencia, si bien la búsqueda exegética de los detalles es extremadamente vital, no es la única búsqueda necesaria y valiosa.

Además, al examinar el bosque y sus contenidos, descubrimos que hay un número finito de tipos de árboles representados allí. Por un proceso de análisis o sistematización, podemos cuantificar los tipos de árboles y clasificar cada árbol en el bosque por esos tipos. En la exposición bíblica esta es la función de la teología sistemática: clasificar las verdades bíblicas por tópico. Este análisis complementa los procesos sintéticos y exegéticos, ayudándonos a obtener una imagen exacta del bosque y sus contenidos.

Cada uno de estos tres procesos es necesario, cada uno debe estar exegéticamente fundamentado, y cada uno debe recibir la atención adecuada, no sólo en el proceso exegético, sino también en el expositivo. En el proceso de exégesis cubrimos los elementos sintéticos en la identificación de las claves estructurales (Paso 3) y al examinar el contexto bíblico (Paso 6). Cubrimos los aspectos analíticos o sistemáticos, especialmente, al examinar el contexto teológico (Paso 7). Los componentes exegéticos se consideran en todas partes, ya que, después de todo, el proceso es exegético en su núcleo.

La premisa central de integrar la exégesis y la exposición es que en la exposición los procesos exegéticos deben ser visibles – el método que se comunica junto con el contenido con el fin de ayudar a los estudiantes a desarrollar capacidades exegéticas que son necesarias para el desarrollo de la vida espiritual. En consecuencia, al examinar estos tres elementos expositivos (sintéticos, exegéticos, analíticos) en la práctica, debemos tener en cuenta que debemos mostrar nuestro trabajo y ser transparentes sobre cómo derivamos nuestras conclusiones.

La Vista Previa Sintetizada

Imagine que acaba de comprar una bicicleta, pero está completamente desmontada, y tiene que ensamblarla. Usted abre la caja grande que contiene todas las piezas, incluyendo tuercas y pernos, pero no hay instrucciones. Mediante un examen detallado de cada una de las partes (exégesis) y la categorización de los tipos de partes (análisis, sistematización), eventualmente será capaz de averiguar cómo juntar las partes. Pero imagínese cuánto más rápidamente usted sería capaz de entender dónde encajan las partes y cómo, si simplemente tuviera un conjunto de directrices a seguir. En el proceso expositivo, la vista previa sintetizada son las instrucciones.

Muy útil especialmente al inicio del estudio de un libro, la vista preliminar sintética ayuda a los estudiantes a comprender el gran cuadro de por qué y cómo encaja el libro particular de la Biblia en el contexto más amplio. La vista preliminar sintética introduce el trasfondo y el contexto, pero corresponde principalmente a la identificación de las claves estructurales y el resultado resultante del libro (Paso 3). En pocas palabras, la vista preliminar sintética es una introducción, un vistazo previo a vista de pájaro, del estudio más detallado a seguir. Este tipo de presentación requiere disciplina por parte del profesor – tanto para mantener las cosas concisas, como para presentar un nivel suficiente de datos para la comprensión necesaria del libro o grupo de libros.

El método de enseñanza sintético incluye (1) resúmenes de libros individuales, (2) resúmenes de las secciones principales de la Escritura – como los libros cronológicos del Antiguo Testamento o los Evangelios y Hechos, y (3) panoramas del Antiguo y Nuevo Testamento. Cada uno de ellos tiene un lugar importante en la pedagogía de la iglesia, ya sea para enseñar en grupos grandes, grupos pequeños, o en situaciones individuales. Sin embargo, lamentablemente, tan desdichadamente raro como el uso exegético de las Escrituras en las iglesias, tal vez aún más raro es la vista previa sintetizada. Incluso en las iglesias que se enfocan en los estudios de libros y en la enseñanza de verso por verso, a menudo no se hace suficiente énfasis en pensar sintéticamente que los estudiantes tengan el amplio entendimiento de la Escritura que necesitan para avanzar hasta la madurez. A pesar de esta tendencia a la falta de énfasis en nuestra práctica, existe un precedente bíblico para introducir el examen del libro más detallado con material de vista previa sintética.

Apocalipsis 1:19 es una aplicación notable de una vista preliminar sintética. Mientras leemos el libro y reconocemos ese pasaje particular como un esbozo de la estructura de Apocalipsis, debemos señalar que esta estructura se le dio a Juan a modo de introducción. Esta clasificación introductoria está diseñada para guiar a Juan y ayudarlo a clasificar el material como él escribe. De la misma manera, la vista previa sintetizada proporciona un contexto que ayuda a guiar al lector durante todo el proceso de participación del texto.

Lucas 1:1-4 prevé el Evangelio de Lucas sintéticamente, proveyendo (1) los rasgos distintivos de este relato particular en comparación con otros, (2) la ocasión para el relato, (3) el método de desarrollo, (4) el flujo o disposición del relato, (5) la audiencia inicial del relato, y (6) el propósito del relato.

Proverbios 1:1-3 es una vista previa sintética de tipos, ya que el pasaje proporciona información básica de fondo, incluyendo (1) el tipo literario (que ofrece una pista sobre las claves estructurales), (2) el autor de esa sección en particular, (3) sus trasfondo, (4) y su propósito por escrito.

Amós 1:1 proporciona información importante para la construcción de la vista previa sintetizada: (1) el género literario, (2) el autor, (3) su trasfondo y 4) el contexto cronológico. Lo que sigue es una descripción sintética de Amós.

Caso Para Estudio: Un Vistazo al Libro de Amós
Diapositiva 1

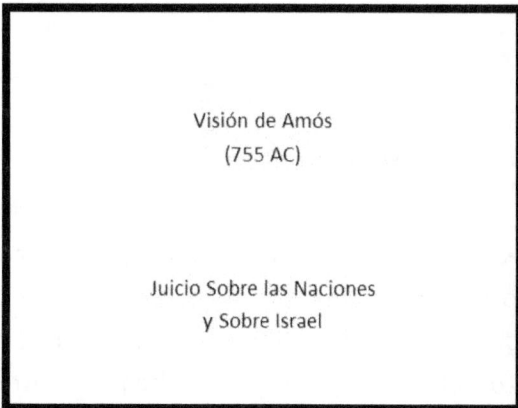

Visión de Amós
(755 AC)

Juicio Sobre las Naciones
y Sobre Israel

Base Lógica

La diapositiva de título proporciona algunos datos introductorios para tratar de ayudar a establecer el contexto en las mentes de los estudiantes. Cuatro elementos se incluyen aquí: el título del libro, el carácter de este estudio como una visión general, la fecha aproximada de la profecía, y un breve resumen del contenido de la profecía. Estos cuatro elementos se incluyen basados en el principio de repetición como beneficiosos para el aprendizaje. Todos los datos de esta diapositiva se reproducirán en la presentación.

Diapositiva 2

Introducción a Amós

- Pastor y agricultor de higos de Tecoa (cerca de Belén)
- Durante Uzias de Judá, Jeroboan II de Israel (2 Reyes 14-15)
- Dos años antes del terremoto de Zacarías 14:5.Por lo tanto alrededor del 755 AC

- 1:1 Las palabras de Amós, que fue uno de los pastores de Tecoa, que profetizó acerca de Israel en días de Uzías(A) rey de Judá y en días de Jeroboam(B) hijo de Joás, rey de Israel, dos años antes del terremoto.

Base Lógica

Comenzamos con una lectura de la introducción interna del libro (generalmente encontrada en los primeros versos, y a veces complementada con las palabras finales del libro), y observando algunos puntos clave. Aquí se identifica al autor, así como el momento de la profecía. En este caso, la fecha es identificada basada en la evidencia histórica (externa) de un terremoto ocurrido a mediados del siglo VIII, A.C.[84] En particular, la fecha histórica se deriva de la etapa de verificación secundaria (Paso 8) – lo que significa que obviamente no es material exegético, sino que se obtiene fuera del texto bíblico. Si el tiempo lo permite, siempre es bueno citar cualquier fuente extra bíblica de la que se haga referencia a los datos, para no implicar que sea el fruto directo del proceso exegético. Una vez más, la transparencia con respecto a cómo se derivan las conclusiones es de vital importancia si el alumno va a desarrollar la capacidad de hacer tal estudio de forma independiente.

Diapositiva 3

Introducción a Amós

- Agricultor de higos
- Comisionado como profeta al reino del norte
- Pronució el juicio de Dios a las naciones e Israel

- 7:14 Entonces respondió Amós, y dijo a Amasías: No soy profeta, ni soy hijo de profeta, sino que soy boyero, y recojo higos silvestres.
- 15 Y Jehová me tomó de detrás del ganado, y me dijo: Vé y profetiza a mi pueblo Israel.

---

[84] El terremoto es discutido en fuentes tales como Austin, S.A., G.W. Franz, y E.G. Frost, "Amos's Earthquake: An extraordinary Middle East seismic event of 750 B.C." in International Geology Review: 42(7), 2000: 657-671.

Base Lógica

Un examen de los antecedentes y los elementos del contexto más en el libro confirman lo que se descubrió en la introducción – que Amós era un pastor y cultivador de higos. Este contexto también añade que Amós fue comisionado y enviado a la profecía específicamente al Reino del Norte, incluso pensó que el contenido se extiende mucho más allá de las diez tribus del Norte. En el contexto, el momento indica que se trataba de una advertencia de última hora para que el Reino del Norte cambiara su enfoque y se preparara para lo que estaba por venir.

Diapositiva 4

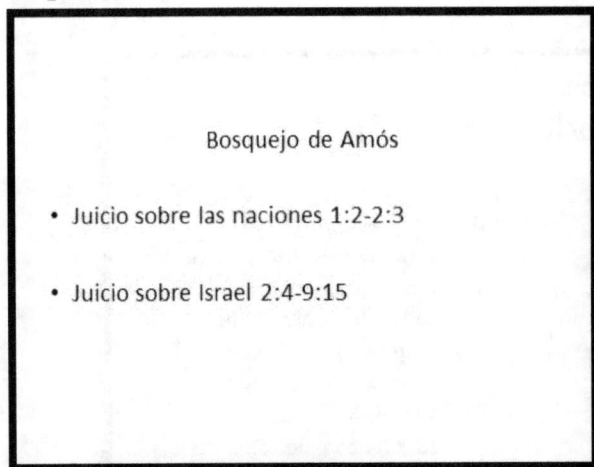

Bosquejo de Amós

- Juicio sobre las naciones 1:2-2:3

- Juicio sobre Israel 2:4-9:15

Base Lógica

Sobre la base de las claves estructurales (que en este caso son geográficas en los primeros capítulos), presentamos un esquema simple y no detallado de las principales divisiones del libro. Un mayor detalle, a través de sub-puntos viene un poco más adelante en la presentación.

El grueso del trabajo para esta etapa se hace en el Paso 3, y en este punto es evidente la utilidad de integrar los procesos exegético y de exposición. Es el trabajo exegético real el que proporciona el telón de fondo para la presentación expositiva, y cuanto más transparente sea el expositor respecto a la tarea exegética, más efectiva será la presentación.

En este caso descubrimos que mientras Amós es del Sur, su ministerio profético involucra también (y principalmente) a las naciones e Israel. No sólo es el mensaje aplicable a esas naciones en particular, sino que también proporciona una importante advertencia a Judá. Ambos explícitamente e.g., 2:4-5) y por vía de aplicación secundaria.

Diapositiva 5

Las Matemáticas de Amós

3+1= juicio

e.j., 1:3 etc

Base Lógica

Esta diapositiva proporciona un recordatorio basado en los pasajes "por tres incluso por cuatro... no voy a revocar...". Tres más uno equivale a juicio. Es útil pensar en términos de herramientas mnemotécnicas y dispositivos visuales, especialmente en la vista previa sintetizada, ya que el objetivo aquí es primero dar una base contextual de los puntos clave relacionados con el libro, y segundo enseñar a los oyentes a pensar observacional y críticamente sobre lo que ellos están leyendo.

En la vista previa sintetizada podemos incluir maneras atractivas y desafiantes de pensar en el texto como un todo, no sólo para ayudar con la comprensión del contenido, sino para promover una emoción con respecto a lo que el estudio tiene almacenado. Es una cosa emocionante estudiar la Palabra de Dios, y sólo porque seamos minuciosos sobre los procesos de observación y presentación no significa que el estudio tiene que estar seco. Si es aburrido, es porque lo hacemos así, no porque el texto sea irrelevante o no atractivo.

Diapositiva 6

Base Lógica

Después de proporcionar un esquema general, comenzamos a especificar un poco. Trabajando desde las claves estructurales descubiertas en el Paso 3, observamos divisiones en el texto, unidades de pensamiento que nos ayudan a entender el propósito y el flujo del libro. Debido a la naturaleza geográfica del esquema de esta primera sección del libro, se incluye un mapa para ayudar al alumno a obtener una perspectiva de la proximidad de estas naciones a Israel.

Especialmente cuando se habla de geografía, las herramientas visuales son especialmente útiles. Puede ser un desafío para los no iniciados recordar los nombres y lugares a menudo desconocidos de la Biblia hebrea (o del mundo del Nuevo Testamento). Un simple mapa aquí o allá puede cubrir un largo camino en la simplificación de las cosas. Incluso un mapa dibujado crudamente en una pizarra puede ayudar al alumno a tener una idea de la dirección, la dimensión y la distancia.

Diapositiva 7

Bosquejo de Amós

Outline of Amos

Base Lógica

Esta diapositiva subraya la importancia de la proximidad geográfica a Israel de las naciones que están siendo juzgadas. Gran parte del juicio que vino sobre esas naciones fue como resultado de su maltrato de Israel. Este mapa muestra cómo fue rodeado Israel por las naciones que se oponían al bienestar de Israel, y el mapa ayuda a los estudiantes a visualizar las inseguridades que Israel enfrentó durante esta época. Durante el Reino dividido, Israel y Judá nunca estuvieron libres de la continua amenaza de violencia por parte de los agresores. En gran parte esto se debió al temprano fracaso de Israel para expulsar a las naciones y separarse de ellas como Dios había ordenado (e.g., Jos 23:11-13, Jue 1:18-35).

Pedagógicamente la diapositiva añade un componente visual que es muy útil para el proceso de la vista previa sintetizada. En gran parte, la vista preliminar sintética debe proporcionar imágenes mentales simples para dar al posterior estudio exegético una base contextual.

Diapositiva 8

Bosquejo de Amós

• Juicio sobre Israel 2:4-9:15

- Judá 2:4-5
- Israel 2:6-5:3
- Evitable 5:4-15
- El día del Señor 5:16-20

Base Lógica

Teniendo en cuenta las cuatro primeras unidades de la sección de juicio sobre Israel, esta diapositiva continúa la narración de los puntos secundarios del bosquejo, e introduce el día del Señor, que podría ser un área para una discusión más profunda en el formato del resumen analítico, si el tiempo lo permite.

Aún en este punto no es demasiado pronto para introducir a los oyentes a los componentes a seguir: el camino exegético – que nos llevará a través de cada sección, versículo por versículo, y el resumen analítico, que nos ayudará a entender las ideas mayores y a relacionarlas con otros pasajes que discuten esas mismas ideas. En este punto, debe ser evidente que los tres componentes de la enseñanza formal (vista previa sintética, camino exegético y resumen analítico) no son independientes, sino que se complementan entre sí de manera que presenten un cuadro más amplio del libro y del pasaje que sería solo sería posible si se considerara un componente.

Diapositiva 9

Bosquejo de Amós

- **Juicio sobre Israel 2:4-9:15**

- El rechazo de Dios 5:21-27
- Por su arrogancia 6
- Amós intercede, Amasías rechaza 7
- Juicio Inevitable 8:1-9:10
- Restauración asegurada 9:11-15

Base Lógica

Esta diapositiva es una continuación del segundo gran bosquejo (juicio sobre Israel), y llegados a este punto estamos observando algunos temas repetidos que merecen énfasis. Por ejemplo, vemos que el juicio fue mencionado anteriormente como posiblemente evitable (ver 5:14-15), por el capítulo 8, el juicio es inevitable (8: 1-9: 10), aunque un remanente será entregado, al igual que en el contexto anterior (comparar 5:15 y 9:8). Del mismo modo, junto con el juicio, viene una cierta restauración para Israel.

En las divisiones mayor y menor de este y otros libros comenzamos a ver temas repetidos enfatizando el carácter y la actividad de Dios, invitando al aprendiz a profundizar más y anticipar el camino exegético a seguir.

Diapositiva 10

El Carácter de Dios en Amós

- Él ha Jurado en Su santidad 4:2   יְהוִה בְּקָדְשׁוֹ – נִשְׁבַּע אֲדֹנָי

- Él ha jurado por Él mismo 6:8   יְהוִה – נִשְׁבַּע אֲדֹנָי

- Él ha jurado por el orgullo de Jacob 8:7   בִּגְאוֹן יַעֲקֹב – נִשְׁבַּע אֲדֹנָי

Base Lógica

En previsión de la última tarea exegética, hay algunos temas que merecen atención en la vista previa sintetizada. Aquí analizamos brevemente el carácter de Dios revelado en Amós, señalando que Dios jura tres veces en el libro. Primero, por Su santidad, el juicio viene, luego, por Él mismo, el juicio viene, y finalmente, por el orgullo de Jacob (una referencia irónica y triste) el juicio viene.

A partir de estas repetidas menciones a los juramentos de Dios, aprendemos mucho acerca de cuán seriamente Dios toma el pecado, y este contexto proporciona una excelente oportunidad para introducir algunos aspectos elementales de la gramática (quizás el estudiante descubre por una breve mención que el hebreo se lee de derecha a izquierda y el principiante también se introduce a algunas palabras clave usadas en este contexto, tales como el nombre Yahweh en 8:7). Una vez más, para el alumno el proceso es secundario con respecto al contenido mismo, pero introducir y explicar el proceso ayudará a los estudiantes a descubrir el contenido por sí mismos.

Diapositiva 11

El Carácter de Dios en Amós

- Él a veces refrena Su juicio 7:3-6   זֹאת – נִחַם יְהוָה עַל־

- Su nombre es YHWH 5:8   – יְהוָה שְׁמוֹ

- Él controla cómo y cuándo Él habla 8:11

- Él juzga y Él restaura

Base Lógica

En una continuación de la diapositiva anterior, ésta proporciona alguna esperanza, ya que Dios no sólo juzga, sino que también restaura. Este es un aspecto de Su carácter introducido en esta vista previa sintética, que se confirmará en el camino exegético y probándolo en el resumen analítico. No es necesaria la inclusión de algunas frases hebreas pertinentes, pero como en la diapositiva anterior, esa inclusión puede ayudar a introducir visualmente el significado de los lenguajes bíblicos, y puede ayudar a crear un nivel de comodidad por parte de los estudiantes en obtener algo que de otra manera nunca podrían obtener. En esta coyuntura el beneficio de mencionar las lenguas bíblicas está en simplificar y no complicar. El expositor debe ser cauteloso para no mostrarse demasiado académico u orgulloso en el uso de las lenguas. El deseo es introducir cautelosamente algunos conceptos lingüísticos para fomentar un estudio más profundo, no para desalentarlo.

Diapositiva 12

Aplicación Principal

- Dios es justo, por lo tanto el juicio viene porque ellos no se han vuelto a Él (e.j., 4:6, 8, 9, 10, 11)
- Israel se debe de preparar para (estar firme) para encontrarse con Él (4:12)
- Israel debe buscarle a Él para que puedan vivir (5:4, 6)
- Buscad lo bueno, y no lo malo, para que así Jehová Dios de los ejércitos estará con vosotros, como decís.
- Amós 5:14-15 Buscad lo bueno, y no lo malo, para que viváis; porque así Jehová Dios de los ejércitos estará con vosotros, como decís. Aborreced el mal, y amad el bien, y estableced la justicia en juicio; quizá Jehová Dios de los ejércitos tendrá piedad del remanente de José.

Base Lógica

En esta etapa temprana de la exposición es apropiado introducir los principios hermenéuticos importantes de la aplicación primaria y secundaria. En este caso, observamos aplicaciones primarias específicas para Israel, y de acuerdo con el concepto de que toda la Escritura es inspirada por Dios y útil para equipar a cada creyente (2 Tim 3:16-17), reconocemos que debemos distinguir entre puntos de acción para Israel y para el lector secundario. Se esperaba que Israel respondiera, a la luz del juicio inminente sobre la nación a manos de otras naciones, y en cumplimiento del aspecto de maldiciones y bendiciones del pacto mosaico (e.g., Dt 28-30).

Diapositiva 13

Aplicación Secundaria

...Considerando el carácter de Dios en Su trato con las naciones y con Israel...

...¿Cómo hemos de vivir nosotros?

- ¿Estamos listos para encontrarnos con Él?
- ¿Estamos buscándole a Él?
- ¿Estamos buscando el bien y no el mal?

Base Lógica

Los lectores contemporáneos no están sujetos a las condiciones particulares de la alianza mosaica como era Israel. Sin embargo, estamos interactuando con el mismo Dios de Israel, y Su carácter no ha cambiado. Aunque esencialmente hay sólo una aplicación primaria (en este caso, Israel debía reconocer a Dios a la luz del juicio venidero), puede haber muchas aplicaciones secundarias, por lo que es aconsejable no detenerse demasiado tiempo en ninguna aplicación secundaria.

El Espíritu Santo puede usar Su Palabra en nuestras vidas de muchas maneras: el significado no cambia, pero las aplicaciones secundarias son tan variadas que si pasamos mucho tiempo tratando con la aplicación secundaria descuidando el significado del texto, entonces estamos maltratando al alumno, porque obtienen la aplicación secundaria y no el significado del texto, y ciertamente no una comprensión de cómo estudiar la siguiente sección del texto por sí mismos.

En este caso, enumeramos algunas breves preguntas de aplicación secundaria paralelas a los imperativos que constituyen la aplicación primaria para Israel. Aquí estamos trabajando para el estudiantes en la distinción entre la aplicación primaria y secundaria, y al mismo tiempo estamos enfatizando que todos los creyentes deben responder apropiadamente a estos pasajes, para el crecimiento y madurez espiritual – en última instancia, para un caminar más cercano con Él.

La vista previa sintetizada es la introducción al estudio bíblico en profundidad, y debe ser atractiva, emocionante y útil. Si nuestra presentación falla en alguna de estas áreas, entonces debemos evaluar cómo estamos desarrollando el proceso, porque esta etapa de exposición establece el tono para el camino exegético a seguir y el resumen analítico que ayuda a atarlo todo.

27
Siete Métodos Informales y Formales Para la Predicación y la Enseñanza: (5) Enseñanza Formal – El Camino Exegético

Mientras que la vista previa sintetizada cubre libros enteros a la vez, y el resumen analítico consolida los temas teológicos del libro, el camino exegético es el examen versículo por verso de pasajes individuales en contexto. Este es el núcleo del estudio de la Biblia, y se debe dar el mayor énfasis y asignación de tiempo de los tres procesos. Si el estudio del libro es introducido por la vista previa sintetizada y concluido con el resumen analítico, el cuerpo del estudio es el camino exegético.

Para un patrón bíblico, consideramos la exposición registrada en Nehemías 8:1-12. Obsérvese en particular el énfasis relativo tanto al contenido como a la respuesta. El contenido – el libro de texto – era la Palabra de Dios (8:1). Fue considerado en oración (8:6). Se abrió y se leyó (8:3, 5). Fue explicado, para asegurarse de que los oyentes entendieron (8:8), y proporcionó llamadas a la acción y aliento (8:10). En respuesta, la gente se reunió para escucharla (8:1). Se escuchó atentamente (8:3) y respetuosamente (8:5). Fue recibido como verdadero (8:6). Fue recibido pacientemente (8:7). Provocó una respuesta personal (8:9). Resultó en la adoración de Dios (8:6).

Fue entendido y actuado (8:12). Por supuesto, este episodio expositivo es más descriptivo que prescriptivo, y tenemos una libertad sustancial en cómo estructuramos la comunicación de la Palabra. Sin embargo, debemos tratar de seguir el patrón bíblico tanto como podamos. He aquí un esquema que sigue los componentes clave de ese patrón para la estructura y entrega de una exposición versículo por versículo:

(1) Lea todo el pasaje que va a ser cubierto.

(2) Ore por orientación en el estudio.

(3) Resuma el trasfondo y el contexto.

(4) Lea cada sección individual (oración, verso o párrafo).

(5) Relacione la sección con el contexto general.

(6) Resuma el análisis de versículos de cada sección y los puntos clave exegéticos (repita esto para cada sección cubierta).

(7) Resalte principios y aplicaciones en los puntos apropiados.

(8) Ofrezca un breve resumen del contexto exegético general, aspectos destacados y principios y aplicaciones.

(9) Ore por sabiduría y fortaleza para ser eficaces hacedores de la Palabra para Su gloria.

Vamos a examinar este método de presentación con más detalle. Para su consideración aquí, asumiremos que un espacio de tiempo de aproximadamente treinta minutos es óptimo para esta presentación. Cuantificamos cada actividad con un tiempo (listado al final de cada cabecera abajo). Ahora, si eso es demasiado mecánico para usted, no dude en ignorar ese aspecto. Se proporciona simplemente para ayudar a dar una perspectiva sobre cómo calcular y estructurar el tiempo para cubrir todo lo que se pretende.

A medida que un comunicador va aprendiendo el arte y la disciplina de la comunicación, hay menos necesidad de tal estructura restrictiva. Un comunicador experimentado probablemente no pensaría en términos de controles de tiempo tan precisos, pero a través de la práctica habría desarrollado el reloj interno necesario para el ritmo adecuado.

(1) Lectura del Pasaje (1 minuto)

Para demostrar respeto por la Palabra, establecer el tono del enfoque bíblico y dar espacio para que el Espíritu Santo use Su Palabra en nuestras vidas y en la vida de los oyentes, leer todo o una parte del pasaje que se cubrirá es un excelente hábito a desarrollar. Si estamos cubriendo un pasaje extenso no podríamos leer todo el pasaje. Si ese es el caso, podemos leer algunos versículos de la sección. Cuando se lee la Palabra de Dios, hay un propósito cumplido (Is 55:8-11). Eso en sí mismo es bastante significativo para hacer digna la inversión del tiempo.

(2) Oración (1 minuto)

Esperemos que hayamos estado orando durante todo el proceso, pero este momento en particular permite a los estudiantes venir humildemente ante Dios con nosotros. Una oración de apertura también demuestra humildad, cuando le pedimos Su guía y sabiduría, y mientras comunicamos nuestro deseo de trazar bien Su Palabra.

(3) Resumen del Trasfondo y el Contexto (3 minutos)

Aquí pasamos unos momentos preparando el escenario para el pasaje cubierto, proporcionando información de fondo e introduciendo el contexto. Vale la pena considerar que muchas de las historias más memorables son las que pintan una imagen tan viva al principio que el lector se siente como si estuvieran allí con los personajes principales mientras se cuenta la historia.

Si continuamos con un estudio exegético de una instancia anterior (como la continuación de un estudio de libros en el transcurso de varias semanas o incluso meses), entonces es útil también dar una breve explicación de lo que se cubrió la última vez con el fin de actualizar la memoria de quienes participaron en el estudio previo y orientar a aquellos que, por cualquier razón, no lo hicieron.

(4) Lectura de Cada Sección Individual (3 minutos)

Los pasos 1-3 de este proceso introducen la enseñanza como un todo. Los pasos 4, 5, 6, 7 se repetirán cada vez que sea necesario, dependiendo de cuántos versos o secciones se estén desarrollando. Repitamos estos pasos según sea necesario hasta que terminemos todo el pasaje que se va a cubrir. Todo el pasaje es una pizza, digamos. Los pasos 4, 5, 6 y 7 son ingredientes individuales. Así que estamos comiendo ingredientes individuales hasta que toda la perícopa-pizza sea devorada.

Necesitamos desarrollar cada pasaje individual con una estructura predecible para que los estudiantes sean capaces de anticipar y entender dónde va el pasaje y, en última instancia, puedan comenzar a ver patrones que puedan seguir en su propio estudio bíblico. No podemos olvidar las prioridades en la enseñanza. Estamos enseñando a no posicionarnos como algún tipo de gurúes espirituales de los cuales los estudiantes deben depender. Estamos enseñando instruir a las personas, para el crecimiento espiritual y la madurez, para que puedan llegar a la independencia, a un caminar con el Señor, y para capacitarles para que ellos puedan hacer discípulos también.

(5) Relación de Cada Sección con el Contexto General (4 minutos)

Aquí explicamos cómo nuestro pasaje elegido se relaciona con el contexto más amplio. Por ejemplo, si estamos considerando Efesios 2:8-9, necesitamos al menos referirnos a 2:1-2, ya que estos son versículos de contexto cercano que proporcionan la base de los versos posteriores. Mientras 2:8-9 describe la solución, 2:1-2 describe el problema.

Además, 2:8-9 encaja dentro del contexto de los tres primeros capítulos de la carta, que consideran la posición del creyente, mientras que los tres últimos capítulos de la carta describen las expectativas para el caminar del creyente. Algunas notas explicativas sobre los pasajes en relación con sus contextos contribuyen en gran medida a ayudar a los estudiantes a comprender no sólo el pasaje que estamos enseñando, sino también el siguiente.

(6) Resumen del Análisis del Versículo de Cada Sección (4 minutos)

Digamos que estamos enseñando Efesios 1, y hasta ahora hemos completado los primeros cinco pasos:

Hemos leído Efesios 1:1-14.
Hemos orado por orientación en el estudio.

Hemos hecho un resumen básico del contexto y el contexto de Efesios.

Hemos leído cada sección individual, considerando 1:1-2, luego 1:3-4a, luego 1:4b-5, y así sucesivamente.

En este sexto paso resumiremos el análisis de los versículos de cada sección y los puntos exegéticos clave, así que haríamos el paso 6 para 1:1-2, luego para 1:3-4a, luego para 1:4b-5, etc., a través de todo el pasaje. De esta manera estamos esgrimiendo el verso en sí, explicándolo, llamando la atención a ideas clave en el texto.

Por ejemplo, en Efesios 1 observamos cuatro ocasiones en que aparece la palabra *voluntad* (*thelematos*):

1:1	Pablo, apóstol de Jesucristo por la **voluntad** de Dios, a los santos y fieles en Cristo Jesús que están en Éfeso:	Παῦλος ἀπόστολος Χριστοῦ Ἰησοῦ διὰ **θελήματος** θεοῦ τοῖς ἁγίοις τοῖς οὖσιν [ἐν Ἐφέσῳ] καὶ πιστοῖς ἐν Χριστῷ Ἰησοῦ,
1:5	en amor habiéndonos predestinado para ser adoptados hijos suyos por medio de Jesucristo, según el puro afecto de su **voluntad**,	προορίσας ἡμᾶς εἰς υἱοθεσίαν διὰ Ἰησοῦ Χριστοῦ εἰς αὐτόν, κατὰ τὴν εὐδοκίαν τοῦ **θελήματος** αὐτοῦ,
1:9	dándonos a conocer el misterio de su **voluntad**, según su beneplácito, el cual se había propuesto en sí mismo,	γνωρίσας ἡμῖν τὸ μυστήριον τοῦ **θελήματος** αὐτοῦ, κατὰ τὴν εὐδοκίαν αὐτοῦ ἣν προέθετο ἐν αὐτῷ

1:11   En él asimismo tuvimos   Ἐν ᾧ καὶ ἐκληρώθημεν προορισθέντες
       herencia, habiendo sido   κατὰ πρόθεσιν τοῦ τὰ πάντα
       predestinados conforme al   ἐνεργοῦντος κατὰ τὴν βουλὴν τοῦ
       propósito del que hace todas   **θελήματος** αὐτοῦ
       las cosas según el designio de
       su **voluntad**,

Esto es énfasis por repetición. Por lo tanto, al desarrollar cada sección o pasaje específico, podríamos centrarnos en ese énfasis como punto clave exegético.

Además, es importante que no hablemos solamente del verso o que no usemos simplemente el verso como una plataforma de lanzamiento para nuestras opiniones e ideas. Los oyentes no necesitan nuestras opiniones o ideas, ellos necesitan entender lo que el versículo está diciendo, y cómo pueden esgrimir el siguiente. Si no somos transparentes acerca de cómo llegamos a las conclusiones de las que estamos hablando – si no somos transparentes sobre las claves exegéticas en el pasaje, entonces todo lo que estamos logrando es comunicar a nuestros oyentes que simplemente tienen que confiar en nosotros porque no tendrán idea sobre cómo conseguimos la información. Tenemos que ser responsables. Necesitamos mostrar nuestro trabajo, en parte para que otros puedan observar y desarrollar la capacidad de hacer el mismo trabajo.

(7) Resaltar Principios y Aplicaciones en los Puntos Apropiados (3 minutos)

Como estamos repitiendo los pasos 4, 5, 6 y 7 por sección, necesitamos comunicar principios y aplicaciones como el texto nos garantiza. En este, como en todos los demás componentes, debemos someternos al texto como la Palabra de Dios, y así ser capaces de cumplir su propósito de equipar a los creyentes para toda buena obra (2 Tim. 3:17). En consecuencia, no tenemos necesidad de derivar a aplicaciones o relevancias artificiales, ni queremos exagerar la aplicación en general.

Recordemos que hay una aplicación primaria de un pasaje – esa respuesta esperada de la audiencia original, y que hay muchas aplicaciones secundarias de cualquier pasaje dado. En otras palabras, aunque el significado de un pasaje nunca cambia, el Espíritu Santo puede usar un pasaje de muchas maneras en nuestras vidas. Puede ser útil mencionar uno o dos de estos como el texto garantiza. Hacerlo *apropiadamente* puede servir como un modelo para que los estudiantes piensen en cómo pueden ser hacedores de la Palabra.

(8) Resumen Final e Implicaciones (2 minutos)

Una buena presentación (1) comunica al oyente en la introducción lo que se dirá a lo largo de la misma, (2) comunica el contenido de lo que necesita ser dicho, y luego (3) presenta un resumen de lo que se dijo. Esta fórmula probada es eficaz para ayudar a cumplir con el objetivo del contenido enseñado por el uso de la repetición. Después de repetir los pasos 4, 5, 6 y 7, según sea necesario, el paso 8 nos da un enfoque más amplio, para permitir una visión final del panorama general. Esta conclusión incluye un resumen del contexto exegético general, aspectos destacados, principios y aplicaciones. Finalmente, en este punto es útil proveer una exhortación para seguir estudiando y actuando a ser fieles hacedores de la Palabra.

(9) Oración Final (1 minuto)

Es útil pedir al Señor específicamente que fortalezca y proporcione sabiduría para ser hacedores de la Palabra. Además de hacer la petición en sus propios méritos, tal oración nos recuerda toda nuestra dependencia de Él.

¿Por qué estudiamos la Biblia? ¿Por qué debemos permitir que se acerque ricamente a nosotros? ¿Por qué deberíamos ser hacedores de ella? ¿Por qué debemos enseñar a otros? Las respuestas a estas preguntas nos llevan a un largo camino para ayudarnos a entender *cómo* hacer estas cosas. No olvidemos nuestro propósito cuando nos involucramos en el proceso. Dios tiene un propósito en comunicar Su Palabra. No nos detengamos en Su camino haciendo un trabajo pobre de entendimiento, un trabajo pobre de obediencia, o un trabajo pobre de comunicación.

> Porque como desciende de los cielos la lluvia y la nieve, y no vuelve allá, sino que riega la tierra, y la hace germinar y producir, y da semilla al que siembra, y pan al que come, así será mi palabra que sale de mi boca; no volverá a mí vacía, sino que hará lo que yo quiero, y será prosperada en aquello para que la envié. (Is 55:10-11)

Caso Para Estudio: Un Análisis Exegético de Mateo 18:15-20: El Propósito y la Naturaleza de la Corrección en la Iglesia

Introducción

Debido a su detalle y secuencia, Mateo 18:15-20 ha sido reconocido como un pasaje central al tratar con el pecado, la resolución de conflictos y la disciplina en la iglesia. En estos versículos Jesús provee a sus discípulos un patrón para tratar con un hermano pecador, y describe un proceso para facilitar el resultado deseado de arrepentimiento y restauración de un hermano pecador. La discusión también considera la posibilidad indeseable de que el hermano pecador no se arrepienta, y prescribe la acción que debe tomarse bajo esas circunstancias menos que ideales.

Como este es el único pasaje bíblico que describe un proceso paso a paso para tratar con el pecado en la iglesia, el conflicto y la disciplina, se aplica regularmente en las iglesias que mantienen la autoridad bíblica. Además, los detalles proporcionados en el pasaje nos ayudan a evaluar y medir si el proceso se ha realizado correctamente o no. Y esa capacidad de evaluar y medir es de vital importancia, porque cualquier paso en falso en la aplicación del proceso puede tener un profundo impacto negativo no sólo en los individuos involucrados, sino también en la misma salud de la iglesia.

Este análisis de Mateo 18:15-20 incluye una breve exégesis (empleando la hermenéutica literal gramatico-histórica, que ha sido, en gran parte, el método histórico interpretativo de la iglesia) y una consideración de las implicaciones actuales de la enseñanza de Jesús sobre estos asuntos. Debido a que se trata de un argumento textual, no hay apelación sustancial en el argumento a fuentes históricas o teológicas. Las iglesias que admiten la dependencia del texto bíblico (por ejemplo, mediante la afirmación dentro de la declaración de fe en el sentido de que la Biblia es autoritaria) se basarán más en los argumentos textuales que en los históricos o teológicos y se regirán más transparentemente por las enseñanzas bíblicas.

Texto y Traducción
Mientras que la Reina Valera 1960 es una traducción fidedigna palabra por palabra con respecto al original Nuevo Testamento griego, hay algunos asuntos textuales que debemos considerar en estos versículos antes de continuar. Para cada versículo enumeramos variantes importantes de manuscritos y problemas de traducción (del griego al español, como se representa en la RV1960). Los textos más tempranos (Sinaítico y Vaticano, por ejemplo) tienen más peso aquí que los manuscritos posteriores, pero más numerosos del Texto Mayoritario en la traducción de este escritor:

18:15
"Por tanto, si tu hermano peca contra ti, vé y repréndele estando tú y él solos; si te oyere, has ganado a tu hermano" (RV1960). Ἐὰν δὲ ἁμαρτήσῃ [εἰς σὲ] ὁ ἀδελφός σου, ὕπαγε ἔλεγξον αὐτὸν μεταξὺ σοῦ καὶ αὐτοῦ μόνου. ἐάν σου ἀκούσῃ, ἐκέρδησας τὸν ἀδελφόν σου ·

Variantes notables
Sinaítico y Vaticano no incluyen la frase εἰς σὲ (a favor o en contra de ti: es decir, si tu hermano peca contra ti), aunque sí lo hace el Texto Mayoritario.

Traducción
Pero si peca el hermano de ti, ve a corregirlo entre tú y él solo. Si oye, has ganado a tu hermano.

18:16
"Mas si no te oyere, toma aún contigo a uno o dos, para que en boca de dos o tres testigos conste toda palabra" (Mt 18:16

RV1960). Ἐὰν δὲ μὴἀκούσῃ, παράλαβε μετὰ σοῦἔτι ἕνα ἢ δύο, ἵνα ἐπὶ στόματος δύο μαρτύρων ἢ τριῶν σταθῇ πᾶν ῥῆμα ·

Variantes notables
La frase μετὰ σοῦἔτι ἕνα ἢ δύο (con usted también uno o dos) tiene alguna transposición menor en P44 y Vaticano, pero es como se escribe arriba en Sinaítico y el Texto Mayoritario. La frase δύο μαρτύρων ἢ τριῶν (dos testigos o tres) tiene alguna transposición leve en Sinaítico.

Traducción
Pero si no oye, lleva contigo, además, uno o dos, para que en la boca de dos testigos o tres cada palabra se establezca.

18:17
"Si no los oyere a ellos, dilo a la iglesia; y si no oyere a la iglesia, tenle por gentil y publicano" (Mt 18:17, RV1960). ἐὰν δὲ παρακούσῃ αὐτῶν, εἰπὲ τῇ ἐκκλησίᾳ · ἐὰν δὲ καὶ τῆς ἐκκλησίας παρακούσῃ, ἔστω σοι ὥσπερ ὁ ἐθνικὸς καὶ ὁ τελώνης.

Variantes notables
La palabra ὡς (como) se inserta entre *καί* y *ὁ* en el códice de Beza.

Traducción
Pero si él no los escucha, habla a la asamblea (o iglesia), pero si ni siquiera de la iglesia está escuchando, él debe ser para ti (singular) como el gentil y el publicano.

18:18

"De cierto os digo que todo lo que atéis en la tierra, será atado en el cielo; y todo lo que desatéis en la tierra, será desatado en el cielo" (Mt 18:18, RV1960). Ἀμὴν λέγω ὑμῖν· ὅσα ἐὰν δήσητε ἐπὶ τῆς γῆς ἔσται δεδεμένα ἐν οὐρανῷ, καὶ ὅσα ἐὰν λύσητε ἐπὶ τῆς γῆς ἔσται λελυμένα ἐν οὐρανῷ.

Variantes notables

La frase ἔσται δεδεμένα ἐν οὐρανῷ, καὶὅσα ἐὰν λύσητε ἐπὶ τῆς γῆς (habrá sido atado en el cielo, y lo que se ha soltado en la tierra) se omite en el códice de Beza. La primera aparición de οὐρανῷ (en el cielo) es reemplazada por τοῖς οὐρανοῖς (en los cielos) en Sinaítico, y con τω οὐρανω en el Texto Mayoritario. La segunda ocurrencia se sustituye por τοῖς οὐρανοῖς en el códice de Beza.

Traducción

En verdad os digo, cualquier cosa que atareis en la tierra, será atado en el cielo, y lo que haya sido desatado sobre la tierra será desatado en el cielo.

18:19

"Otra vez os digo, que si dos de vosotros se pusieren de acuerdo en la tierra acerca de cualquiera cosa que pidieren, les será hecho por mi Padre que está en los cielos" (Mt 18:19, RV1960). Πάλιν [ἀμὴν] λέγω ὑμῖν ὅτι ἐὰν δύο συμφωνήσωσιν ἐξ ὑμῶν ἐπὶ τῆς γῆς περὶ παντὸς πράγματος οὗ ἐὰν αἰτήσωνται, γενήσεται αὐτοῖς παρὰ τοῦ πατρός μου τοῦ ἐν οὐρανοῖς.

Variantes notables
Sinaítico omite ἀμὴν (verdad), mientras que Vaticano y el Texto Mayoritario lo incluyen. La expresión συμφωνήσωσιν ἐξ ὑμῶν (si están de acuerdo contigo) hallada en Vaticano está ligeramente alterada en varios manuscritos.

Traducción
De nuevo les digo que si están de acuerdo dos de ustedes en la tierra acerca de todo lo que ellos piden que se haga será hecho para ellos desde el Padre de mí en los cielos.

18:20
"Porque donde están dos o tres congregados en mi nombre, allí estoy yo en medio de ellos" (Mt 18:20, RV1960). Οὗ γάρ εἰσιν δύο ἢ τρεῖς συνηγμένοι εἰς τὸ ἐμὸν ὄνομα, ἐκεῖ εἰμι ἐν μέσῳ αὐτῶν.

Variantes notables
La frase οὗ γάρ εἰσιν (para donde están) está ligeramente alterada en algunos manuscritos.

Traducción
Porque donde ellos están dos o tres habiéndose reunido juntos en el nombre de mí, allí yo estoy en medio de ellos.

Implicaciones de variantes y traducción
La única variante en esta sección que podría tener un impacto en la aplicación final del pasaje es la omisión de εἰς σὲ en 18:15. La lectura del Texto Mayoritario se refleja en la interpretación de la Reina Valera 1960, que dice: "...si tu hermano peca contra

ti, ve..." mientras que Sinaítico y Vaticano están representados por la Biblia Textual, "...si tu hermano peca, ve..."

La implicación de la lectura en la RV 1960 es que el proceso sólo debe ser aplicado si un pecado es cometido contra el que participa en el proceso. En otras palabras, si su hermano peca, pero no es contra ti, entonces este proceso no es aplicable. La BTX no lleva esta implicación, y no parece limitar el proceso a ser iniciado únicamente por el ofendido. Esta cuestión se analiza más adelante en la sección final de este análisis.

Traducción Útil

Pero si peca el hermano de ti, ve a corregirlo entre tú y él solo. Si oye, has ganado a tu hermano. Pero si no oye, lleva contigo, además, uno o dos, para que en la boca de dos testigos o tres cada palabra se establezca. Pero si él no los escucha, habla a la asamblea (o iglesia), pero si ni siquiera de la iglesia está escuchando, él debe ser para ti (singular) como el gentil y el publicano.

En verdad os digo, cualquier cosa que atareis en la tierra, será atado en el cielo, y lo que haya sido desatado sobre la tierra será desatado en el cielo. De nuevo os digo que si estáis de acuerdo dos de vosotros en la tierra acerca de todo lo que ellos piden que se haga será hecho para ellos desde el Padre de mí en los cielos. Porque donde ellos están dos o tres habiéndose reunido juntos en el nombre de mí, allí yo estoy en medio de ellos.

Trasfondo y Contexto

El evangelio de Mateo se centra en Jesucristo como el Rey davídico de Israel, y este relato tiene un fuerte sabor cultural hebreo. La primera proclamación pública de Jesús registrada en Mateo introduce el tema: "Arrepentíos, porque el reino de los cielos se ha acercado" (Mt 4:17). Como descubrimos en el evangelio, Jesús está anunciando que el reino eterno y espiritual de Dios vendrá a la tierra en una manifestación física, a través de la línea de David, como fue introducido inicialmente en 2 Samuel 7. El famoso Sermón del Monte (Mt 5-7) es una exhortación de Jesús al pueblo judío (y sus discípulos) con respecto a las cualidades necesarias para que uno pueda entrar en el reino prometido. El camino de entrada no era el seguimiento externo de la ley mosaica, sino más bien una humildad interna espiritual que iba mucho más allá de lo que la ley requería – de ahí el llamado a arrepentirse (o cambiar la mente). Mateo 8-11 incluye un período de consideración, en el cual Jesús demostró sus cualidades y credenciales para el trono davídico, y Mateo enfatiza que Jesús cumplió la profecía mesiánica.

Sin embargo, el precursor y heraldo que anunció el reino, Juan el Bautista, fue rechazado, encarcelado y finalmente asesinado. Del mismo modo, el Rey que proclamó también fue rechazado en Mateo 12-13. Desde ese momento, Jesús habló en parábolas para ocultar la verdad de los líderes y masas reticentes, y prefirió explicar en privado las parábolas y enseñar a sus discípulos, preparándolos para lo que estaba por venir. El reino sería pospuesto, y el Rey daría su vida como rescate, aun en favor de los que lo habían rechazado. Incluso en medio de las proclamaciones de juicio en Mateo 14-15, Jesús todavía demostraba Su poder y Su misericordia.

En Mateo 16 Jesús presenta la asamblea (τὴν ἐκκλησίαν, traducida por la Reina Valera 1960 como *la iglesia*), que se construirá sobre sí mismo (Mt 16:18; 1 Pedro 2:4-10), y específicamente que sobre Su identidad y Sus medios de justicia provistos para aquellos que entrarían en el reino serían una piedra de tropiezo para la nación de Israel. Esta es la primera indicación en toda la Biblia de que habría un cambio temporal del enfoque de Dios de la nación de Israel a la iglesia (Romanos 9-11 explica las razones para el cambio y cómo Dios, en el momento de su elección, devolverá Su enfoque a la nación de Israel y salvará a la nación). Mateo 17 agrega aún más confirmaciones de Su identidad y calificación como Rey, y sin embargo en ese pasaje Jesús predice Su propia muerte y resurrección. En este contexto, Jesús está preparando a Sus discípulos para la tarea desafiante que les espera – por un tiempo cuando Él ya no esté físicamente con ellos.

Mateo 18 comienza con la pregunta de los discípulos acerca de quién sería el más grande en el reino de los cielos. Jesús responde enfatizando la importancia de la humildad infantil, y la importancia que tienen para Él de aquellos que demuestran esa humildad de fe. Invocando el ejemplo de un pastor que dejaría sus muchas ovejas para encontrar una perdida, Jesús describe cómo su Padre no desea que ninguno de estos pequeños perezca. Es en este contexto que Jesús introduce el proceso para restaurar a un hermano que está en pecado.

Hay una correlación importante entre el hermano en pecado (18:15) y la oveja que se ha desviado (18:12-13). Así como hay alegría en el hallazgo de las ovejas, hay alegría en la restauración del hermano que se desvía. El proceso que Jesús describe debe entenderse en esa luz, como parte del diseño de Dios para la restauración y no para el juicio. A medida que el proceso comienza, ese objetivo debe permanecer a la vista, aunque no siempre se refleje en el resultado.

Inmediatamente después de 18:15-20 hay un diálogo entre Pedro y Jesús, en el cual Pedro pregunta cuán frecuentemente debe perdonar a un hermano que tropieza. La respuesta minuciosa de Jesús no deja ninguna duda de la centralidad del perdón en la vida cotidiana de Sus seguidores.

Claves Estructurales

Como el Evangelio de Mateo pertenece al género de la narrativa histórica, la estructura del libro es fácilmente identificable por el flujo secuencial de la narrativa. Mateo introduce su registro como un libro "de genealogía de Jesucristo, hijo de David, hijo de Abraham" (Mt 1:1). Las conexiones de Jesús con esos dos hombres son vitales para que los pactos abrahámico y davídico se cumplan en Él, y Mateo elige la narrativa histórica como el vehículo para demostrar esas conexiones necesarias. Después de la breve declaración de genealogía, se nos dice en forma narrativa que "el nacimiento de Jesucristo fue así..." (1:18), y que "todo esto aconteció..." (1:22).

Mateo continúa con el uso frecuente de los términos cronológicos en todas partes, y no deja duda en el lector de que lo que está escrito se presenta como una narrativa histórica veraz, incluso hasta el párrafo final. Las claves estructurales, o bloques de construcción del libro – y las claves para reconocer las transiciones – se encuentran en los términos cronológicos y secuenciales que tan a menudo se encuentran en la narrativa.

A la luz de la transparencia de las claves estructurales en Mateo, hay claridad en el cálculo de las divisiones mayores y menores del libro, de modo que cuando llegamos a un pasaje fundamental como 18:15-20, podemos tener la confianza de que somos capaces de discernir su colocación y contexto adecuados dentro de la narrativa mayor. En resumen, tanto el contexto más amplio como el propio pasaje son fáciles de averiguar debido al género escogido por Mateo y al estilo de escritura.

Dentro del contexto inmediato está una clave estructural adicional que es de vital importancia para la comprensión de 18:15-20. En 18:3, Jesús comienza su exhortación con la frase: "De cierto os digo" (ἀμὴν λέγω ὑμῖν). Repite la frase otra vez para introducir la perícopa de 18:18-20. Esta herramienta discursiva es comúnmente usada por Jesús e indica una transición en el tema. Es especialmente importante reconocer que la transición se produce después de que el proceso de resolución se da en 15-17, e introduce una autoridad única y el fortalecimiento de los discípulos en 18-20.

Claves Gramáticales y Sintácticas

En 18:15 la frase *el hermano de ti* (ὁ ἀδελφός σου) contiene un sustantivo y un pronombre – ambos singulares. Además, el verbo imperativo (ὕπαγε) traducido *ve*, es también singular. Esto describe una situación en la que el individuo está tratando directamente con otro. En esta etapa, no hay ningún tercero involucrado, en absoluto. Esa condición se acentúa por el calificativo entre *tú y él solo* (μεταξὺ σοῦ καὶ αὐτοῦ μόνου). En este punto, el asunto es exclusivamente privado, entre las dos partes, y si el hermano responde bien, entonces el hermano ha sido ganado y el asunto está cerrado, nunca se llegará a discusión más amplia (al menos en lo que respecta a la aplicación específica del proceso descrito aquí). La oveja perdida ha sido encontrada y hay alegría como resultado.

Sin embargo, si el hermano no oye, 18:16 añade otro paso: lleve consigo uno o dos (παράλαβε μετὰ σοῦ ἔτι ἕνα ἢ δύο). El verbo imperativo y pronombre es todavía singular. Este segundo paso sólo puede ser tomado por quien inició el primer paso, y el iniciador debe permanecer activamente involucrado en el proceso. El uno o dos testigos se incluyen con el fin de confirmar, o agregar peso a lo que se discutió originalmente. No son las figuras centrales en este paso, pero son necesarias. Si bien no hay discusión sobre la posibilidad de un resultado positivo para este paso (es decir, que el hermano escucha y atiende), la implicación del objetivo inicial es que si el hermano escucha, entonces el hermano ha sido ganado y el asunto está cerrado – sin más discusión, como en el caso del primer paso.

Una vez más, si el segundo paso no concluye con una respuesta positiva del hermano ofensor, el iniciante tiene toda la autoridad (como lo indica el aoristo imperativo activo, segunda persona, singular εἰπὲ) para acudir a la asamblea. En este punto, la asamblea se involucra verbalmente en el proceso de corrección. Aunque no hay un imperativo (segunda o tercera persona) dado a la asamblea, el resultado deseado de este tercer paso es que el hermano escuchará a la asamblea. Si el hermano responde positivamente escuchando a la asamblea, entonces el hermano ha sido ganado, y el asunto se concluye sin otra discusión.

Si el tercer paso no produce una respuesta positiva del hermano ofensor, entonces se da un cuarto paso – una consecuencia de clases sociales. *Él debe ser para ti* (ἔστω σοι)... con esta frase incluyendo el pronombre singular, el proceso ya no es sobre uno o dos testigos adicionales ni la asamblea, sino que estamos de vuelta a las dos partes originales: el hermano ofensor y el iniciante del proceso de Mateo 18. No hay aquí ninguna discusión específica de una respuesta de toda la asamblea para el hermano ofensor (aunque se podría inferir que la respuesta más amplia debe ser la misma que la respuesta individual específicamente identificada), en lugar de lo que se dice coloca de nuevo el enfoque en la interacción entre los dos individuos: Él (singular) es para ti (singular) como el gentil (singular) y el publicano (singular).

En cuanto al atar y al desatar en 18:18, Jesús ya había anunciado a Pedro que Él le daría a Pedro "las llaves del reino de los cielos; y todo lo que atares en la tierra será atado en los cielos; y todo lo que desatares en la tierra será desatado en los cielos" (16:19). Jesús repite la segunda mitad de esta declaración en 18:18 al dirigirse a los discípulos (plural). Hay un cambio sutil pero importante de los singulares utilizados en 15-17 a los plurales utilizados en 18-20. Esta transición indica que un principio general y ampliamente aplicable se identifica en 15-17, y una aplicación primaria más estrecha está dirigida a los discípulos en 18-20. En resumen, 15-17 se formula de tal manera que toda la iglesia puede seguir las instrucciones claramente delineadas, y 18-20 provee a los discípulos una autoridad única y fortalecimiento para el ministerio que tenían por delante.

Claves Léxicas

La ocasión para el proceso de resolución de Mateo 18 es para cuando (si) un hermano peca. El verbo *peca* (ἁμαρτήσῃ) en 18:15 indica una transgresión o hacer un mal.[85] El objeto o destinatario de la falta no es evidente en el Sinaítico y Vaticano, mientras que el Texto Mayoritario añade el objeto (εἰς σὲ). Si se prefieren las lecturas anteriores (como lo hace este escritor), la ocasión podría incluir no sólo una ofensa contra el iniciante del proceso, sino cualquier ofensa que el

---

[85] W. Bauer, W. Arndt, F.W. Gingrich, and F. Danker, "ἁμαρτάνω" en *A Greek-English Lexicon of the New Testament and Other Early Christian Literature, 2ⁿᵈ Edition* (Chicago: University of Chicago Press, 1964), 54. Esta fuente ha sido anteriormente mencionada como BDAG.

iniciante tenga conocimiento. Por una parte, esta aplicación más amplia permite un mayor grado de responsabilidad y preocupación entre los hermanos, por otra parte esta aplicación más amplia podría fomentar un espíritu demasiado crítico. El equilibrio parece importante en esta coyuntura, pero en ambos casos – si se prefiere la lectura anterior o posterior, claramente ha habido un error tangible.

El resultado deseado es que el hermano ofensor escucha o atiende (ἀκούσῃ). Evidentemente, el término connota más que la simple percepción auditiva. BDAG cita el uso de Mateo 18:15 como un ejemplo de escuchar y seguir.[86]

Si el hermano ofensor no responde positivamente a los dos primeros pasos, el asunto tiene entonces que ser comunicado a la asamblea (τῇ τῇ ἐκκλησίᾳ). El término se traduce como iglesia en la RV1960, La Biblia de las Américas y la Nueva Versión Internacional – tres traducciones prominentes que siguen la equivalencia formal. Mientras que el término se usa en la LXX[87] para indicar varias asambleas, el término se usa por primera vez[88] en el NT en Mateo 16:18, y se refiere a una nueva entidad a ser construida (οἰκοδομήσω, futuro) por Jesús, sobre Sí Mismo. Es posible que la epístola de Santiago precediera al evangelio de Mateo cronológicamente, y por lo tanto, es posible que el uso solitario de Santiago del término en Santiago 5:14 se refiriera a una asamblea general, más que a la nueva asamblea que Jesús construiría. Sin embargo, Santiago

---

[86] BDAG, "ἀκούω," 42.

[87] La Septuaginta, una traducción temprana de la Biblia hebrea al griego.

[88] Tanto cronológicamente como secuencialmente, si la autoría temprana, (circa 45) del evangelio de Mateo es aceptada. La epístola de Santiago fue probablemente escrita en proximidad cronológica, y probablemente después de Mateo, como Eusebio sugiere (P. Schaff and H. Wace, *Nicene and Post-Nicene Fathers, Vol. I: Eusebius: Church History, Life of Constantine the Great, and Oration in Praise of Constantine* (Peabody, MA: Hendrickson, 1995), 152-153).

escribió por lo menos una década después de que Jesús predijo la nueva asamblea, y como Santiago era un anciano prominente en la iglesia en Jerusalén (Hechos 15), es mucho más probable que la referencia de Santiago fuese específicamente a la nueva asamblea que es la iglesia, que a una asamblea general.

La segunda referencia de Mateo al término, en 18:17, parece una referencia decisiva a esa asamblea predicha sólo dos capítulos antes. En lo sucesivo, el término se usa siempre en el NT para referirse a "la iglesia o congregación como la totalidad de los cristianos que viven en un lugar"[89] o a otras designaciones más específicas de la asamblea cristiana. En consecuencia, este es un pasaje con aplicación directa a la iglesia a lo largo de sus generaciones, incluyendo la era moderna.

Que Jesús usara el término publicano (τελώνης) en 18:17 es comprensible si su intención era comunicar que el hermano ofensor y despreocupado debe ser considerado como alguien que tiene una agenda diferente que el resto de la asamblea. Además, es notable que Mateo incluyó el término – siendo un ex recaudador de impuestos mismo (Mt 9: 9). Mateo habría reconocido de primera mano el estigma cultural contra los recaudadores de impuestos, que se destacaron por sus prácticas injustas. También es importante en este contexto cómo Jesús trató a los recaudadores de impuestos. Mateo observa que buscaban a Jesús y cenaban con él y sus discípulos (9:10). En este contexto, Jesús no los buscó, sino que fue receptivo cuando vinieron a Él (presumiblemente) con un espíritu enseñable. Por supuesto, en el caso de Mateo, Jesús buscó a un recaudador de

---

[89] BDAG, "ἐκκλησία," 293.

impuestos (9: 9). La implicación en este contexto es que el hermano ofendido y despreocupado no debe ser condenado al ostracismo hasta el punto de la grosería o crueldad, pero no debe ser buscado para la comunión a menos que haya apertura, sumisión y posiblemente un cambio de opinión que conducen al hermano que oye y recibe el castigo.

Que Jesús emplee la palabra ἐθνικὸς es un poco más difícil debido a las connotaciones étnicas. La RV1960 y LBLA traducen el término como *gentil*, mientras que la NVI opta por traducirlo como *incrédulo*. Tenga en cuenta que la lectura de la NVI elimina cualquier asociación étnica, en su lugar hace que la palabra se centre más en la condición espiritual. La traducción de la NVI es difícil de justificar, ya que, si bien hay precedentes extra bíblicos para la connotación espiritual[90] del término, la palabra, naturalmente entendida, tiene una connotación étnica definitiva. Hay cuatro ejemplos en el NT del término, incluyendo éste, y ninguno da ninguna indicación decisiva sobre qué traducción sería la mejor. En 5:47, Jesús contrasta las expectativas de su audiencia principalmente judía con las acciones de los gentiles. En 6:7 contrasta las oraciones de ese mismo auditorio con las repeticiones sin sentido de los gentiles. En 3 Juan 7 hay una simple declaración de que los hermanos no aceptaron nada de provisión de los gentiles.

Si el término aquí se traduce mejor a los paganos, entonces el hermano ofendido despreocupado debe ser tratado como un incrédulo. Una vez más, nunca es justificable para un creyente tratar a un incrédulo con grosería o crueldad. Más bien debe entenderse que hay diferentes cosmovisiones en juego, y al creyente, al parecer, no se le anima a buscar al ofensor hasta y

---

[90] BDAG, "ἐθνικός," 267.

a menos que haya una apertura a la corrección. Si el término se traduce mejor a los gentiles, el significado no es muy diferente, ya que Jesús se está comunicando a una audiencia totalmente judía (sus discípulos, 18:1) que de hecho tenía cierta aversión cultural a los no judíos. Es importante destacar que Jesús no aboga por esa aversión a los gentiles, sino que esto puede ser una instancia donde Él utiliza un estigma cultural existente para indicar el tipo de estigma que debe estar asociado con la falta de arrepentimiento en la iglesia. En resumen, Jesús no está defendiendo el racismo, sino que está defendiendo una especie de discriminación contra el hermano no arrepentido.

Exposición e Implicaciones

Mateo 18:15-20 introduce un proceso correctivo y restaurador a los discípulos para su aplicación en la iglesia que pronto se formará. Jesús esboza pasos específicos, por medio de los cuales puede ocurrir la corrección y restauración. Tan importante como el resultado es el proceso, como Jesús lo describió directamente. Su proceso es el siguiente:

Paso 1: Pero si peca el hermano de ti, ve a corregirlo entre tú y él solo. Si oye, has ganado a tu hermano. La condición para el proceso es un hermano pecador y un individuo contra el cual se ha pecado, o que ha observado el pecado – este es el hermano corrector, y puede ser cualquier individuo en la iglesia. El hermano corrector se dirige al hermano pecador y se reúne con él solo. Que esta reunión se realice en privado sólo entre las dos partes es un elemento necesario y prescrito del proceso, y si esta privacidad es traicionada de alguna manera, todo el proceso se socava y no puede ser llevado a cabo tal como está diseñado.

Paso 1, Posible Resultado 1: Si oye, has ganado a su hermano. Si el hermano pecador es receptivo, el asunto se resuelve y se cierra, habiéndose alcanzado el objetivo. El proceso está completo.

Paso 1, Posible Resultado 2: Pero si no escucha... si el paso 1 no da como resultado el resultado deseado, pasamos al paso 2.

Paso 2: Pero si no oye, lleva contigo, además, uno o dos, para que en la boca de dos testigos o tres cada palabra se establezca. El hermano corrector debe iniciar otra reunión, incluyendo uno o dos más. Por definición de los números prescritos, la privacidad durante este paso es de nuevo necesaria y de vital importancia. En términos prácticos, la privacidad en este punto permite a los individuos fracasar, arrepentirse (cambiar de opinión) y ser restaurado sin espectáculo público. En este paso, el asunto se confirma por una o dos personas adicionales, ofreciendo todavía otro ajuste privado en el que se puede resolver el asunto.

Paso 2, Posible Resultado 1 está implícito, pero no declarado: Si oye, has ganado a tu hermano. Si el hermano pecador es receptivo, el asunto se resuelve y se cierra, habiéndose alcanzado el objetivo. El proceso está completo.

Paso 2, Posible Resultado 2: Pero si él no los escucha... si el Paso 2 no da como resultado el resultado deseado, pasa al Paso 3.

Paso 3: Hablar a la asamblea (o iglesia)... Tristemente, las acciones del hermano pecador y la respuesta negativa exigen que el asunto se haga público (dentro del contexto de la iglesia). En este punto el hermano corrector ahora debe comunicar el asunto a la iglesia. Ahora el conjunto entero se involucra con el objetivo de la restauración. Tal vez los muchos puedan impresionar al hermano pecador del error de sus caminos, y la necesidad de resolución.

Paso 3, Posible El Resultado 1 está implícito pero no declarado: Si oye, has ganado a tu hermano. Si el hermano pecador es receptivo, el asunto se resuelve y se cierra, habiéndose alcanzado el objetivo. El proceso está completo.

Paso 3, Posible Resultado 2: pero si ni siquiera de la iglesia está escuchando... si el Paso 3 no da como resultado el resultado deseado, avance al Paso 4.

Paso 4: él debe ser para ti (singular) como el gentil y el publicano. En este punto, y sólo si los tres primeros pasos se han llevado a cabo como se prescribe, el hermano corrector debe de reconocer que hay una relación diferente con el hermano pecador. Este paso no es un repudio de la condición del hermano pecador como hermano. Representa el compañerismo roto, pero no una relación cortada (en términos de posición). El objetivo aquí, aunque implícito, pero no declarado, sigue siendo la restauración, y la esperanza sería que la pérdida de compañerismo haga al hermano pecador reconsiderar, y avanzar hacia (público, en este momento) el arrepentimiento y la restauración. Si esto ocurre, el hermano corrector debe aplicar el perdón infinito descrito en 18:21-35.

Vale la pena señalar que mientras que 18:18-20 está muy cerca del proceso correctivo y restaurador de 18:15-17, los versículos posteriores no forman parte del proceso. En virtud del lenguaje de transición ("De cierto te digo") y un cambio completo en el número del pronombre (singular en 15-17, plural en 18-20) es evidente que los tres últimos versículos tienen aplicación primaria sólo para los discípulos a los que Jesús se estaba dirigiendo. Por supuesto que en todas las Escrituras hay aplicaciones secundarias que pueden ser aplicadas para todos los creyentes, pero es crítico que haya una distinción apropiada entre aplicación primaria y aplicación. En resumen, no todos los creyentes que participan en el proceso correctivo y restaurador están dotados con la autoridad y el poder únicos compartidos por los discípulos.

Aun así, esa distinción no debilita el proceso descrito en 18:15-17. Jesús lo prescribe y es el pasaje bíblico central para entender cómo los creyentes deben actuar con un hermano ofensor. Hay suficiente autoridad y poder para seguir ese proceso. Si Jesús es el Constructor y la Roca en que se construye la iglesia, podemos confiar en Él para saber cómo tratar mejor dentro de esa asamblea el pecado, la resolución de conflictos y la disciplina: con obediencia, consideración, discreción, privacidad, paciencia, y amor.

28
Siete Métodos Informales y Formales Para la Predicación y la Enseñanza: (6) Enseñanza Formal – El Resumen Analítico

De los cuatro métodos para la enseñanza formal, el resumen analítico y la enseñanza tópica son los métodos más desafiantes. En el enfoque sintético, uno podría conducir una visión razonable de un libro sin un gran conocimiento de muchos otros libros de la Biblia. Del mismo modo, en el propio proceso exegético, uno se centra en tratar un pasaje específico o número de pasajes, y por lo tanto el área de enfoque es necesariamente estrecha. Debido a que el resumen analítico considera los conceptos teológicos de una manera tópica, requiere un tremendo nivel de conocimiento sobre el tema.

Si, por ejemplo, vamos a enseñar sobre el tema del perdón, tendríamos que investigar cada pasaje bíblico relacionado con el perdón para asegurarnos de que podemos abordar el tema de manera exhaustiva y precisa. Pero el proceso no terminaría ahí. Además, tendríamos que investigar cada pasaje bíblico que pensábamos que no está relacionado con el perdón – sólo para verificar nuestra sospecha, para asegurarnos de que no nos falta nada. El proceso de llegar a un estudio tópico bien documentado es en realidad bastante oneroso. Simplemente no podemos hablar de manera comprensiva y precisa sobre el tema del perdón (o cualquier otro tema) sin haber investigado cada pasaje de la Escritura.

Imagínese si estudiamos todo lo que la Biblia dice acerca de los dones espirituales, pero perdimos sólo un capítulo – 1 Corintios 13; o si investigamos la mayordomía, pero dejamos de lado 2 Corintios 9; o si es profecía, y omitimos Apocalipsis 20; o santificación, y hemos descuidado a Romanos 8; o creación, e ignoramos Génesis 1. Aunque las doctrinas de la Escritura generalmente no dependen de un solo pasaje, ciertamente descubrimos que un solo pasaje puede de hecho ser crucial para la doctrina.

La ironía en el desafío planteado por el resumen analítico es que este enfoque es de lejos el más comúnmente empleado de los tres enfoques de enseñanza formal. En consecuencia, podríamos preguntarnos cuántas manipulaciones tópicas de las Escrituras, que no han sido exhaustivamente investigadas, se presentan cada semana en iglesias, sino que son más bien una muestra pequeña de un producto mucho mayor. De ninguna manera quiero desanimar a nadie de emplear el resumen analítico, por el contrario, es una pieza valiosa de la enseñanza formal. Quiero, sin embargo, subrayar el peligro inherente al enfoque, y la profunda responsabilidad asumida por quienes utilizarán este método. No podemos simplemente escoger un tema, explorar unos cuantos versos, escribir retórica complementaria y pensar que lo hemos preparado adecuadamente. Trazar la Biblia de manera comprensiva y precisa requiere mucho, mucho más que eso.

A pesar de la facilidad con que el método analítico puede ser distorsionado, es un componente importante del proceso de enseñanza formal. El resumen analítico ayuda a poner temas y doctrinas en contexto, y nos ayuda a considerar cómo responder adecuadamente al texto bíblico.

Para comunicar bien la teología, es mejor (1) limitar el tema teológico, o (2) limitar el tamaño de la muestra. Si elegimos limitar el tema teológico, estamos reduciendo el tema hasta el punto en que podemos discutir de manera exhaustiva un tema en un tiempo razonable. Por ejemplo, si estamos considerando la teología presentada en el libro de Romanos, estaríamos tratando con aproximadamente once grandes áreas que requieren una extensa discusión y que no serían prácticas para comunicarse en una sola sesión. Estamos tratando con demasiada información. En el contexto de la asamblea corporativa de la iglesia, la dedicación de una serie a la cuestión podría ayudar a cubrir las cosas de manera más comprensiva, pero las series tópicas alargadas tienden a quitar el enfoque del contexto sintético y el fundamento exegético en el texto mismo Por lo tanto, debemos ser cautelosos acerca de hacer hincapié en los elementos tópicos. En la estimación de este escritor, es mucho mejor utilizar otros contextos (clases, estudios bíblicos, etc.) para un resumen analítico más exhaustivo.

Tal vez sería mejor, en este caso, limitar el tema a una discusión de la teología de Dios en el libro de Romanos, investigando simplemente la consideración de Pablo de las Personas y la obra de Dios en Romanos. Esto podría ser un poco más asequible para el alumno, y también proporcionaría un modelo que el alumno puede seguir para investigar otras áreas de la investigación teológica en Romanos – o cualquier otro libro. Después de todo, no es tarea de los pastores – ni de ningún otro maestro – asegurarse de que han enseñado cada concepto teológico a sus alumnos (que tomarían no sólo años, sino vidas). Pero es su trabajo enseñar a sus oyentes cómo investigar los conceptos por sí mismos. La clave aquí es enseñar bien el contenido, modelar el método y alentar a los estudiantes a participar en un estudio más profundo.

Una alternativa a limitar el tema es limitar el alcance de la investigación. En lugar de considerar la enseñanza bíblica de las Personas y la obra de Dios, podría ser útil dividir ese estudio en partes más pequeñas considerando, por ejemplo, la doctrina de las Personas y las obras de Dios sólo en la *Epístola de Pablo a los Romanos*. Centrarse más estrechamente en los contextos de libros para las implicaciones teológicas ha sido tradicionalmente definido como *teología bíblica*.[91] Participar en esta disciplina podría resultar en una escatología petrina, o una soteriología juanina, o una eclesiología paulina, por nombrar algunos resultados. Las investigaciones y los resultados no son tan amplios como los de la teología sistemática, pero son mucho más flexibles y proporcionan un punto de partida útil para la investigación teológica y la comunicación.

El caso para estudio práctico a continuación es un resumen analítico de un estudio de la carta a los Romanos. El estudio del libro comienza con la vista previa sintetizada, encuentra su contenido con el camino exegético, y concluye con el resumen analítico. En este caso, para evitar los peligros de intentar comunicar demasiada información a la vez, el tema está limitado (a la doctrina de las Personas y obra de Dios) y el

---

[91] Aunque generalmente empleo el término teología bíblica para connotar una teología exhaustiva o sistemática derivada bíblicamente, la comprensión más tradicional es que el término se refiere a la teología sistemática dentro de contextos bíblicos estrechos.

alcance se limita a Romanos (en consonancia con la conclusión de un estudio de libro).

Caso Para Estudio: La Doctrina de Dios en Romanos

Este resumen analítico considera aspectos de la teología propia, la cristología y la neumatología en la carta de Pablo a los Romanos. Si bien es bastante básico, el resumen supone que hay una cierta comprensión temática ya desarrollada por parte del alumno, ya que ha habido un tiempo considerable asignado para la vista previa sintetizada y el camino exegético. Las doctrinas de Dios fueron escogidas para (1) proveer algún contenido básico, para que los oyentes puedan salir del estudio con una comprensión y apreciación más profundas de quién es Dios y lo que Él ha revelado sobre sí mismo en esta carta, y (2) proporcionar un modelo para el resumen analítico, de modo que los estudiantes desarrollarán la capacidad de tratar otros aspectos de la teología en la carta por su cuenta.

Diapositiva 1

Dios en la Carta a los Romanos

Base Lógica

La diapositiva del título está diseñada para ser simple y no intimidante. En este caso he elegido evitar términos técnicos para minimizar la complejidad al principio, para no desmotivar a los alumnos, aunque la complejidad aumenta a medida que avanzamos en el resumen analítico. Los estudiantes van a ser exigidos, pero no más allá de sus capacidades de comprensión.

En preparación para el resumen analítico, el profesor debe determinar qué áreas de teología serán consideradas, porque en este formato, si cubrimos las once áreas de la teología, el resumen analítico requeriría demasiado tiempo para mantener un ritmo rápido a través de los libros bíblicos. Recuerde, nuestro enfoque es enseñar a los oyentes cómo desarrollar los procesos y el contenido por sí mismos, por lo que no tenemos ninguna obligación de ser exhaustivos en el resumen analítico, ya que el resumen proporciona (1) algo de contenido y (2) modela el proceso, preparando el escenario para el estudio bíblico individual y personal de los estudiantes.

Diapositiva 2

Tres Aspectos del Estudio Bíblico

- Síntesis – panorama general
- Exégesis – detalles
- Análisis – categorías/tópicos
- Los tres aspectos son exegéticos no interpretativos

Base Lógica

Aquí les recordamos a los estudiantes las tres perspectivas en el estudio de la Biblia: la sintética, la exegética y la analítica. Queremos que la gente sea clara con respecto a dónde estamos en el proceso y desde qué punto de vista estaremos llegando. La flecha proporciona un recordatorio visual de esas cosas. Finalmente, enfatizamos que aunque sólo una de las tres perspectivas lleva el término exégesis, técnicamente, las tres son exegéticas en su esencia, es decir, que cada una de ellas está comprometida y sus conclusiones se derivan por el método exegético (extrayendo el significado del texto) en lugar del interpretativo (leer el significado en el texto).

Diapositiva 3

Once Tópicos de la Teología

- Bibliología – estudio de la Biblia
- Teología propia – estudio de Dios
- Cristología – estudio de Cristo
- Neumatología – estudio del Espíritu
- Angeleología – estudio de los ángeles
- Antropología – estudio del ser humano

Base Lógica

Para continuar con el contexto, identificamos once tópicos de la teología, para que los oyentes puedan comenzar a clasificar los temas en sus propias mentes, y para que comiencen a desarrollar un ajuste en el estudio teológico. Los temas se organizan de acuerdo con un flujo teológico lógico. La bibliología proporciona la base autorizada para el estudio de las categorías a seguir. La teología propia considera la Persona y la obra de Dios. La cristología discute la segunda Persona de la Trinidad, mientras que la neumatología considera la tercera. La angelología se puede considerar en cualquier momento del proceso, pero generalmente se considera después de la doctrina de Dios y antes de la doctrina del hombre, principalmente debido a una secuencia asumida de creación (con ángeles presumiblemente presentes en la creación de la tierra, Job 38:4-7). A continuación se presenta la antropología, el estudio del ser humano. Hasta este punto hemos pasado de la autoridad, a la consideración de Dios, a seres espirituales creados (ángeles), a seres naturales creados (humanidad).

Diapositiva 4

Once Tópicos de la Teología

- Hamartiología – estudio del pecado
- Soteriología – estudio de la salvación
- Israelogía – estudio de Israel
- Eclesiología – estudio de la Iglesia
- Escatología – estudio de las últimas cosas

Base Lógica

A continuación consideramos la hamartiología, la doctrina del pecado, que introduce inmediatamente la difícil situación de la humanidad, y luego la solución a ese problema, en la soteriología, la doctrina de la salvación. Una vez que hemos mencionado el pecado individual y la salvación, nos movemos hacia más elementos colectivos, considerando primero el estudio de Israel, luego la eclesiología, el estudio de la iglesia. Como es el caso en la secuencia del plan revelado de Dios, Israel precede a la iglesia. Finalmente, abordamos en escatología la doctrina de las últimas cosas, enfocándonos específicamente en la profecía aún no cumplida.

Esta breve descripción de la teología es un ejercicio contextual importante que ayuda al alumno a comprender las implicaciones y la importancia de la visión analítica. Contexto, contexto, contexto.

Diapositiva 5

Dios en la Carta a los Romanos

- Dios (teología propia)
- 161 referencias
- 11:33-12:1

- Nótese "de Dios" en el capítulo 1:
  - Evangelio de Dios 1:1
  - Hijo de Dios 1:4
  - Amados de Dios, Gracia y paz de Dios 1:7
  - Voluntad de Dios 1:10
  - Poder de Dios 1:16
  - Justicia de Dios 1:17
  - Ira de Dios 1:18
  - Lo que de Dios se conoce 1:19
  - Gloria de Dios 1:23
  - Verdad de Dios 1:25
  - Juicio de Dios

Base Lógica

Una vez que hemos proporcionado una encuesta rápida de los temas básicos o categorías en la teología, ahora nos enfocamos en la teología propia. Obsérvese que se le ha restado algo de énfasis a los términos técnicos. No estamos tratando de enterrar a los estudiantes con datos técnicos, ni queremos tampoco acallar lo que la Biblia está enseñando. Pero tenemos que reconocer que muchos de los términos técnicos son artificiales, y no necesariamente un prerrequisito para el estudio en cuestión.

En este resumen en particular, destacamos el número total de referencias a Dios, simplemente para poner las cosas en perspectiva, y para ser transparentes de que nuestro examen de las referencias a Dios en el capítulo 1 está considerando sólo una pequeña muestra de lo que Romanos ofrece sobre el tema. Para resumir esta categoría observamos la doxología de Pablo y la respuesta esperada en 11:33-12:1. El propósito aquí es reconocer la conexión bíblica entre quién es Dios, lo que Él ha hecho y cómo espera que Su pueblo le responda.

Diapositiva 6

Jesucristo en Romanos

- Jesús (cristología) – 38 referencias
- ¿Quién es Él?
  - 1:4, 5:15, 5:21 (Jn 20:28)
- ¿Qué hace Él?
  - Note el uso de "en/por medio de"
  - 2:16, 3:22, 3:24, 5:1, 5:17, 5:21, 6:11, 8:1, 8:39
  - Resultado final: La conexión entre Dios y el hombre es exclusivamente por medio de Cristo (Jn 14:6, 1 Tim 2:5)

Base Lógica

Pasando a la doctrina de Cristo, subrayamos el número total de referencias a Él, una vez más, para una perspectiva amplia. En forma de pregunta consideramos a la Persona (¿quién es Él?) Y la obra (¿qué hace Él?) de Jesucristo. Proporcionamos referencias en Romanos y leemos esos versículos para descubrir las respuestas.

Con referencia a quién es Él, en 1:4 se identifica como el Hijo de Dios, Jesucristo nuestro Señor. En 5:15 se le conoce como el único Hombre. En 5:21 se caracteriza de nuevo como Jesucristo nuestro Señor. Para apoyar el significado de esta identificación, citamos Juan 20:28, en el cual Tomás se dirige a Jesús como "Señor mío y Dios mío".

Para responder a la pregunta de lo que Él hace, consideramos las preposiciones *en y por medio de*, que muestran que Cristo es el centro de la función y el enfoque. Dios juzgará por medio de Jesucristo (2:16). La justicia viene por medio de la fe en Jesucristo (3:22). La redención está en Jesucristo (3:24). Nuestra paz con Dios es por medio de nuestro Señor Jesucristo (5:1). Los que reciben la abundancia de la gracia y el don de la justicia reinarán en la vida por medio de Jesucristo (5:17). La vida eterna es por Jesucristo nuestro Señor (5:21). Debemos considerarnos vivos para Dios en Cristo Jesús (6:11). Estar en Cristo garantiza no ser condenado (8:1). El amor de Dios se nos expresa en Cristo Jesús nuestro Señor (8:38). La conclusión que extraemos es que Dios se conecta con la humanidad en y a través de Cristo. Él es ciertamente el camino, la verdad y la vida, y nadie viene al Padre sino por medio de Él (Jn 14:6). Además, Él es el único mediador entre Dios y el hombre (1 Tim 2:5). Esta es una verdad profundamente práctica, mientras buscamos conocerlo mejor y acercarnos a Él como Él lo demanda.

Diapositiva 7

El Espíritu Santo en Romanos

- El Espíritu Santo – 34 referencias
- ¿Quién es Él?
  - 8:9, 8:26 (Él mismo, el Espíritu)
  - Espíritu de Dios, de Cristo – (nótese la Trinidad)
- ¿Qué hace Él?
  - 5:5, 8:9, 8:11, 8:14, 8:26

Base Lógica

Considerando ahora las enseñanzas de Pablo en Romanos sobre el Espíritu Santo, observamos el número de referencias al Espíritu y destacamos los dos puntos principales de discusión: quién es (la Persona) y qué hace (la obra). Romanos 8: 9 lo identifica como el Espíritu de Cristo, y como necesario para el evento de la justificación (compare con Ef 1:13-14 y 1 Cor 12:13). Mientras que 8:26 añade información crítica sobre Su ministerio a los creyentes, el pasaje también incluye un importante pronombre personal (del cual el Espíritu Santo es el antecedente), dejando claro que el Espíritu Santo es una persona y no una fuerza o manifestación.

Algunas de las obras del Espíritu mencionadas en estos pasajes incluyen: Él juega un papel en la mediación del amor de Dios hacia nosotros (5:5), Él habita en los creyentes (8:9), Él es el canal a través de quien nuestros cuerpos mortales serán levantados (8:11), Él guía a los hijos de Dios (8:14), Él confirma que somos hijos de Dios (8:16), y Él nos ayuda en nuestra debilidad e intercede por nosotros (8:26). En estos pasajes nos enfrentamos a la intimidad de Dios con nosotros. Él es fiable siempre presente para nosotros. ¿Cuál será nuestra respuesta?

Diapositiva 8

Implicaciones Para los Romanos

- (Aplicación primaria)
- Note la relación de las referencias "de Dios" a través de Romanos 1-11, con la referencia "de Dios" en 12:1
- Note los 64 imperativos en Romanos, 11 de los cuales están directamente conectados a la identidad y/o el carácter de Dios

Base Lógica
Obtener la aplicación primaria requiere mirar con atención al proceso exegético. En este caso, estamos mirando el trabajo realizado en el análisis gramatical y sintáctico, reconociendo

que hay 64 imperativos en el texto griego de Romanos. Estos son traducidos y enumerados en el contexto de abajo, y los once que están directamente relacionados con la identidad y el carácter de Dios se enumeran en negrita.

3:4 De ninguna manera; antes bien	sea	Dios veraz, y todo hombre mentiroso; como está escrito
6:11 Así también vosotros	**considerao s**	**muertos al pecado, pero**
6:12 el pecado	no reine	en vuestro cuerpo mortal, de modo que
6:13 ni tampoco presentéis	presentéis	vuestros miembros al pecado como
6:13 de iniquidad; sino	**presentaos**	**vosotros mismos a Dios como vivos de entre los muertos**
6:19 a inmundicia y a la iniquidad, así ahora	presentad	vuestros miembros
9:33 como está escrito	*He aquí*	*pongo en Sion*
11:9 Y David Dice:	*Sea vuelto*	*su convite en trampa y red*
11:10 Sean	*oscurecido s*	*sus ojos para que no vean*

11:10	sus ojos para que no vean, Y	agóbiales	la espalda para siempre.
11:18	No te	jactes	contra las ramas
11:20	pero tú por la fe estás en pie. No te	ensoberbezcas	sino teme;
11:20	No te ensoberbezcas, sino	teme	
11:22		Mira,	pues, la bondad y la severidad de Dios;
12:2	No os	conforméis	a este siglo, sino transformaos
12:2	conforméis a este siglo, sino	transformaos	por medio de la renovación de vuestro entendimiento, para
12:14		Bendecid	a los que os persiguen, bendecid
12:14	Bendecid a los que os persiguen;	bendecid,	y no maldigáis.
12:14	os persiguen; bendecid y no	maldigáis.	

12:16 asociándoos con los humildes. No	seáis	sabios en vuestra propia opinion.
12:19 No os venguéis vosotros mismos, amados míos, sino	**dejad**	**lugar a la ira de Dios**
12:20 Así que, si tu enemigo tuviere hambre,	dale	de comer
12:20 de comer, y si tuviere sed,	dale	de beber; pues haciendo esto
12:21 No seas	vencido	de lo malo, sino vence con el bien el mal.
12:21 No seas vencido de lo malo, sino	vence	con el bien el mal.
13:1	Sométase	toda persona a las autoridades superiores;
13:3 Quieres, pues, no temer la autoridad?	Haz	lo bueno, y tendrás alabanza de ella
13:4 Pero si haces lo malo,	teme;	porque no en vano lleva la espada
13:7	Pagad	a todos lo que debéis:
13:8	No	debáis a nadie nada

13:14 sino	vestíos	del Señor Jesucristo,
13:14 sino vestíos del Señor Jesucristo, y no	**proveáis**	**para los deseos de la carne.**
14:1	Recibid	al débil en la fe,
14:3 El que come,	no menosprecie	al que no come,
14:3 y el que no come, al que come	no juzgue	al que no come,
14:5 Cada uno	esté	plenamente convencido en su propia mente.
14:13 sino más bien	decidid	no poner tropiezo u ocasión de caer al hermano.
14:15 No hagas que por la comida tuya se	**pierda**	**aquel por quien Cristo murió.**
14:16 No sea, pues,	vituperado	vuestro bien;
14:20 No	**destruyas**	**la obra de Dios por causa de la comida.**
14:22 ¿Tienes tú fe?	Tenla	para contigo delante de Dios.

15:2cada uno de nosotros	agrade	a su prójimo en lo que es bueno, para edificación.
15:7Por tanto,	**recibíos**	**los unos a los otros,**
15:10Y otra vez dice:	*Alegraos,*	*gentiles, con su pueblo.*
15:11Y otra vez:	*Alabad*	*al Señor todos los gentiles,*
15:11*Y*	*magnificadle*	*todos los pueblos.*
16:3	Saludad	a Priscila y a Aquila, mis colaboradores en Cristo Jesús,
16:5	Saludad	también a la iglesia de su casa.
16:5	Saludad	a Epeneto, amado mío,
16:6	Saludad	a María, la cual ha trabajado mucho entre vosotros.
16:7	Saludad	a Andrónico y a Junias,
16:8	Saludad	a Amplias, amado mío en el Señor

16:9	Saludad	Urbano, nuestro colaborador
16:10	Saludad	aprobado en Cristo.
16:1.0	Saludad	a los de la casa de Aristóbulo
16:11	Saludad	a Herodión, mi pariente.
16:1.1	Saludad	a los de la casa de Narciso,
16:12	Saludad	a Trifena y a Trifosa, las cuales trabajan en el Señor.
16:1.2	Saludad	a la amada Pérsida, la cual ha trabajado mucho en el Señor.
16:13	Saludad	a Rufo, escogido en el Señor, y a su madre y mía.
16:14	Saludad	a Asíncrito, a Flegonte, a Hermas,

16:1 5	Saludad	a Filólogo, a Julia, a Nereo y a su hermana,
16:1 6	Saludaos	los unos a los otros con ósculo santo.
16:1que vosotros habéis 7 aprendido, y que os	apartéis	de ellos.

Estos sesenta y cuatro acontecimientos proporcionan aplicaciones primarias específicas para los creyentes en Roma. Algunos de ellos son transferibles a la iglesia como un todo (e.g., los llamados a la acción en 12:2), mientras que otros no pueden ser aplicados de la misma manera por la audiencia secundaria (como los imperativos personales de saludo del capítulo dieciséis). Es muy importante para el bien de la comprensión apropiada del oyente mostrar cómo trazamos el texto de manera que instruyamos claramente sobre la distinción entre la aplicación primaria y secundaria.

Diapositiva 9

Implicaciones Para la Totalidad de la Iglesia

- (Aplicación secundaria)
- Ejemplo:
  - Rom 6:11"consideraos muertos al pecado, pero vivos para Dios en Cristo Jesús,..."
  - Debido a quien Dios es, los creyentes deben reconocer su relación con Él, y su fundamento en Cristo.

Base Lógica

Aunque sólo existe una aplicación primaria directa de un determinado pasaje (basada en el principio del significado único y la existencia del público inicial), puede haber muchas aplicaciones secundarias. Dios puede usar un pasaje en las vidas de los creyentes de muchas maneras diferentes. El significado no cambia, pero las circunstancias en las que se puede emplear el pasaje son tan diversas como lo son los acontecimientos de la vida. Por lo tanto, no es necesario centrarse demasiado en las aplicaciones secundarias, pero es útil proporcionar un breve ejemplo para comprometer a los oyentes a considerar cómo Dios puede utilizar el pasaje en su propia vida.

El ejemplo mencionado aquí es Romanos 6:11, un pasaje que desafía a los creyentes a pensar de manera específica sobre su relación con el pecado y con Cristo. La práctica cristiana está arraigada en la mentalidad (e.g., Col 3:1-4), y en consecuencia Pablo enfatiza la importancia de cómo debemos pensar.

Diapositiva 10

Pensamientos Para Considerar
Romanos 11:33-12:1

- ¡Oh profundidad de las riquezas de la sabiduría y de la ciencia de Dios! ¡Cuán insondables son sus juicios, e inescrutables sus caminos! Porque ¿quién entendió la mente del Señor? ¿O quién fue su consejero? ¿O quién le dio a él primero, para que le fuese recompensado? Porque de él, y por él, y para él, son todas las cosas. A él sea la gloria por los siglos. Amén. **Así que, hermanos, os ruego por las misericordias de Dios...**

Base Lógica

Como un pensamiento de cierre, esta diapositiva devuelve nuestro enfoque a la doxología que concluye la discusión de las misericordias de Dios, y llama nuestra atención a la respuesta esperada. Debido a quien Él es y lo que Él ha hecho, es razonable que debamos responder como Pablo exhorta. Esta reorientación ayuda a contextualizar los argumentos de Pablo en la carta y ayuda al alumno a extraer de la letra un componente importante del propósito en la escritura de Pablo: él le habla a los creyentes de la misericordia de Dios, para que le conozcan, y le honren o como Él merece, y (3) responder a Él con obediencia y adoración. Este pasaje doxológico es el pivote o punto de transición que conecta el *es* con el *deber*, y donde subyace el llamado a la sumisión transformativa.

29
Siete Métodos Informales y Formales Para la Predicación y la Enseñanza: (7) Enseñanza Formal – Enseñanza por Tópicos

Hasta este punto, hemos avanzado mucho en estas páginas para alentar a los comunicadores bíblicos a pensar exegéticamente – a comunicar la Biblia en lugar de comunicar acerca de la Biblia. En particular, los patrones proporcionados aquí para la enseñanza formal se han centrado en la enseñanza de los libros de la Biblia. Y aunque los estudios de libros verso por verso deben explicar la mayoría de su enseñanza formal de la Biblia (para asegurar que el enfoque permanezca textual), hay ocasiones en que un estudio tópico puede ser edificante. Tal vez usted está inmerso en el estudio de un libro de la Biblia, y el día de las madres se acerca rápidamente, y desea detener el estudio del libro con el fin de honrar y exhortar a las madres. O tal vez usted ha sido invitado a hablar sobre un tema contemporáneo. O tal vez vea una necesidad específica en su propio contexto de iglesia que se vea obligado a tratar. O tal vez se le ha pedido que presente el mensaje en un funeral.

Durante años durante mi ministerio pastoral, cuando llegaba un día de fiesta, presentaba mi enseñanza con algo como esto: "Porque hoy es [insértese el día de fiesta o la ocasión especial aquí], pensé que tendríamos un mensaje especial. Por favor, abran sus Biblias en..." E iríamos directamente al próximo pasaje programado en nuestro estudio de un libro específico. La gente se reía, porque entendía el contexto de lo que estaba haciendo: *cada pasaje es relevante para los tiempos contemporáneos* (o tal vez las risas se debían a mí por ser tediosamente predecible). A menudo, los pasajes que estábamos programados para desarrollar encajaban tan bien en el contexto de la ocasión o de las vacaciones, era como si el tiempo estuviera cuidadosamente orquestado (normalmente no lo estaba, ni por mí ni por los otros pastores). La razón por la que el pasaje regularmente programado encaja tan bien es simplemente porque las Escrituras son inspiradas por Dios y útiles para el equipamiento del creyente, para toda buena obra.

Como un ejercicio al abordar un tema, escoja aleatoriamente unas vacaciones o una circunstancia especial. Luego escoja al azar un pasaje de la Escritura sin ninguna consideración por cómo el pasaje podría relacionarse con el escenario que ha seleccionado. Considere el significado del pasaje, luego la aplicación primaria, y finalmente considere algunas aplicaciones secundarias. ¿Puede usted pensar en cualquier aplicación secundaria que podría utilizar en el contexto de la ocasión especial? Por ejemplo, para un mensaje del día de las madres, ¿hay algún pasaje que no sería apropiado? ¿Hay algún pasaje que no sea de alguna manera útil para el equipamiento de las madres para las buenas obras? En pocas palabras, no hay necesidad de abandonar el desarrollo versículo por versículo de las Escrituras simplemente para acomodar una ocasión especial o una necesidad acuciante. Además, seguir con un enfoque expositivo verso por verso ayudará al profesor a evitar algunos de los peligros asociados con la enseñanza analítica y tópica, como discutimos en la introducción al resumen analítico. Por supuesto, hay escenarios en los que un enfoque puramente tópico es muy útil, *pero en el contexto de la reunión corporativa de la iglesia no hay mejor manera de ejemplificar el método exegético de las Escrituras que un enfoque versículo por versículo*

El proceso no necesita cambiar al abordar un tema: seleccione un pasaje específico específicamente para su contenido relacionado con la ocasión o asunto en cuestión, y desarrolle ese pasaje verso por verso. Al mantener un enfoque coherente, cumplimos varios propósitos importantes: (1) nos atenemos al texto y al contexto, permitiendo que el texto establezca la agenda para el tema en cuestión, (2) modelamos una dependencia de la Palabra de Dios en lugar de nuestra propia proeza creativa (no hay nada malo con la creatividad, pero recuerda, son palabras de Dios que son inspiradas, autoritarias y útiles – no tuyas ni mías), (3) proporcionamos un modelo práctico para que el oyente lo siga sobre cómo abordar cuestiones: al permitir que la Palabra de Dios tenga preeminencia en nuestras vidas.

Recientemente, una revista cristiana publicó un artículo citando sermones "top" del año.[92] Los temas tratados en esos diez sermones incluyeron:

Homosexualidad
Marcas de una Iglesia Renovada

---

[92] "Top 10 sermons of 2013 from preachingtoday.com" en Christianity Today, 2 de Enero, 2014, visto en http://www.christianitytoday.org/mediaroom/news/ 2014/top-10-sermons-of-2013-from-preaching-todaycom.html.

Meditación para un Oficial de Policía Caído
Un Salmo para el Día de Acción de Gracias
Qué hacer Cuando su Higuera no Florece
Encontrar a Dios en la Oscuridad
Dios es Santo
Los 10 Mandamientos Financieros
La Mejor Historia de Amor del Mundo
¿Qué Niño es Este?

Ahora, sin ninguna crítica intencionada hacia los autores y presentadores de estos mensajes o los mensajes mismos, y simplemente como un ejercicio sobre la relevancia de la Escritura en los asuntos cotidianos, piense en estos títulos y considere si hay o no un pasaje particular lo suficientemente sustancial como para estudiarlo en una manera de verso por verso, lo que permite una amplia comprensión del tema en cuestión y que proporciona una exhortación o llamado a la acción. En realidad es más fácil de lo que uno podría pensar.

Los siguientes estudios de casos prácticos se proporcionan simplemente para levantar pensamientos sobre cómo desarrollar temas individuales a medida que surgen en su contexto. Algunos de estos ejemplos son más verso por verso en su enfoque, mientras que otros pasan de un pasaje a otro tras la narración del pasaje. En cualquier caso, son breves ejemplos de cómo podemos abordar algunas situaciones tópicas especiales.

Caso Para Estudio: Resoluciones de Año Nuevo Para Cada Día (Un Recorrido de Año Nuevo en el Salmo 90)

De los ciento cincuenta salmos que constituyen el libro más grande de la Biblia, Moisés escribió sólo uno, así que nos acercamos al Salmo 90 con particular interés. ¿Qué hay de significativo en la oración de este que hablaba cara a cara con Dios (Éxodo 33:11), que su oración sería más tarde incluida en esta importante colección?

El salmo se presenta como "Una oración de Moisés, varón de Dios", diciéndonos el tipo de literatura que es e identificando a su autor. Los versículos 1-2 se centran en el carácter y la soberanía de Dios. Él es trascendente ("desde la eternidad tú eres Dios"), Él es el Creador de todos ("...tú engendraste la tierra y el mundo"), y al mismo tiempo está íntimamente involucrado con Su creación ("Tú has sido nuestro refugio" [Heb., *maon*]). Debido a que quien Él es está identificado en los versículos 1-2, es inapelable que Él tiene el derecho de tratar con Su creación como describen los versículos siguientes.

Los versículos 3-11 consideran el juicio legítimo de Dios sobre la humanidad. Dios es activo en la muerte física de los hombres (3), y en el ir y venir de generaciones (5-6). El versículo 7 explica su actividad en la muerte física de los hombres. Esa muerte es juicio, y un aspecto de ser "consumido" por Su ira y "consternado" por Su ira. ¿Por qué el juicio? Dios ha puesto las iniquidades de la humanidad en Su presencia (8) – están siempre delante de Él.

En resumen, nadie puede esconderse de Él. Debido a su juicio (9), los días se vuelven (Heb., *panah*) o declinan, y los años terminan con un gemido (Heb., *hegeh*). La vida humana es efímera, corta, laboriosa y dolorosa (10), como resultado del juicio de Dios sobre las iniquidades mencionadas en el versículo 8. Todo esto es sólo un vistazo del poder de su ira, y su furia es proporcional al temor que se debe a Él (11).

Aunque esto parece ser una situación muy sombría, es vital que recordemos la estrofa de apertura de Moisés: "Señor, has sido nuestro refugio de generación en generación" (1). Dios es santo, soberano, trascendente y temible, pero estos rasgos no contradicen la realidad de Su gracia, y Moisés llama a esa gracia en los versículos finales del salmo. "Enséñanos de tal modo (hiphil [causativo] imperativo, *hiyodah*) a contar nuestros días (hiphil, *wenabia*), Que traigamos al corazón sabiduría (12).

Moisés pide que Dios les conceda la perspectiva apropiada para que Sus siervos consideren la brevedad de nuestros días para que puedan usar esos días sabiamente. Moisés llama a Dios que regrese y se arrepienta en favor a sus siervos (13), y que Él satisfaga completa y totalmente (piel [imperativo], *shebe'anu*) a Sus siervos con Su misericordia (14). Moisés pide que Dios haga el bien a sus siervos proporcionalmente según las aflicciones de los años (15), y añade, "Aparezca en tus siervos tu obra, Y tu gloria sobre sus hijos." (16).

Por último, Moisés pide que el favor de *Adonai Elohenu* (el Señor nuestro Dios) esté sobre Sus siervos, y pide enfáticamente dos veces – en el imperativo – que Dios "confirme" la obra de sus manos. En los versículos 12-17 Moisés usa siete imperativos cuando habla con Dios: (1) Enséñanos, (2) Vuélvete, (3) Aplácate, (4) sácianos, (5) Alégranos, (6) Confirma, y (7) Confirma. Moisés está pidiendo enfáticamente la acción por parte de Dios. Pero es bastante notable que Moisés pida acción por parte de Dios para permitir la acción por parte de Sus siervos: Haz que nosotros enumeremos nuestros días, para que podamos llegar a un corazón de sabiduría. Alégranos completamente en la mañana – que podamos cantar de alegría y se alegren todos nuestros días.

Moisés esperaba que la gracia de Dios permitiera a Sus siervos responder con sabiduría, alegría y adoración. Moisés le pidió al Señor una intervención específica, para que los siervos de Dios respondieran a Dios de la manera correcta. Cuando le pedimos a Dios que intervenga en nuestras vidas y en las vidas de otros, ¿cuál es nuestro deseo último? ¿Es para que simplemente podamos disfrutar más placeres (como en Santiago 4: 3), o es para que podamos responderle de una manera más apropiada? A medida que nos embarcamos en un nuevo año – o lo mucho de éste que Él nos permita experimentar en esta tierra – tal vez podamos ser conscientes de la brevedad de nuestros días, para que podamos responderle adecuadamente. Si estamos constantemente conscientes de la realidad de nuestra situación, tenemos la oportunidad de caminar sabiamente, aprovechando al máximo la oportunidad que Él nos ha dado.

Caso Para Estudio: El Juicio de Conías: ¿Robó el Aguafiestas la Navidad?

Para cumplir la profecía bíblica, el Mesías tuvo que venir de la simiente de David. Tenía que ser de la tribu de Judá, en la línea de Salomón, sin embargo, no podía ser de la simiente de Conías, a quien (debido a una letanía de males) Dios esencialmente retiró del linaje real en Jeremías 22:30: "Así ha dicho Jehová: Escribid lo que sucederá a este hombre privado de descendencia, hombre a quien nada próspero sucederá en todos los días de su vida; porque ninguno de su descendencia logrará sentarse sobre el trono de David, ni reinar sobre Judá".

En consecuencia, las genealogías que introducen los Evangelios de Mateo y Lucas son importantes, ya que demuestran el linaje de Jesús como legítimamente mesiánico.

Sin embargo, las genealogías son diferentes. ¿Por qué? Mateo presenta en su Evangelio la genealogía de Abraham a José, el esposo de María. Mateo lista catorce generaciones de Abraham a David, catorce de David a la deportación, y catorce de la deportación a Jesús. No se mencionan todos los nombres del linaje de Jesús, como algunos que fueron excluidos (Ocozías, Joás, Amasías, Joaquín y Eliaquim, etc.). También es significativo que Mateo menciona a las mujeres en su genealogía (muy inusual en las genealogías hebreas), específicamente Tamar, Rahab, Rut (Batsabé se alude pero no se nombra), y por supuesto, María. Observe también que se mencionan cuarenta y dos generaciones, pero sólo cuarenta y un nombres, ya que David se menciona dos veces, quizá por simetría. José, el padre legal de Jesús, es identificado como el hijo de Jacob. Lucas presenta una genealogía diferente, elaborada desde Adán.

Como en Mateo, hay huecos en la genealogía de Lucas de Cristo. Para la genealogía hebrea era más importante demostrar la descendencia legítima en lugar de presentar una lista completa. Lucas traza la genealogía de Natán el hijo de David más que de Salomón (ya que Conías estaba en la línea de Salomón), e identifica a José como "de Elí", sugiriendo que José era el yerno de Elí, en virtud de su desposorio con María. En realidad, entonces, parece que Lucas relata la genealogía de Jesús a través de María. Mateo traza el linaje legal de Jesús y el derecho al trono a través de José, reconociendo las promesas del pacto de Dios con respecto a Salomón. Lucas traza el linaje físico de Jesús a través de María, mostrando, tal vez, cómo Jesús evitó la maldición de Conías.

Por lo tanto, no hay dilema en las genealogías de Jesús: Él es físicamente calificado en virtud de Su línea de sangre a través de María, y si eso no era suficiente a los ojos de algunos, Él también estaba legalmente calificado por Su relación con José, (importante) si bien no descendía de la línea de sangre de José. Esta distinción clave (que Jesús no era de la línea de sangre de José) no sólo nos ayuda a comprender cómo Jesús no estaba sujeto al juicio de Conías, sino también cómo la primera promesa de liberación de Dios sería literalmente cumplida.

Caso Para Estudio: Los Memoriales Demandan Acción

Para muchos de nosotros, las fiestas como el Día de los Caídos, son poco más que excusas justificadas para descansar un poco o quizás pasar algún tiempo con la familia – y esas son cosas maravillosas. Pero me viene a la memoria (juego de palabras) que los escritores bíblicos tenían algo más en mente cuando hablaron de conmemoraciones.

En Deuteronomio 5-6, por ejemplo, Moisés presenta a Israel un recordatorio de todo lo que Dios había hecho por Israel y todo lo que Él había ordenado. La razón está dada en 6:2, "para que temas a Jehová tu Dios, guardando todos sus estatutos y sus mandamientos que yo te mando, tú, tu hijo, y el hijo de tu hijo, todos los días de tu vida, para que tus días sean prolongados". Dios había hecho un pacto con Israel (el pacto mosaico, o la ley), que si Israel obedecía la ley de Dios fielmente, Él les permitiría ser bendecidos en la tierra que Él les dio. Esas eran las condiciones básicas del pacto.

El libro de Deuteronomio registra la segunda entrega de la ley – un recordatorio para la nueva generación de israelitas que estarían entrando a la tierra prometida después de los cuarenta años en el desierto. En este caso, el recordatorio fue, para Israel, un llamado a la obediencia. A pesar de que hoy no estamos en esta relación de pacto (ya que el pacto mosaico fue hecho solamente con Israel [Ex 19: 3]), nos sirve como un recordatorio del carácter de Dios: Él es santo, y tiene los más altos estándares 7:6, 14:2, 23:14, 32:51). Él juzga con imparcialidad (Dt 1:17). Él es misericordioso y clemente (Dt 13:17). La ley nunca fue concebida para proveer justicia o salvación (Rom 8:3, Heb 7:11, 10:1). En lugar de eso, fue diseñada para proveer un ejemplo y un recordatorio de cómo debemos acercarnos a Dios – por gracia por medio de la fe en Jesucristo (Gál 3:24). Aunque ciertamente no están a la par con los recordatorios bíblicos (ya sea en autoridad o profundidad), las fiestas contemporáneas pueden ser muy valiosas – y no sólo para el descanso y el tiempo con la familia. El Día de los Caídos, por ejemplo, fue inaugurado para conmemorar a los que murieron en servicio militar a su país. Es un día agridulce, ya que nos regocijamos en las graciosas libertades que Dios nos ha concedido a través del último sacrificio de tantos, mientras consideramos el terrible precio que se pagó. Como dijo Jesús: "Nadie tiene mayor amor que este, que uno ponga su vida por sus amigos". (Jn 15:13). Y este memorial, como cualquier otro recordatorio, no está exento de sus propios puntos de acción.

En los momentos finales de la película Salvar al Soldado Ryan (aviso: no siga leyendo si no ha visto la película), con su aliento moribundo, el capitán de los Rangers del Ejército de EE.UU., John H. Miller, implora al soldado James Francis Ryan "¡Gánate esto!" [93] Muchos hombres murieron para que Ryan pudiera vivir. Más tarde en la película, Ryan parecía obsesionado por esas palabras, ya que nadie podía realmente ganar un regalo tan precioso. Del mismo modo, nunca podríamos ganar el regalo más precioso de la vida dado por la

---

[93] Robert Rodat, *Salvar al Soldado Ryan*, estreno en cines, dirigida por Steven Spielberg, Amblin Entertainment, 1998.

gracia a través de la fe (Ef 2: 8-9), ni podríamos ganar jamás el precioso regalo de libertad comprado con la vida de tantos. ¿Cómo podemos responder cuando se nos dan regalos tan valiosos?

Pablo nos recuerda en Efesios 5:20 que debemos dar "siempre gracias por todo al Dios y Padre, en el nombre de nuestro Señor Jesucristo...." ¿Expresamos continuamente nuestra gratitud a Él por lo que Él es y todo lo que Él ha hecho por nosotros. Si no, tenemos que cambiar nuestros hábitos. Además, Pablo ejemplifica cómo dar gracias a Dios, mientras "Siempre orando por vosotros, damos gracias a Dios, Padre de nuestro Señor Jesucristo," (Col 1:3). Específicamente, en este contexto ora para que los creyentes (en Colosas) crezcan en su entendimiento, "para que andéis como es digno del Señor, agradándole en todo, llevando fruto en toda buena obra, y creciendo en el conocimiento de Dios;" Col 1:10). ¿Oramos por los demás de esa manera – por su crecimiento espiritual y caminar? ¿Oramos, por ejemplo, por las familias de aquellos que han dejado atrás y que han hecho sacrificios supremos por nosotros?

Finalmente, Pablo nos recuerda que debemos hacer más, además de la oración: " No nos cansemos, pues, de hacer bien; porque a su tiempo segaremos, si no desmayamos. Gál 6:10 "Así que, según tengamos oportunidad, hagamos bien a todos, y mayormente a los de la familia de la fe". (Gál 6:9-10). Este Día de los Caídos, aprovechemos la oportunidad – con agradecimiento, y en oración, hagamos algo bueno. Doy gracias al Señor por su gran don para nosotros, y agradezco a aquellos que han sufrido y han muerto para que tú y yo podamos tener las libertades que disfrutamos. Ruego por las familias que quedan atrás y les expreso mi más profunda gratitud: Gracias y gracias de nuevo. Nunca podría ganar lo que Dios me ha dado a través de ustedes, y estoy profundamente entristecido por el precio que pagaron. Pero que también Dios me ayude, a usar con sabiduría ese tiempo que me ha proporcionado en parte por el sacrificio de un ser querido y del tuyo. Que Dios los bendiga este día, y todos los días por venir. Que conozcáis la riqueza de Su consuelo, Su amor y Su misericordia, "para que no os entristezcáis como los que no tienen esperanza" (1 Tes. 4:13). Que tengamos un bendito Día de los Caídos, y que lo usemos bien.

Caso Para Estudio: Consuelo en Medio de la Tragedia
Nos rodea constantemente. No podemos escapar de ella, aunque a veces nos rozamos con ella sin darnos cuenta de lo cerca que realmente está r. La inminencia de la tragedia y la angustia es una realidad fría e inoportuna para todos nosotros, ya que nos recuerda las terribles inundaciones en Colorado y los asesinatos en el Navy Yard en Washington DC. Si no son suficientes recordatorios, podríamos mirar a Siria, donde las crueldades de los yihadistas del frente Al-Nusra se caracterizan por la decapitación de hombres por su negativa de negar a Cristo, y su posterior burla que su Jesús no lo salvó; o podríamos llorar la pérdida de un niño cerca de Nueva Orleans, que después de jugar con un juguete acuático en el patio trasero fue asesinado por la ameba Naegleria fowleri.

Mientras que la mayoría de nosotros nos estremecemos, estos tipos de acontecimientos son el pago diario de gente por todo el mundo. Y si no es el resultado de la crueldad humana, entonces somos testigos de la tierra que gime bajo nuestros pies mientras que barre a miles en inundaciones, terremotos, tsunamis y erupciones. Simplemente no hay lugar para esconderse de los dolores y peligros de la experiencia humana. Incluso si tomamos nuestras propias vidas en una desesperación nihilista, esperamos que nos hagan responsables de nuestra mayordomía desperdiciada, y miramos hacia atrás para ver detrás de nosotros la estela de angustia y quebrantamiento que hemos forjado en seres queridos dejados atrás. Afortunadamente, hay más en la historia que la vida "desagradable, brutal y corta" del lamento de Hobbes.[94] Cuando uno busca consuelo y fortaleza en las páginas de la Escritura, no encontrará la ausencia de la tragedia como una amnistía a corto plazo.

Pedro, por ejemplo, no aboga par que los creyentes siempre escapen de las pruebas. Más bien, ofrece a los creyentes una respuesta apropiada y terapéutica: "en lo cual vosotros os alegráis, aunque ahora por un poco de tiempo, si es necesario, tengáis que ser afligidos en diversas pruebas..." (1 Pedro 1:6). ¿¿¿Alegrarse??? ¿Cómo puede haber gozo en tanta oscuridad? Por supuesto, la Biblia no aboga por algún tipo de negación psicológica de las duras realidades que nos rodean. En cambio, aboga por la perspectiva. Pedro no sugiere que los juicios a los que se enfrentan los creyentes son alegres en sí mismos. En su lugar, está señalando a los creyentes a su esperanza eterna y al hecho de que Dios usará las dificultades temporales para refinar a los creyentes: "para que sometida a prueba vuestra fe, mucho más preciosa que el oro, el cual aunque perecedero se prueba con fuego, sea hallada en alabanza, gloria y honra cuando sea manifestado Jesucristo" (1 Pedro 1:7).

---

[94] Thomas Hobbes, *The Leviathan* (Oxford: Oxford University Press, 2014), 325.

La alegría no se encuentra en las circunstancias del momento – estas pueden ser muy oscuras y dignas del llanto que inspiran. Más bien se encuentra el gozo de saber que Dios no nos deja en las agonías de la vida, sino que nos ha proporcionado esperanza para el futuro, una esperanza que nos permite beneficiarnos en gran medida de los refinamientos y formas de hoy. No puedo imaginar el dolor de aquellas familias en Colorado, Washington DC, o Siria, y otras partes del mundo, ya que tratan de dar sentido a la pérdida espantosa de sus seres queridos.

Como Pablo nos exhortó en Romanos 12:15, simplemente hay un tiempo para llorar con los que lloran. Ciertamente la esperanza para el futuro no es incompatible con la compasión en el presente. Como seguidores de Cristo, podemos poner nuestros brazos alrededor de los que están con el corazón quebrantado, caminar en silencio con ellos, y animarlos en Su esperanza futura, ya que se nos presentará la oportunidad. Todo el tiempo debemos considerar el recordatorio de Pablo acerca de la importancia de conocer el plan de Dios para el futuro. Él dice en 1 Tesalonicenses 4:13: "Tampoco queremos, hermanos, que ignoréis acerca de los que duermen, para que no os entristezcáis como los otros que no tienen esperanza". Debido a la certeza de nuestro futuro en Él, los creyentes no debemos afligirnos en angustia como si no hubiera esperanza.

Por supuesto, todos sentimos la pérdida. Aunque para los creyentes, la pérdida de seres queridos en Cristo es temporal (a la luz de una reunión celestial), sigue siendo extremadamente doloroso mientras tanto. (Otra vez, llorad con los que lloran, no les digáis que dejen de llorar). Pero la esperanza que Cristo ofrece de un futuro en Él provee un gozo duradero sin el cual, como dijo Pablo, "somos los más dignos de conmiseración de todos los hombres" (1 Cor 15:19b).

La vida es dura. El dolor y la muerte lo hacen más difícil. Sin embargo, en medio de estas realidades hay confort y fortaleza ofrecida a todos y encontrada en Aquel que conquistó la muerte (1 Cor 15:53-57) y pagó nuestra esperanza con su propia sangre. También hay una exhortación a los creyentes, para que nuestro tiempo aquí no sea desperdiciado y el camino que pisamos no sea sin propósito: "Así que, hermanos míos amados, estad firmes y constantes, creciendo en la obra del Señor siempre, sabiendo que vuestro trabajo en el Señor no es en vano" (1 Cor 15:58).

30
Tres Estilos de Predicación y Enseñanza: Extemporánea, Asistida con Notas, Y Presentación Leída

Hay tres acercamientos distintos en la mecánica de presentar el material, y cualquiera de los tres se puede utilizar en un uso adecuado del texto. Se recomienda que un experto en desarrollo de la comunión bíblica experimente con cada uno de los tres enfoques para determinar qué es lo que mejor se adapta a la personalidad y las tendencias del comunicador. Además, es excelente ser capaz de utilizar los tres, ya que diferentes contextos pueden requerir diferentes enfoques.

El primero es la enseñanza extemporánea, donde el maestro abre el texto bíblico, y enseña de él sin notas externas, permitiendo que el texto sea el tema (Juan Calvino, por ejemplo, fue conocido por su uso extemporáneo de la Escritura). Independientemente de lo que se piense de las conclusiones teológicas de Juan Calvino, no hay duda de que Calvino era un excelente comunicador de la Biblia. John Currid ofrece una breve y reflexiva discusión sobre el método de Juan Calvino al comunicar la Biblia, describiendo cómo Calvino abría la Biblia en los idiomas originales y enseñaba improvisadamente, en verso por verso, durante treinta y cinco o cuarenta minutos.[95] La dependencia de Calvino de las lenguas originales y su compromiso de enseñar el texto, en lugar de enseñar sobre el texto, eran ejemplares y un modelo para cualquier comunicador de la Biblia.

Como punto de aplicación, yo animaría a los comunicadores bíblicos a tener *siempre* la Biblia Hebrea o el Nuevo Testamento Griego abiertos al lado de su traducción preferida mientras enseñan (incluso un interlineal hebreo/español o griego/español es útil). Esto ayudará a desarrollar un uso adecuado de esos textos, ayudará a evitar priorizar el texto en español y ayudará a los comunicadores y a sus oyentes a adquirir la habilidad de usar el texto en esos idiomas.

También vale la pena señalar que Calvino no era un erudito superior en hebreo o griego en Europa – él no era un experto, pero trabajó diligentemente. Eso es significativo, y nos trae otro punto de aplicación. No estamos necesariamente siendo invitados a ser los mejores en el mundo en el uso de los lenguajes bíblicos. No se trata de convertirse en un experto, sino de ser capaz de trazar el texto y trabajar en estos idiomas. Incluso si tenemos que confiar en las herramientas a veces, eso es una parte del proceso. Pero tenemos que ser capaces de desarrollar alguna habilidad en el empleo de los lenguajes, porque si estamos trabajando exclusivamente en español, nos estamos perdiendo gran parte del texto en sí, y en realidad no estamos haciendo exégesis.

El modelo extemporáneo es ventajoso principalmente para su enfoque textual, pero hay otras ventajas – como

---

[95] John Currid, Calvin and the Biblical Languages (London: Mentor, 2006), 26.

proporcionar flexibilidad al profesor para responder a las preguntas y permitir una investigación más profunda en diversas áreas del texto. Los otros dos métodos combinados hacen que este tipo de capacidad de respuesta sea un poco más difícil para a los oyentes. Junto con las ventajas del enfoque extemporáneo, hay algunos desafíos, principalmente en que el profesor debe conocer el texto muy bien para presentarlo de tal manera. Es necesaria una preparación extensa. A medida que un comunicador de la Biblia gana conocimiento a través del estudio exegético y la experiencia a través de la aplicación personal y la exposición, el proceso se vuelve más cómodo.

Un segundo enfoque es la enseñanza asistida con notas, donde el profesor utiliza las notas del resumen o de la aclaración como ayuda. En este enfoque las notas no se leen de manera audible, sino que sirven para recordar al profesor los puntos de énfasis, para ayudar donde la memoria podría fallar, y para ayudar al profesor a permanecer en el tema. La enseñanza asistida con notas es muy común, y a primera vista parece como si pudiera ser la más fácil de utilizar. En este enfoque, esencialmente, el orador escribe los puntos principales y los desarrolla, pero el texto bíblico todavía establece la hoja de ruta. Este es un enfoque útil, sin embargo, en realidad puede ser un reto. En un sentido, la lectura de toda la presentación es un poco más simple en la entrega porque hay un proceso en el que el orador tiene que centrarse: leer la presentación de una manera conversacional. Pero con el sistema de enseñanza asistida con notas, el hablante habla medio de manera extemporánea y medio lectura – por lo que el hablante tiene que trabajar al mismo tiempo utilizando dos procesos.

El problema más común que surge de este procesamiento dual se hace evidente la primera vez que el hablante se aleja de las notas para dirigirse al público de manera extemporánea. En ese momento, el cerebro ha cambiado de marcha, y es un reto volver a esas notas y encontrar el lugar correcto. Muchas veces un orador que se apartará de las notas será incapaz de encontrar dónde está en las notas y luego simplemente lanzar un discurso no planificado. Esto ocurre a menudo con los oradores sin experiencia, pero es fácilmente evitable mediante una gestión apropiada de las notas. Detalles sencillos como el uso de un tamaño de letra grande, puntos numerados y espacio amplio entre puntos ayudan al orador a permanecer en el tema. Nadie quiere interrumpir su mensaje con una pausa de treinta segundos para encontrar su lugar, y es notable lo incómodo que son esos retrasos para los oyentes también. Gestione bien las notas (es decir, facilítelas para leerlas) y evitará las posibles trampas.

Un tercer enfoque consiste en leer textualmente una presentación por escrito del material a cubrir. Este modelo de presentación permite el más alto grado de precisión en la comunicación del mensaje y tiene el beneficio añadido de permitir que el profesor desarrolle un buen comentario personal sobre los pasajes y libros que se enseñan. A pesar de las ventajas agregadas, el tercer acercamiento es típicamente el más desafiador para la entrega real, pues requiere de una habilidad desarrollada para poder leer de tal manera que suene conversacional. Muchos de los que son conocidos como grandes comunicadores de la Biblia escriben sus mensajes y los presentan literalmente (Jonathan Edwards, por ejemplo, empleó este método), por lo que existe una rica tradición de comunicar la Biblia de esta manera.

Independientemente de cuál de los tres métodos de comunicación elija, la necesidad de diligencia en la preparación es la misma.

> ... si subiera al púlpito sin haberme dignado mirar un libro e imaginarme frívolamente '¡Ah, bueno! Cuando llegue allí, Dios me dará lo suficiente para hablar,' y no condesciendo a leer, ni pensar en lo que debo declarar, y vengo aquí sin reflexionar cuidadosamente sobre cómo debo aplicar la Sagrada Escritura para la edificación de la gente – bueno, entonces yo debería ser un presumido charlatán y Dios me pondría en confusión en mi audacia.[96]

---

[96] Ibid.

31
Fundamentos Bíblicos de la Dinámica en la Predicación y la Enseñanza

Así como buscamos descubrir nuestro método hermenéutico en las páginas de las Escrituras, y así como buscamos aplicar estos principios consistentemente, también necesitamos reconocer que la Escritura tiene mucho que decir acerca de cómo debemos comunicar la Palabra de Dios a los demás. Estos principios sobre este tema incluso llegan a ayudarnos a pensar a través de la dinámica adecuada de la comunicación.

Mantenga las cosas tan simples como sea posible

En Juan 16:29, los discípulos reconocían que Jesús hablaba con claridad o audacia (*parresia*), más que con figuras de lenguaje, y respondieron: "He aquí ahora hablas claramente..." No estaban confundidos acerca de Su mensaje, y entendían lo que Él estaba diciéndole ellos. Aunque ciertamente hay usos apropiados del lenguaje figurativo y de la ilustración, generalmente es mejor comunicarse de manera sencilla y directa para asegurar que el punto no se pierda en la traducción a través del uso de demasiadas herramientas retóricas.

Vale la pena señalar que Jesús no usó parábolas para

hacer las cosas más fáciles de entender; de hecho, Su propósito declarado en algunos casos fue justo lo contrario (Mt 13:13,34; Mc 4:33-34). Observe que incluso cuando usó el lenguaje figurado con sus discípulos, ellos lo malinterpretaron (e.g., Jn 6:51-61, 11:12-14). Más tarde, Jesús reconoce la superioridad del lenguaje claro en oposición al figurativo (Jn 16:25). Esto no quiere decir que no debamos utilizar las parábolas a veces, sino que no debemos tergiversar cómo Jesús usó esa herramienta retórica particular y para qué propósitos. Aunque Pablo hizo uso de metáforas ocasionales (e.g., Gál 4:24, 2 Tim 2:4-6), más tarde confirma la importancia de un discurso claro y distinto si la intención es que lo que se dice debe entenderse (1 Cor 14:9).

Algunas implicaciones prácticas:
- Habla con claridad.
- Evitar la palabrería.
- Utilice las figuras de lenguaje de manera juiciosa.
- Habla con claridad, para ser comprendido.
- Recuerda que si no puedes decir algo concisamente, es que no lo sabes.

Hable con Audacia

Debido a la gloria del mensaje y a la esperanza que proporciona, Pablo pudo decir, "Así que, teniendo tal esperanza, usamos de mucha franqueza (*parresía*)" (2 Corintios 3:12). Añade que debe hablar con valentía (Ef 6:20). Él ejemplificó esta audacia cuando proclamó el evangelio a los tesalonicenses incluso en medio de mucha oposición (1 Tesalonicenses 2:2). Pablo alentó que estas cosas fueran confiadas (Tito 3:8). La confianza no proviene del hablante, sino más bien del propio mensaje, porque estas cosas eran palabras de Dios.

Algunas implicaciones prácticas:
- No se esconda de los temas polémicos. Enfréntelos con la verdad y la claridad de la Escritura.
- Enuncie.
- Hable con un volumen apropiado.
- Evite los tics nerviosos (tanto en el habla y como en la acción: evitar tics como uhmmm, usted sabe, quiero decir, ruido de llaves, etc).
- Utilice el silencio, que puede ser una herramienta muy eficaz, dando a los oyentes tiempo para considerar.

Hable Para Agradar a Dios, no a los Hombres

Pablo ejemplificó el hablar para agradar a Dios antes que a los hombres, reconociendo que Dios examina los corazones (Gál 1:10, Col 1:10, 1 Tes 2:4). Él más tarde advierte a Timoteo del peligro que viene de las personas que no soportan la enseñanza sana, pero querrán que se les hable bonito a sus oídos (2 Tim 4:3-4). Estas personas preferirán los mitos a la verdad, y exigirán maestros que se acomoden a esa preferencia. Cuando nos encontramos con esas preferencias, tenemos una obligación a la integridad bíblica, sin importar las consecuencias.

Algunas implicaciones prácticas:
- Evitar la presión de los compañeros.
- Evitar el pensamiento basado en los resultados: decir la verdad, independientemente de las consecuencias.

Hable con humildad

Lucas 7:13-16 es el relato donde Jesús levantó al único hijo de una mujer de entre los muertos. Por orden de Jesús "se incorporó el que había muerto, y comenzó a hablar". Dios no necesita de ti y Él no me necesita a mí. Le ha ido bien durante muchos años sin nosotros, y mientras Él elige usarnos, Él puede levantar gente muerta, o rocas, o incluso un burro para hablar por Él, si así lo desea. Así como no hay lugar para jactarse en nuestros esfuerzos como relacionados con la salvación porque no tienen nada que ver con nuestra salvación (Ef 2:8-10), no hay lugar para jactarse del uso que Él hace de nosotros tampoco. Como dijo Pablo, debemos gloriarnos en Él.

En nuestro discurso, no confundamos la humildad con la debilidad. Cristo demostró humildad, pero nunca debilidad. Él reconoció que el que habla de sí mismo busca su propia gloria (Jn 7:18), recordando a Sus oyentes que Él estaba hablando del Padre (Jn 7:16). El principio que cita también es cierto en nuestro caso. Si hablamos de nosotros mismos es nuestra propia gloria lo que buscamos. Hablar con la humildad adecuada significa presumir de Él, y nunca de nosotros mismos. Significa que estamos hablando de Él, y no de nosotros mismos. Como dijo Pedro, los creyentes que hablan deben hablar como si fueran las mismas palabras de Dios (1 Pedro 4:10-11). En otras palabras, lo que decimos debe ser consistente y representativo de Él. Y como dijo Pablo, al hablar Su mensaje, hay una obligación a la fidelidad, y no hay motivo de jactancia (1 Cor 9:16).

Algunas implicaciones prácticas:
- Evitar el uso excesivo de pronombres en primera persona (yo, mi, etc.).

- Siempre que sea posible, refiérase a ustedes o vosotros cuando alabe y aliente, nosotros al exhortar y reprobar, y yo al proporcionar ejemplos de auto depreciación.

Hable Imparcialmente

Los escribas y los principales sacerdotes trataron sin éxito de encontrar alguna inconsistencia en Jesús, esperando que pudieran condenarlo. En uno de sus intentos reconocieron la relación de enseñanza correcta e imparcialidad, señalando que Jesús enseñaba correctamente y no era parcial, o que no estaba mostrando favoritismo (no aceptando apariencias ni rostros, *ou lambaneis prospon*). De la misma manera, mientras Pablo tenía un método particular de buscar audiencias en las sinagogas, dondequiera que encontraba oyentes flexibles, él hizo lo opuesto, desafiando incluso las normas sociales (e.g., Hechos 16:13), tal como Jesús había hecho antes (e.g., Jn 4:9). Santiago añade que en el cuerpo de Cristo no debemos mostrar favoritismos (St 2:1-9).

Algunas implicaciones prácticas:
- Evite apelar sólo a ciertos datos demográficos.
- Haga contacto visual con tantas personas (de todas las edades, etc.) como sea posible.
- Aliente a todos, siempre que sea posible.
- Evite apelaciones a la autoridad aparte de la Escritura (tenga cuidado con citar fuentes secundarias), ya que esto puede reflejar parcialidad.

No Ponga las Galletas en el Suelo

La meta declarada para los creyentes en el proceso de

santificación es que tendrán un conocimiento más preciso e íntimo de Cristo (e.g., Ef 1:15-23). Él castiga a los corintios por la inmadurez y carnalidad (1 Cor 3:1-3), y por su falta en conocer a Dios (1 Cor 15:34), y los desafía a la madurez al tener la misma mente (1 Cor 1:10). Pedro añade después que los escritos de Pablo incluyen cosas difíciles de entender pero que son inspirados por Dios y son de sabiduría (2 Pedro 3:15-16). Toda la Escritura es autoritaria y útil (2 Tim 3:16-17), aunque no siempre sea fácil de entender. El profesor no necesita sentir la carga de tratar de simplificar lo que no es simple. El estudiante tiene la responsabilidad de investigar y llegar a un conocimiento más profundo de la verdad – como enseñaron los de Berea (Hechos 17:11).

Algunas implicaciones prácticas:
- No destroce lo que dice el texto.
- Muestre tu trabajo. Ejemplifique, no oculte su proceso exegético.
- Trate de hablar a un nivel ligeramente por encima de su audiencia, desafiándolos para que crezcan un poco.
- Recuerde que el objetivo es enseñarle a su público cómo usar la Palabra de Dios por sí mismos, para que puedan estudiar y crecer por sí mismos.

Mantenga Prioridades

Pablo demostró una tremenda cantidad de humildad en su predicación y enseñanza, reconociendo que Cristo no lo había enviado a predicar con inteligencia de palabra, sino a proclamar el evangelio (1 Cor 1:17, 2:1), para que la cruz no sea vaciada de su poder (*kenoo*). Qué lección tan vital es ésta:

nuestro enfoque debe de ser el mensaje mismo en toda su sencillez, porque el poder está en el mensaje, no en el mensajero.

Pablo reconoció que no tenía habilidad para hablar (2 Cor 11:6), y se humilló a sí mismo por el beneficio de los corintios (2 Cor 11:7), no exigiendo que apoyaran financieramente su ministerio. No empleó todas las habilidades a su disposición, ni hizo demandas relacionadas con su ministerio de predicación/enseñanza para que se pudieran alcanzar metas más importantes. Pablo estaba dispuesto a permanecer fuera del camino para que Dios pudiera trabajar a través de Su mensaje. "Porque no osaría hablar sino de lo que Cristo ha hecho por medio de mí..." (Romanos 15:18).

Algunas implicaciones prácticas:
- Adhiérase al texto, no vague ni serpentee.
- No diga todo lo que pueda decir, sólo lo que hay que decir.
- No sea el centro de la atención, que Él lo sea.
- Recuerde la meta: predicar para que la gente pueda acercarse a Cristo, enseñando para que la gente pueda aprender a usar la Biblia por sí mismos y crecer hasta la madurez.

Hable Para Aprovechamiento

Una de las razones de la crítica de Pablo al abuso de los corintios del don de lenguas fue que simplemente no era provechoso para el oyente (1 Cor 14:6, 19). Añade después que todos sus discursos a los corintios fueron para que fueran edificados (2 Cor 12:19).

Algunas implicaciones prácticas:
- Lo que decimos debe ser destinado a edificar.
- Un cierto reconocimiento de la necesidad del momento puede ser útil.
- Un cierto reconocimiento de la madurez (o falta de ella) de los oyentes puede ser útil.
- Recuerde que la música también proporciona un medio de enseñanza provechoso. Efesios 5:19 prescribe que los creyentes hablen entre sí "con salmos e himnos y cantos espirituales..." No descuide las funciones didácticas de los cantos.

Hable con Pureza

En Colosenses 3: 8 se dice a los creyentes que dejen de lado el lenguaje obsceno (*aischrologion*). Aunque no hay tal cosa como una palabra inherentemente mala, el discurso del creyente debe ser siempre sazonado como con gracia (Col 3:6) para poder satisfacer la necesidad del momento

Algunas implicaciones prácticas:
- Elija deliberadamente las palabras para que tengan efecto, evitando las palabras que distraen o desenfoquen.
- Use términos cuestionables o culturalmente tabú solo cuando sea necesario, especialmente si el texto emplea tales términos (e.g., Zac 1:17, Gál 1:8-9).

Hable la Verdad en Amor

Sin amor, somos sólo ruido (1 Cor 13:1). Efesios 4:15 nos recuerda que debemos estar siempre hablando la verdad en amor. La interconexión y la interdependencia de la verdad y el amor son evidentes aquí. No podemos demostrar uno sin el otro. Pablo explica que el objetivo de la instrucción es el amor (1 Timoteo 1:5). En consecuencia, si nuestra enseñanza y aprendizaje no está resultando en amor, entonces no lo estamos haciendo bien.

Algunas implicaciones prácticas:
- Hable con consideración de cualquier persona a la que usted haga referencia, esté presente o no.
- Si critica a alguien (e.g., quizá por una postura doctrinal desagradable) como parte necesaria de la enseñanza, guarde su dignidad como si estuvieran en la sala escuchando. No distorsione la verdad, y no sea desamoroso tampoco.
- El adiestramiento de los oyentes en la instrucción del Señor es amoroso. Crear dependencia de usted como el maestro, no lo es.

No Apele a la Vanidad

El ministerio de los apóstoles no incluía palabras halagadoras (1 Tesalonicenses 2:5). No apelaban al orgullo ni a la vanidad. Aquellos que apelan a la vanidad y al orgullo se describen como equivocados (2 Ped. 2:18), y engañadores, siguiendo sus propias concupiscencias, y buscando obtener ventaja (Judas 16). Note que cuando Pablo se refirió a sí mismo como un ejemplo positivo (aparte de lo que Cristo hizo específicamente en él), lo hizo de manera vacilante o tímida, no queriendo que nadie pensara que se promovía a sí mismo. En 2 Corintios 11:1 pide a sus lectores que le toleren un poco de locura al relatar su ministerio. En 11:21 él reitera que está bajo la locura. En 11:23, reconoce que está hablando como si estuviera loco. Pablo es solamente esa intención de no hacer llamamientos a la vanidad.

Algunas implicaciones prácticas:
- Evite, si es posible, las ilustraciones que presentan al hablante como ejemplar – fuera de los llamamientos a la semejanza de Cristo y lo que Él ha realizado en nosotros.
- Sea consciente de la importancia de la sinceridad. La falsa humildad, el pseudo-elogio y el encabezamiento son formas de apelar a la vanidad.
- No sea manipulador. No trabaje con premisas falsas para motivar a la acción por parte del oyente.

Hable con Precisión

Aunque el mensaje a menudo puede ser incómodo (2 Cor 10:10) o condenatorio, nuestra comunicación debe ser siempre exacta y ejemplar (1 Tim. 4:12). Lo que decimos debe ser verdad. Nuestro discurso debe ser sano, irreprochable, a fin de que incluso aquellos que se oponen al mensaje no puedan ofrecer crítica (Tito 2:8). "...desechando la mentira, hablad verdad..." (Ef 4:25). El ministerio de Tito debía ser caracterizado por su discurso basado en las cosas que son apropiadas para la enseñanza sana o la doctrina (Tit 2:1). Pedro añade que quien habla debe hablar como si fueran las mismas palabras de Dios (1 Pedro 4:11).

Algunas implicaciones prácticas:
- Sea consistente con el uso hermenéutico y exegético. Evite inconsistencias sutiles que podrían simplificar un mensaje o hacer que una enseñanza sea más

aceptable.
- Si cita o hace referencia a información más allá de los datos bíblicos o de conocimiento común, siempre cite la fuente (no en la forma completa de la bibliografía, por supuesto, sólo para no dar al oyente una comprensión inexacta de que el orador es de quien deriva la información).
- Trace bien. Desarrolle bien el texto. Invierta el tiempo para entender, practicar y comunicar la Palabra de Dios con precisión.

Hable con Autoridad

Pablo encarga a Tito que hable, exhorte y repruebe con toda autoridad (Tito 2:15), porque si hablaba *estas cosas*, ellas eran inherentemente autoritativas, viniendo de Dios. La autoridad no procede del que habla, exhorta y reprende (es decir, Tito), sino que deriva del Autor de la Palabra de la cual el hablar, las exhortaciones, y la reprobación vienen. Recuerde que Jesús estaba enseñando (no predicando en este caso) en la sinagoga, y sus oyentes se sorprendieron de que Él les estaba enseñando con autoridad (Mc 1:22). Lucas describe un caso en el que Jesús estaba enseñando en la sinagoga, leyendo Isaías y declarando que una porción en particular se había cumplido en medio de ellos (Lc 4:16-21).

Algunas implicaciones prácticas:
- Recuerde que la Palabra es autoritaria, no nosotros.
- Recuerde que lo que decimos tendrá valor en la medida en que corresponda con Su Palabra. Cualquier cosa más allá de eso es mera especulación que no tiene autoridad.

Hable con Detalle Apropiado

El autor de Hebreos nos da un ejemplo de discurso que incluye un nivel apropiado de detalle para cumplir con los objetivos en un tiempo asignado. El escritor reconoce un contexto del cual no podía en ese momento hablar en detalle (Heb 9:5). Compare el contenido de Romanos y Efesios: las dos cartas son similares en el sentido que las primeras secciones de ambas cartas se dirigen a la posición de los creyentes en Cristo, mientras que las últimas secciones de ambas discuten el caminar del creyente. En Romanos Pablo pasa once capítulos considerando los aspectos posicionales, mientras que en Efesios realiza la misma tarea en tres. Hay una diferencia obvia en el nivel de detalle incluido.

Algunas implicaciones prácticas:
- Conozca el horario, permanezca en el horario. Si usted tiene treinta minutos para comunicarse, use un nivel apropiado de detalle para aprovechar sabiamente ese tiempo.
- Si un orador excede el tiempo asignado, o hay una falta de consideración para el público, una falta de disciplina y propósito, o no se evalúa adecuadamente el nivel de detalle apropiado para la tarea en cuestión.
- Considere, por ejemplo, los diferentes niveles de detalle requeridos para enseñar un estudio bíblico en varios escenarios. Dicho estudio podría realizarse en una hora, o en una serie en el curso de unas pocas semanas, o en series más largas a lo largo de un semestre o un año. En cada caso, el nivel de detalle

necesario sería diferente.

Conclusión: Hable con Precaución, Como Responsable Para con Dios

2 Timoteo 2:15 indica que hay pruebas y aprobación para los obreros que están tratando la Palabra de Dios. Se debe trazar con precisión (o, literalmente, cortar recto), porque es la Palabra de la verdad. Santiago advierte que los creyentes no se apresuren a hablar (St 1:19), y añade que los creyentes deben hablar y actuar como aquellos que serán juzgados por la ley de libertad (2:12). Debido a la inmensidad de la responsabilidad y el juicio estricto asociado con esa responsabilidad, Santiago advierte a sus lectores que no se conviertan muchos en maestros (St 3:1).

32
La Tecnología y la Comunicación Bíblica

Como siempre ha sido el caso, la tecnología tiene un profundo impacto en la comunicación y la pedagogía. La generación nacida en el milenio actual (nacida entre los años 80 y principios de los 2000) ha experimentado un desarrollo radical en la tecnología, ya que la revolución digital continúa llevando el fruto de la conveniencia y la accesibilidad. A la luz de la mayor accesibilidad proporcionada por el avance en la tecnología, las nuevas generaciones procesan la información de manera diferente que las generaciones anteriores.

Aproximadamente el 70% de los cristianos practicantes nacidos en el milenio actual leen la Biblia en un teléfono celular o en internet con otros dispositivos.[97] Incluso ahora, todavía oigo a los pastores protestar de vez en cuando que la gente ya no trae sus Biblias a la iglesia con ellos. En verdad, ahora es mucho más fácil para una persona llevar su Biblia con ellos – y eso es algo bueno. Por supuesto, prefiero estar armado con copias digitales e impresas de la Biblia, pero la conveniencia de tener siempre una Biblia presente (a través de teléfono celular u otro dispositivo) es una ventaja que ni

---

[97] Barna Group, "How Technology is Changing Millennial Faith," 15 de octubre, 2013 at https://www.barna.org/barna-update/millennials/640-how-technology-is-changing-millennial-faith.

siquiera imaginaron las generaciones anteriores. Una implicación es que ahora es más fácil para una persona integrar la Palabra de Dios en cada aspecto de su vida, pudiendo con el deslizar de un dedo o pulsar una tecla leer lo que Dios ha dicho. Ahora, sin duda, hay una competencia mucho mayor para los pensamientos y atenciones de lo que ha habido en el pasado, pero cada ventaja aparentemente se acompaña de posibles desventajas también. Es cierto que todavía me da mucho placer escuchar el ruido de la páginas entre una multitud de personas cuando llevamos nuestras Biblias impresas a un pasaje en particular, pero al mismo tiempo es maravilloso saber que casi cualquier persona que pueda acceder a un teléfono inteligente tiene la capacidad de leer, estudiar y utilizar los recursos no accesibles generalmente sólo hace unos años.

Más de la mitad de los cristianos nacidos en el milenio actual (56%) usan búsquedas en línea para investigar iglesias, y casi el mismo porcentaje (54%) ven vídeos en línea sobre fe o espiritualidad.[98] Las implicaciones de esto son profundas. Si no comunicamos en los formatos que las personas están digiriendo su información, entonces simplemente no están escuchando el mensaje.

Además, el 38% de los cristianos nacidos en el milenio actual están verificando en línea lo que les dicen los pastores y otros líderes.[99] Esto refleja que hay un cierto pensamiento crítico que está teniendo lugar (sería bueno si el porcentaje fuese más alto), e indica que hay algunos que están interesados en descubrir la verdad. Ahora no es el momento de silenciar las enseñanzas bíblicas porque "la gente normal simplemente no

[98] Ibid.
[99] Ibid.

puede procesar comida bíblica sólida". En lugar de eso, frente a los estudiantes cada vez más reflexivos, deberíamos de aprovechar la oportunidad de invertir en ellos con comida sólida real. De hecho, un porcentaje muy alto (96%) de creyentes cristianos cree que la Biblia contiene todo lo que una persona necesita saber para vivir una vida significativa y que es la Palabra de Dios.[100] Es evidente por estas cifras que los cristianos que tienen mayor acceso a la tecnología (al igual que los milenarios), también tienen una alta visión de la Escritura. Parecería absurdo acercarse a un grupo demográfico que está preparado e interesado en la Palabra de Dios con una pedagogía simple, hablando de la Biblia en tópicos sencillos en lugar de enseñarla vigorosamente. Además, es importante reconocer que los estudiantes pueden consultar en línea y leer comentarios, escuchar a los maestros, predicadores, mensajes y sermones, e incluso tomar clases en su tiempo libre en cualquier momento que están haciendo preguntas o pensando en los temas. Esto pone de relieve la necesidad de capacitar a las personas para desarrollar su propia capacidad en el uso de las Escrituras.

Los avances tecnológicos y los métodos evolucionan. Sin embargo, el mensaje no cambia. Tenemos gran libertad en los métodos de presentación y uso de la tecnología, siempre y cuando esos aspectos no alteren el mensaje. Por lo tanto, a medida que consideramos cómo estudiar, practicar y compartir la Palabra de Dios con eficacia, debemos prestar atención a cómo involucramos a las personas que viven en un mundo digital. Desafortunadamente, a menudo ajustamos el mensaje

---

[100] Barna Group, "Millennials and the Bible: 3 Surprising Insights," 23 de octubre, 2014 at https://www.barna.org/barna-update/millennials/687-millennials-and-the-bible-3-surprising-insights.

para apelar a diversas culturas, cuando debemos mantener la pureza del mensaje, y presentarlo con precisión y claridad a cualquier cultura en la que Dios otorgue oportunidad. Tenemos que ser conscientes de los avances tecnológicos y las tendencias, y debemos explotar estos recursos cuando sea rentable para el logro de la meta. También debemos tener en cuenta que nuestro uso de la tecnología necesita complementar el mensaje, no opacarlo.

33
¿Cuáles son los Fundamentos?

Aristóteles comienza su Ética a Nicómaco con estas palabras: "Cualquier arte y cualquier doctrina, y asimismo toda acción y elección, parece que a algún bien es enderezada. Por tanto, discretamente definieron el bien los que dijeron ser aquello a lo cual todas las cosas se enderezan".[101] Mientras que Aristóteles identifica diferentes bienes intermediarios en su camino hacia su bien supremo (la felicidad), subraya la importancia de la pregunta: "¿Bueno para qué?". En la opinión de Aristóteles, no podemos definir realmente el bien hasta que entendamos a qué apunta el bien. Aunque su conclusión es problemática, su línea de cuestionamiento es perspicaz. Del mismo modo, no podemos responder a la pregunta "¿Cuáles son los elementos esenciales?". Hasta que respondamos primero a la pregunta, "¿Esencial para qué?".

Un popular sitio web afirma que "La Biblia misma revela lo que es importante y esencial para la fe cristiana. Estos elementos esenciales son la deidad de Cristo, la salvación por la gracia de Dios y no por las obras". Aunque esto suena como una respuesta bastante útil, me pregunto sobre qué base

---

[101] Aristotle, *Nicomachean Ethics*, Roger Crisp, trans. (Cambridge, UK: Cambridge University Press, 2000), 3.

es la que identifica el escritor para poner estas doctrinas por encima de otras como esenciales. ¿Son estos elementos esenciales intermedios o absolutamente esenciales? Para responder a esto bíblicamente tenemos que responder a la pregunta de cuál es el tema central o más importante en toda la Biblia. La respuesta más común a esa pregunta es la doctrina de la salvación. ¿Pero podemos justificar eso bíblicamente?

En Efesios 1, Pablo habla del papel del Padre, Hijo y Espíritu en la salvación del creyente. En 1:6 la predestinación y elección del Padre es "para la alabanza de la gloria de su gracia". En 1:12, la obra redentora del Hijo es "para la alabanza de su gloria". En 1:14, el sellado por obra del Espíritu Santo es "para la alabanza de su gloria". Estos pasajes nos dan una idea de la realidad de que la salvación es buena, pero es un bien intermedio más que un final. La salvación no es el fin o el bien supremo, sino que la salvación sirve al propósito de contribuir para Su gloria. Podemos examinar los relatos bíblicos de toda obra revelada de Dios, y cada uno sirve a un propósito: Su gloria. Vale la pena señalar en este punto que si una persona busca su propia gloria entenderíamos a esa persona como narcisista, pero tenemos que recordar dos ideas importantes cuando pensamos en la gloria de Dios.

En primer lugar, la palabra *doxa* tiene que ver con el atributo o el esplendor, y puede ser entendida como el sentido expresivo en el que un artista crea. Hablamos en términos de "expresarnos a nosotros mismos", y yo sugeriría que es exactamente lo que Dios está haciendo con Su universo. Él está expresando Su carácter y lo hace todo para el propósito último de que su esplendor (o carácter) se manifieste claramente a toda la creación en el momento de su elección. Segundo, Dios nos advierte contra el orgullo porque nos quita los ojos de Él (e.g., 1 Jn 2:16-17), pero Él no está limitado por la ética que Él nos da. Algunos lo acusan a Él de hipocresía en este punto – siendo un mal padre o modelo, ilógico, injusto, etc., pero estas acusaciones (además de ser problemáticas en sí mismas) pierden el punto de que como Creador tiene ciertos derechos soberanos y la perspectiva necesaria para hacer que todo funcione para Su propósito (para Su gloria).

Según entendemos Efesios 1, reconocemos que la salvación es un bien más intermedio que final. Así que volvamos a nuestra pregunta original: "¿Cuáles son los elementos esenciales?" Si la salvación es un bien intermedio, entonces no puedo considerar sólo aquellas cosas necesarias para la salvación como esenciales. Irónicamente, hacerlo sería narcisista, ya que yo estaría afirmando que las únicas cosas que realmente importan son las cosas que pertenecen a mi propia salvación. Esto sería una visión egocéntrica de la realidad. Y sin embargo, muchos de nosotros entendemos lo esencial de esta manera. A la luz de esto, yo sugeriría que hay tres aspectos de lo esencial que debemos considerar: (1) lo esencial para la gloria de Dios, (2) lo esencial para la salvación y (3) lo esencial para el conocimiento y la comprensión.

Fundamentos para la Gloria de Dios

Si la gloria de Dios es el bien supremo, y si entendemos que todas las cosas están diseñadas para ese fin, entonces todo es esencial. ¿Qué interés tenemos en declarar algo de mayor o menor importancia cuando no tenemos comprensión de cómo esas cosas contribuyen al mayor bien que es la gloria de Dios? No tenemos herramientas para hacer tales estimaciones (la Biblia no hace tales distinciones, sino que apunta constantemente y simplemente a la gloria de Dios). Pablo dice a Tito que "hable las cosas que son apropiadas para la sana doctrina" (Tito 2:1). El foco no está en la importancia de una enseñanza, sino en su exactitud o corrección. El nuestro no es crear una jerarquía de importancia doctrinal; el nuestro es emplear la doctrina (o enseñarla) con precisión.

Fundamentos para la Salvación

Cuando consideramos la salvación (o cualquier otro bien intermediario, para este asunto), podemos justificadamente mirar a la Biblia para encontrar los elementos esenciales relacionados con ese bien. Con respecto a la salvación, simplemente consideramos cuáles son los elementos necesarios para que uno sea salvo (esto no quiere decir que otros aspectos no son importantes, simplemente que no son centrales para la salvación misma). En 1 Corintios 15:1-4, Pablo describe el Evangelio como aquel "por el cual se salva" al recibirlo, y destaca la muerte, la sepultura y la resurrección de Jesús.

Juan registra las palabras de Jesús en Juan 3:16: "Porque de tal manera amó Dios al mundo, que ha dado a su Hijo unigénito, para que todo aquel que en él cree, no se pierda, mas tenga vida eterna". Más adelante, Juan resume el propósito de la escritura de su Evangelio como "...para que creáis que Jesús es el Cristo, el Hijo de Dios, y para que creyendo, tengáis vida en su nombre". En pocas palabras, la salvación viene por la creencia en la persona y obra de Jesús. Sí, hay matices y puntos de discusión interesantes, pero el Evangelio en sí es así de simple.

Fundamentos para el Conocimiento y la Comprensión

Mientras entendemos que la gloria de Dios es el bien y el

propósito último de todas las cosas, y entendemos que hay bienes intermedios que contribuyen a ese bien último (la salvación, por ejemplo), debemos considerar otra categoría de lo esencial: Conocer o entender. ¿Qué es esencial para nuestra comprensión de la realidad? Dios se ha revelado en la creación, en la Biblia y en Su Hijo. La creación nos presenta a Dios (Romanos 1:18-20), el Hijo nos explica al Padre (Jn 1:18), y la Biblia comunica muchos detalles del carácter y plan de Dios. Dios se comunicó (en la Biblia) usando lenguas humanas específicas (hebreo, arameo, griego).

Para entender lo que Él ha dicho, Su audiencia debe seguir los principios hermenéuticos sanos – para aplicar las palabras de acuerdo a las reglas y el uso de las lenguas en el momento en que se escribieron las Escrituras (esto se describe a menudo como el método literal gramático-histórico). El método hermenéutico es fundamental en la discusión de lo esencial, porque proporciona el vehículo para entender lo que Dios ha comunicado. El método hermenéutico se fundamenta en varias presuposiciones bíblicas: (1) El Dios bíblico existe (Gen 1:1), (2) se ha revelado a sí mismo (2 Tim 3:16-17, 2 Pedro 1:20-21) (3) El hombre natural es roto por el pecado y no puede evaluar adecuadamente la Palabra de Dios (Sal 14:1, Prov 1:7, 9:10, 1 Cor 2:6-16) y necesita ayuda divina (no para entender las palabras, sino para juzgarlas correctamente) (4) los intérpretes deben usar una hermenéutica coherente y apropiada para trazar la Palabra con precisión (e.g., 2 Tim 2:15, 2 Pe 1:20-21).

Las presuposiciones y el método hermenéutico son críticos, y la mayoría de los desacuerdos doctrinales pueden ser directamente dirigidos a uno o a ambos. Pablo le dice a los creyentes de Corinto que estén de acuerdo (o hablen lo mismo,

1 Cor 1:10), basados en la rectitud de la palabra revelada de Dios (el evangelio, 1 Cor 1:17-18). Si diferimos en nuestras presuposiciones y hermenéutica, diferiremos en nuestras conclusiones doctrinales, y ciertamente no estaremos de acuerdo con respecto a la naturaleza de los fundamentos bíblicos. En lugar de concentrarnos en nuestros desacuerdos en el ámbito de las conclusiones, podemos prestar atención a los fundamentos – presuposiciones y hermenéutica, y al hacerlo podemos descubrir los orígenes de algunos de nuestros desacuerdos y comenzar a remediarlos de una manera bíblica.

34
"Aún tengo muchas cosas que deciros, pero ahora no las podéis sobrellevar".

Las palabras de Jesús, registradas en Juan 16:12 como parte del discurso en el aposento, resuenan profundamente al considerar nuestra parte en el discipulado y discipular a otros a través de la predicación y la enseñanza bíblicas. Las palabras de Jesús aquí son significativas por su valor profético, por supuesto. Su reconocimiento de la limitada capacidad de los discípulos para recibir la verdad en ese momento es también un ejemplo útil para nosotros. El comentario ilustra una sensibilidad y una dulzura por parte de Jesús. Conocía a estos hombres. Conocía sus necesidades y limitaciones. Él era paciente con ellos, y no les dio más de lo que podían procesar. Durante aproximadamente tres años caminó con ellos, comió y bebió con ellos. Él hizo vida con ellos.

Jesús demostró sensibilidad a la curva de aprendizaje de los discípulos. ¿Cuántas veces encontramos en los relatos de los evangelios casos en los que los discípulos debieron haber entendido la verdad, pero simplemente parecía no conectar con ellos (e.g, Mc 10:37, Jn 6:6-7, 11:12 -14, Hechos 1:6)? El mejor Discipulador ilustró el discipulado como un proceso que toma tiempo, y estaba dispuesto a invertir ese tiempo en los hombres que estaba enseñando. Él reconoció que incluso a la conclusión de Su ministerio terrenal con ellos, aún no estaban lo suficientemente maduros como para asimilar muchas de las cosas que todavía necesitaban aprender. Debido a la limitación de los discípulos Él ejerció compasión y comprensión, proveyendo para su aprendizaje continuo a través del ministerio del Espíritu Santo. Podemos aprender mucho sobre el proceso de enseñanza a partir del ejemplo de Jesús. Una lección vital es que en el proceso de discipulado, el amor es realmente paciente. Su modelo para nosotros como discipuladores y padres espirituales nos enseña a ser conscientes de las capacidades y limitaciones poseídas por nosotros y los que aprenden de nosotros, y nos recuerda que debemos ser reflexivos acerca de cómo estimularnos mutuamente al amor ya las buenas obras (Heb 10:24).

Además, el proceso de enseñanza exige un proceso de aprendizaje. La comunicación transformadora no es simplemente aportar datos, sino más bien un proceso deliberado y medido de modelar cómo estudiar, practicar y comunicar la Palabra de Dios. Requiere una integración de los procesos exegético y expositivo, para estar fundamentada y equilibrada en nuestro propio estudio, práctica y enseñanza. Como Pablo le advirtió a Timoteo, "ten cuidado de ti mismo y de la doctrina" (1 Timoteo 4:16). No estamos enseñando principalmente a los demás, nos estamos enseñando a nosotros mismos. (Debemos ser transformados por la renovación de nuestras mentes). No estamos simplemente enseñando acerca de la Biblia, debemos enseñar la Biblia misma. No estamos enseñando simplemente a ocupar un espacio de ministerio, sino que estamos enseñando para la transformación, para la madurez espiritual, para el crecimiento espiritual y la independencia. Consiervos, no debemos simplemente entregar el pescado. En cambio, nos incumbe ser pescadores expertos y enseñar a otros a pescar bien, ya que Dios provee oportunidades.

Bibliografía

Aland, Barbara, Aland, Kurt, and Black, Matthew, et al. *The Greek New Testament*, 4th ed. Federal Republic of Germany: United Bible Societies, 1993.

Aristotle. *Nicomachean Ethics*. Roger Crisp, trans. Cambridge, UK: Cambridge University Press, 2000.

Austin, S.A., Franz, G.W. and Frost, E.G. "Amos's Earthquake: An extraordinary Middle East seismic event of 750 B.C." in International Geology Review: 42(7), 2000: 657-671.

Baker, Charles. *A Dispensational Theology*. Grand Rapids, MI: Grace Bible College, 1971.

Barna Group. "Most Twentysomethings Put Christianity on the Shelf following Spiritually Active Teen Years." Viewed at http://www.barna.org/teens-next-gen-articles/147-most-twentysomethings-put-christianity-on-the-shelf-following-spiritually-active-teen-years, published 9/11/2006.

_____. "Millennials and the Bible: 3 Surprising Insights," October 23, 2014, Viewed at https://www.barna.org/barna-update/   millennials/687-millennials-and-the-bible-3-surprising-insights.

Bauer, Walter, Arndt, William, and Gingrich, F. Wilbur. *A Greek English Lexicon of the New Testament and Other Early Christian Literature*. Chicago, IL: University of Chicago Press, 1957.Berkhof, Louis. *Systematic Theology*. Grand Rapids, MI: Eerdmans, 1949.

Berry, Wendell. *Home Economics*. New York: North Point Press, 1987.

Bock, Darrell, and Fanning, Buist. *Interpreting the New Testament Text: Introduction to the Art and Science of Exegesis*. Wheaton, IL: Crossway Books, 2006.

Brooks, James, and Winbery, Carlton. *Syntax of New Testament Greek.* Lanham, MD: University Press of America, 1979.

Brown, Francis, Driver, S.R. and Briggs, C.A. *Hebrew and English Lexicon of the Old Testament.* Oxford: Clarendon Press, 1851.

Bruce, A.B.. *The Training of the Twelve.* Grand Rapids, MI: Kregel, 1971.

Carson, D.A. *Exegetical Fallacies, 2nd Edition.* Grand Rapids, MI: Baker Academic, 1998.

Chafer, Lewis Sperry. *Systematic Theology,* Vols. 1-8. Grand Rapids, MI: Kregel, 1993.

Chisholm, Jr., Robert. From Exegesis to Exposition: A Practical Guide to Using Biblical Hebrew. Grand Rapids, MI: Baker Academic, 1996

Cho, Jaeyoung. "A Critical Examination of Jonathan Edwards's Theology of Preaching. Ph.D Diss., New Orleans Baptist Theological Seminary, 2012.

Christianity Today. "Top 10 sermons of 2013 from preachingtoday.com," January 2, 2014, Viewed at http://www. christianitytoday.org/mediaroom/news/2014/top-10-sermons-of-2013-from-preaching-todaycom.html

Cline, Austine. "Defining Science – How is Science Defined?" from http://atheism.about.com/od/philosophyofscience/a/DefineSci ence.htm.

Cone, Christopher. *Prolegomena on Biblical Hermeneutics and Method, 2nd Edition.* Fort Worth, TX: Tyndale Seminary Press, 2012.

_____. *A Concise Bible Survey: Tracing the Promises of God.*

Fort Worth, TX: Exegetica Publishing, 2012.

_____. "Integrating Exegesis and Exposition: Preaching and Teaching for Spiritual Independence" (paper presented to The Council on Dispensational Hermeneutics, College of Biblical Studies, Houston, Texas, October 3, 2012).

_____. "Brothers We Are Not Chefs" (paper submitted to The Council on Dispensational Hermeneutics, October 7, 2012).

Couch, Mal. *An Introduction to Classical Evangelical Hermeneutics.* Grand Rapids, MI: Kregel, 2000.

Currid, John. *Calvin and the Biblical Languages.* London: Mentor, 2006.

Dana, H.E. and Mantey, Julius. *A Manual Grammar of the Greek New Testament.* New York, NY: Macmillan Publishing, 1955.

Dictionary.com. "Transformative." Viewed at http://dictionary.reference.com/browse/transformative.

Edlin, Richard. *The Cause of Christian Education, 2nd Edition.* Northport, AL: Vision Press, 1998.

Edwards, Jonathan. "Sinners in the Hand of an Angry God, " July 8, 1741, Enfeld, Connecticut, viewed at http://www.ccel.org/ ccel/edwards/sermons.sinners.html

Elliger, Karl and Rudolph, Wilhelm. *Biblia Hebraica Stuttgartensia.* Stuttgart: German Bible Society, 1997.

Elliott, Ted and Rossio, Terry. *Pirates of the Caribbean: At World's End,* theatrical release, directed by Gore Verbinski, Disney, 2007.

Fee, Gordon. *New Testament Exegesis: A Handbook for Students and Pastors, 3rd Edition.* Louisville, KY: John Knox Press, 2002.

Fruchtenbaum, Arnold. *Israelology: The Missing Link In Systematic Theology.* Tustin, CA: Ariel Ministries Press,

1989.

Gesenius, H.W.F. *Gesenius' Hebrew and Chaldee Lexicon to the Old Testament.* Grand Rapids, MI: Baker Book, 1979.

Grassmick, John. *Principles and Practice of Greek Exegesis, 2nd Edition.* Dallas, TX: Dallas Theological Seminary, 1976.

Guthrie, W.K.C. *A History of Greek Philosophy, Volume I: The Earlier Presocratics and the Pythagoreans.* New York, NY: Cambridge University Press, 1962.

Harris, R. Laird, Archer, Gleason, and Waltke, Bruce. *Theological Wordbook of the Old Testament, Vols. 1 and 2.* Chicago, IL: Moody Press, 1980.

Hayes, John and Holladay, Carl. *Biblical Exegesis: A Beginners Handbook, Revised Edition.* Atlanta, GA: John Knox Press, 1987.

Hobbes, Thomas. *The Leviathan.* Oxford: Oxford University Press, 2014.

Hodges, Zane and Farstad, Arthur. *The Greek New Testament According to the Majority Text, 2nd Edition.* Nashville, TN: Thomas Nelson, 1985.

Institute for New Testament Textual Research. *Novum Testamentum Graece: Nestle–Aland.* Stuttgart: German Bible Society, 2012.

Johnson, Elliott. *Expository Hermeneutics: An Introduction.* Grand Rapids, MI: Zondervan, 1990.

Kantenwein, Lee. *Diagrammatical Analysis.* Winona Lake, IN: BMH Books, 1991.

Koehler, Ludwig and Baumgartner, W. *The Hebrew and Aramaic Lexicon of the Old Testament,* 2 Vols. Boston, MA: Brill, 2002.

Kuyper, Abraham. *Principles of Sacred Theology.* Grand Rapids, MI: Baker Book, 1980.

Lewis, Gordon, and Demarest, Bruce. *Integrative Theology.* Grand Rapids, MI: Zondervan, 1996.

Lerner, Robert. "apocalyptic language." Brittanica.com, viewed at http://www.britannica.com/EBchecked/topic/29733/apocalyptic-literature.

Licona, Michael. *The Resurrection of Jesus: A New Historiographical Approach.* Downers Grove, IL: IVP, 2010.

Louw, J.P. andA lbert Nida, Eugene. *Greek–English Lexicon of the New Testament: Based on Semantic Domains,* 2 Vols. Swinden, UK: United Bible Societies, 1999.

MacArthur, John. *Preaching: How to Preach Biblically.* Nashville, TN: Thomas Nelson, 2005.

Metzger, Bruce. *Lexical Aids for Students of New Testament Greek.* Princeton, NJ: Bruce Metzger, 1983.

Mounce, William. *The Analytical Lexicon to the Greek New Testament.* Grand Rapids, MI: Zondervan, 1993.

Nietzsche, Friedrich. *Thus Spoke Zarathustra,* (Pennsylvania: Penn State University, 1999.

New American Standard Bible: 1995 Update. LaHabra, CA: The Lockman Foundation, 1995.

Pasquariello, Gino. "The Way In and the Way On: a Qualitative Study of the Catalysts and Outcomes of Transformative Learning." Ed.D Diss., Asuza Pacific University, 2009.

Pentecost, J. Dwight. *Designed to be Like Him: Fellowship, Conduct, Conflict, Maturity.* Chicago, IL: Moody Press 1979.

Ramm, Bernard. *Protestant Biblical Interpretation: A Textbook of Hermeneutics.* Grand Rapids, MI: Baker Books, 1970.

Rodat, Robert. *Saving Private Ryan,* theatrical release. Directed by Steven Spielberg, Amblin Entertainment, 1998.

Russell, Bertrand. "Why I Am Not a Christian," March 6, 1927. Viewed at http://www.users.drew.edu/~jlenz/whynot.html.

Ryrie, Charles. *Basic Theology*. Wheaton, IL: Victor Books, 1982.

———. *Biblical Theology of the New Testament*. Dubuque, IA: ECS Ministries, 2005.

_____. *Balancing the Christian Life: Biblical Principles for Wholesome Living*. Chicago, IL: Moody Press, 1969.

Sagan, Carl. *The Cosmos*. New York: Ballantine, 1980.

Schreiner, Thomas. *Interpreting the Pauline Epistles*. Grand Rapids, MI: Baker Academic, 2011.

Scofield, C.I.. *Scofield Bible Correspondence Course, Volume I*. Chicago, IL: Moody Press, 1959.

Shedd, William G.T.. *Shedd's Dogmatic Theology, Vols. 1-3*. Nashville, TN: Thomas Nelson, 1980.

Spiritualmilk.com. "Theistic Cosmology" viewed at http://www.spiritualmilk.com/id27.html.

Stuart, Douglas. *Old Testament Exegesis: A Handbook for Students and Pastors, 3rd Edition*. Louisville, KY: Westminster John Knox Press, 2001.

Strong, Augustus. *Systematic Theology*. Philadelphia, PA: Judson Press, 1947.

Swete, Henry Barclay. *The Apocalypse of John, Third Edition*. London: MacMillan and Co., 1911.

Swindoll, Chuck, and Zuck, Roy. *Understanding Christian Theology*. Nashville, TN: Thomas Nelson, 2003.

Tan, Paul Lee. *The Interpretation of Prophecy*. Dallas, TX: Bible Communications, 1974.

Terry, Milton. *Biblical Hermeneutics: A Treatise on the Interpretation of the Old and New Testaments*. Grand Rapids, MI: Zondervan, 1976.

Thiessen, Henry. *Lectures in Systematic Theology.* Grand Rapids, MI: Eerdmans, 1992.

Thomas, Robert. *Evangelical Hermeneutics: The New Versus the Old.* Grand Rapids, MI: Kregel, 2002.

Traina, Robert. *Methodical Bible Study: A New Approach to Hermeneutics.* Grand Rapids, MI: Francis Asbury Press, 1985.

Van Til, Cornelius. *An Introduction to Systematic Theology.* Phillipsburg, NJ: Presbyterian and Reformed, 1974.

_____. *Christian Apologetics, 2nd Edition.* Phillipsburg, NJ: Presbyterian and Reformed, 2003.

Virkler, Henry. *Hermeneutics: Principles and Processes of Biblical Interpretation.* Grand Rapids, MI: Baker Book, 1981.

Wallace, Daniel. *Greek Grammar Beyond the Basics: An Exegetical Syntax of the New Testament.* Grand Rapids, MI: Zondervan, 1996.

Waltke, Bruce and O'Connor, M. *An Introduction to Biblical Hebrew Syntax.* Warsaw, IN: Eisenbrauns, 1980.

Westcott, B.F. and Hort, F.J.A. *Westcott–Hort Greek New Testament With Dictionary.* Peabody, MA: Hendrickson, 2007.

Weingreen, J. *A Practical Grammar for Classical Hebrew, 2nd Edition.* New York, NY: Oxford University Press, 1959.

Williams, Ronald. *Hebrew Syntax: An Outline, 2nd Edition.* Toronto: Toronto University Press, 1988.

Zuck, Roy. *Basic Bible Interpretation.* Wheaton, IL: Victor Books, 1991.

www.ingramcontent.com/pod-product-compliance
Lightning Source LLC
LaVergne TN
LVHW051540080426
835510LV00020B/2792